KB059651

한국영화 세 감독,
이창동 · 홍상수 · 봉준호

한국영화 세 감독,
이창동·홍상수·봉준호

임우기 영화비평

솔

고마운 道伴, 조광희에게

책 머리에

영화평론을 쓰게 된 것은 우연이었다. 저녁 식사를 하러 들른 식당의 티브이에서 봉준호 감독이 아카데미상을 수상하는 뉴스를 보는 중 옆자리의 후배 평론가가 영화 〈기생충〉에 관한 짧은 에세이를 『영화가 있는 문학의오늘』에 써보라는 권유를 해왔다. 처음엔 웃어넘겼으나, 집에 와서 뒤늦게 〈기생충〉을 찾아본 후, '영화 에세이'를 난생처음 쓰게 되었다.

영화 에세이를 제안받은 잠시간, 그때는 내 오랜 숙제인 「유역문학론」 초고의 연재를 마친 직후였기 때문에 비록 영화에 문외한이지만 나로선 유역문예론의 관점에서 영화미학을 입론立論할 수 있어야 한다는, 강박증에 가까운 '미학적 의무감'도 없지 않았다. 사실 지난날 영화에 별 관심을 가질 수 없던 바쁜 인생 탓인지, 내가 영화평론에 '도전'하게 될 줄은 꿈에도 몰랐다. 「유역문학론」이라는 높은 험산險山을 오르는 중도에 생각지도 못한 수풀이 우거진 '길 없는 길'로 들어섰다고나 할까.

봉준호 감독의 영화를 뒤늦게 찾아보고 '유역문예론의 관점'에서 영화 에세이를 쓰는 동안, 한국영화의 걸출한 명장들의 영화 세계가 궁금해졌다. 아카데미상을 받아 세계 영화계가 인정한 봉준호 감독 영화 외에도, '유역문예론—영화미학'의 관점에서 칸영화제와 베니스영화제에서 감독상을 차례로 수상한 이창동 감독과 홍상수 감독의 영화들을 찾게 되었다.

이 세 거장의 영화에서 나는 그들 저마다의 영화가 지닌 고유한 미학적 특성과 생명력의 원천뿐 아니라 그들 영화 저마다가 따로 또 동시에 서로 유기적으로 연결되어 이룩한 '동시대적 영화 정신'의 진수眞髓를 어림할 수 있게 되었다.

이성은 영혼을 찾아 헤매지만 영혼은 이성이 원하는 대로 만나주지 않는다. 영혼은 늘 이성의 그늘 속에서 모습을 거의 드러내지 않은 채로 은폐되어 있다. 그 희미한 영혼의 빛을 찾아가는 이성의 편력遍歷에서 '창조적 영혼'으로서 '정신'의 존재와 생명력을 감지한다. 그러므로 나에게 세 명장의 영화에서 '영혼의 빛'이 감지되었다면 그것은 오로지 봉준호, 이창동, 홍상수 이 세 명장들이 이룩해놓은 드높은 '영화 정신'에 인접할 수 있었던 덕이다.

이들 세 감독이 이룩한 예술사적 업적은, 반세기도 넘게 강제해온 일방통행의 서구화, 사적私的 유미화唯美化 등으로 타락일로 블랙홀에 빠져든 한국문학의 추락과 황폐를 대신하고 벌충하고도 남을 만큼 '한국영화의 승리요 위업'이라고 생각한다. 이는 이 땅의 문화예술에 큰 축복이다.

　잠시 '유역문예론'의 동학사상과의 연관성에 대해 밝혀둘 필요가 있겠다. 나는 서구사상 중심의 '심미적 이성'을 넘어, 예술작품이 '예술이라는 이름의 생생한 삶(-존재)'이 되게 하는, 곧 기운이 생동하는 어떤 '정신'을 찾는 과정에서 동학사상과 조우하였다. 1990년대 초 김지하 시인과의 만남에서 처음 동학사상의 씨가 심어졌지만, 그 당시에는 동학과 인연의 싹은 트지 않았다. 오히려 전통 무巫 혹은 샤먼의 존재 문제에 관심이 컸던 탓인지, 한참 뒤에서야 수운 선생의 '한울님 체험'을 대大샤먼의 접신接神 체험의 일종으로 여기면서부터 동학사상에 대한 관심과 함께 내 나름의 미학적 사유를 펼치게 되었다.

　동서양의 문화와 심리학이 융합된 새로운 미학을 찾는 사유 도정에서, 특히 범부凡夫 김정설 선생의 「수운 최제우론」과 국문학자 김열규 선생, 분석심리학자 이부영 선생의 글들은 종교로서의 동학이 아니라 사상과 문화, 또 고유하고 새로운 문학이론으로서 동학사상을 '내 식으로 사유'하게 한 주요 동인이자 동력이었다. 이조차 전통 샤머니즘을 옹호하는 가운데 동학을 만났으니, 동학교인들 시각에서 보면, 동학에 대한 내 인식과 해석이 턱없이 부족하고 어긋날 수도 있다. 오로지 내 의식 운동의 필연적 배후에서 예민한 감각의 확신에 따라 파악된 예술적 미학적 인식 과정 끝에 마침내 동학과 해후했다고 할까.

그럼에도 샤머니즘의 전통 계승과 음양의 조화造化 원리로서 '귀신론'에서 싹튼 동학에 대한 관심사가 나도 모르게 어떤 신앙의 푸르른 나무로 내 안에 심어져 자라고 있음을 종종 자각한다. 어쨌든 우리 고유의 미학을 찾으려는 의식과 욕구, 자기의식의 필연적 운동 속에서 자연스럽게 만난 동학과의 인연을 기특하고 귀하게 여긴다.

어려운 시절에 쓴 이 책이 실패하더라도 나의 좌절이 후학들에게 기회가 되길 바란다.

영화평론을 연재하고 책으로 펴내기에 이르기까지 격려해준 분들께 깊이 감사드린다.

2008년 변호사 조광희 작가·영화제작자와의 만남이 없었다면, 내 문학은 다시 시작될 수 없었을 것이다.

계간 『영화가 있는 문학의오늘』에 일 년여 동안 평론을 연재할 기회를 준 시인 오봉옥 교수, 문학평론가 방민호 교수, 유성호 교수, 영화평론가 강성률 교수, 그리고 영화판의 '쏘울' 이준동 仁兄, 늘 예술적 영감을 준 고마운 북디자이너 오필민 아우님의 관심과 격려에 깊은 감사의 마음을 전한다.

특히 지난 오 년여 세월은 국가와의 십여 년간 투쟁과 송사 끝에 무너진 회사 기반을 재건하는 험난한 시절이었다. 설상가상으로 내 심신도 심히 우려스러운 상황에서 함께 최선을 다하는 회사 식구들한테 늘 미안한 마음이다. 이런 와중에 이 책의 출간을 위해, 반년이 넘도록 방치된 미비한 원고들을 그러모아 정리하고 독려한 윤진희 편집장님, 그리고 최찬미·윤정빈·오주희·박정윤·이원지·김태영 님……. 솔 식구들 두루 고맙다.

2021년(辛丑) 사월에
一山에서

임우기

일러두기

1. 이 책에서 인용한 '유역문예론'의 근본 사유를 담은 「유역문학론 1」, 「유역문학론 2」의 출처는 다음과 같다.
   「유역문학론 1」, 『영화가 있는 문학의오늘』, 32호(2019, 가을호)
   「유역문학론 2」, 『영화가 있는 문학의오늘』, 33호(2019, 겨울호)

2. 본문에서 • 표시한 부분은, 이 책의 영화예술론을 이해하기 위한 배경 지식인 '유역문예론'의 주요 개념들로, 책 뒤의 '용어 해설'에서 찾아볼 수 있다.

차례

1
無爲而化 또는
창조적 유기체로서의 영화

이창동 영화 〈버닝〉, 〈밀양〉, 〈시〉에 대하여

1.

　책이나 강단에서 배운 이론이나 지식에서보다 자연이나 사회 속에서 생생한 이치와 지혜를 터득할 때가 많다. 아무래도 이창동 감독의 영화를 논하기에 앞서, 지금 전 지구적으로 퍼진 미증유의 '코비드covid19' 팬데믹pandemic을 잠시 거론하는 것이 여러모로 유익할 듯하다. 세계 자본주의의 중심지인 미국에서만 불과 두 달여 사이에 십만여 명, 유럽 대륙이나 일본같이 소위 '선진문명국'에서만 이십만 명이 넘는 희생자가 발생하였고, 지금도 세계적으로 삼백만 명이 넘는 인류가 코로나바이러스 감염으로 고통받고 있다. 미국에서만 갑자기 일자리를 잃은 사람 수가 삼천만이 넘었고 세계 경제는 심각한 상황에 내몰렸다. 보이지도 않는 극미생물인 바이러스가 서구의 첨단 과학기술과 탐욕적인 자본주의 문명을 비웃듯이 인류를 공포의 도가니 속에 몰아

넣은 것이다.

이 글에서, 코비드19 팬데믹을 간략히 거론하는 데엔 이유가 있다. 그것은 이창동 감독의 후기작들, 특히 〈버닝〉(2018)을 이해하는 데에 다음과 같이 흥미로운 시사점과 연관성이 엿보이기 때문이다.

첫째, 보이는 세계와 보이지 않는 자연의 문제. 바이러스와 같은 미생물microbe의 존재는 보이지 않는 '유약한' 존재이다. 이 보이지 않는 유약한 존재가 전 세계를 격하게 움직인다는 점을 깊이 헤아릴 필요가 있다. 그것은 자연의 진리, 즉 도에 대한 철학적 관점과 깊은 연관이 있다. 물과 같이 유약하고 여성적인 것이 자연의 본질이자 생명의 근원이라는 것. 이 유약하고 보이지 않는 자연이 전 세계를 움직이는 강력한 힘을 발휘한다는 역설. 그래서 아직 정체가 밝혀지지 않은 코로나바이러스와 같이 극미한 존재의 활동 방식 속에서 다시금 생명의 '근원'에 관한 여러 의문들을 성찰하고 천착하게 된다.

보이지 않는 존재를 사유하는 것은, 존재의 기원으로서 무無의 존재와 무의 작용에 대한 사유에 연결된다. 그것은 '근원'에 대한 사유이기도 하다. 근대 과학 특히 물리학이나 생물학 등은 극미極微한 존재를 찾는 데 집중한다. 가령 물리학에서 소립자나 광자 같은 극미한 존재는 상상적 기호로, 텅 빈 공간은 에테르 같은 상상적 물질로 표시된다. 코비드19 팬데믹 사태가 벌어지자, 사람들은 '보이지 않는' 생명의 기원과 근원을 다시 생각한다. 생명의 기원은 무엇이며, 자연의 본질은 무엇인가. 생명의 기원에 인간보다 바이러스와 같은 미생물이 훨씬 가깝다는 사실은 모두가 아는 것이다. 하지만, 자연에서 생명의 연원을 미생물의 출현 이전에 '없음[無]'에서 찾는 것은 아직은 과학의 능력이 미치지 못하는 철학의 문제이다. 무無의 존재와 활동을 이해하지 못하는 한 자연의 본질 또는 생명의 근원을 이해할 수 없다.

지금 벌어지고 있는 미증유의 팬데믹 상황을 보면, 자연의 본질은 보이지 않는 존재의 활동과 깊은 관련이 있다. 은미한 존재가 자연의 본질을 드러낸다. '은폐된' 자연을 드러낸 코로나바이러스는 이창동 감독의 영화 〈버닝〉의 자연에 관한 철학과 스토리텔링의 원리에 흥미로운 유사성과 시사점을 건네준다. 영화 〈버닝〉과 〈밀양〉(2007), 〈시〉(2009)는 '보이지 않는 자연'을 보여준다.

둘째, 도시와 자연의 문제. '은미隱微한' 바이러스가 지난 삼십여 년 동안 인류를 지배해온 신자유주의 이데올로기와 세계 자본주의 체제의 허구성을 전격적으로 폭로한다. 코비드19 팬데믹은 세계 대도시들의 화려한 외관을 순식간에 벗겨내고 마침내 참담한 민낯을 적나라하게 드러낸다. 뉴욕, 런던, 파리, 베를린, 도쿄 등 현대 자본주의 문명을 상징하는 세계적인 대도시들은 거의 예외 없이 방역조차 제대로 못 하는 상황에서 수십만의 희생자와 수백만 감염자를 발생시키고 대도시 기능은 졸지에 마비되었다. 지난 한 세대 동안 급격히 팽창해온 대도시들은 아시아, 아프리카, 라틴아메리카 등 지구 곳곳의 '유역'들이 장구한 세월 동안 저마다 지켜온 고유한 자연과 생활 문화를 마구 파괴하고 획일화해온 신자유주의 이데올로기의 거점들이다.

신자유주의 체제에서 대도시는 이미 농촌도 편입시켰다. 농촌은 대도시의 물질 중심의 인공적 생활 조건에 지배받는다. 농촌이 전통적으로 누려오던 자연적인 생활 조건은 소외된다. 코비드19 팬데믹은 서구 중심주의와 대도시의 물질문명에 대한 근본적인 반성을 가져온다. 바이러스가 도시화로 상징되는 근대적 물신주의에서 벗어나 자연과 공생을 추구하는 새로운 농경적이고 생태적인 생활 문화로의 변화가 절박하다는 사실을 일깨운 것이다. 이런 점에서 코비드19는 '반문명적 사건'이다.

이창동의 영화 〈버닝〉에서 '농촌'은 훼손된 자연의 비유이다. 〈버닝〉의 무대인 경기도 파주 지역 '농촌'은 대도시 서울에 종속되고 파괴된 자연의 비유이다. 동시에 〈버닝〉의 내러티브에는 '자연으로 돌아감'[1]을 성찰하는 특유의 자연철학과 독창적인 미

---

1 '자연으로 돌아감'은 '원시반본原始返本'의 깊은 뜻을 내포한다. '원시반본'은 일반적인 용법으로 말하면 '자연과 인간의 조화로운 관계로 돌아감'이라는 뜻이지만, 근본적인 의미를 궁구하면, 자연을 품고 사는 존재 또는 만물 중 '가장 신령한 존재(最靈者, 侍天主)로서의 인간 존재로 돌아감'이라는 뜻을 품고 있다.

학이 투영되어 있다.

셋째, 코비드19 팬데믹은 인류에게 신자유주의 이데올로기에 반대하는 새로운 대안적 이념을 요구한다. 신자유주의 체제의 문학에서는 서구 문학적 기준에 따라 '세계화'가 횡행하여 '세계문학' 이데올로기가 강요되었다. 세계 곳곳의 유역마다 이어져온 고유한 문학성이 거의 사라졌듯이, 거대 자본의 지배를 받아온 영화도 미국 및 서구의 예술적 기준이 전횡해왔다. 세계의 문화예술들이 저마다 존중받고 교류하는 건강한 생태를 회복하고 공생하기 위해서 신자유주의적 세계 체제에 반대하고 문화예술의 서구 중심주의를 비판적으로 성찰하는 일은 이제 시대정신의 당위에 속한다. 서구 근대 문명을 비판적으로 극복하는 '대안적' 미학의 출발점은 '자연'을 자본의 구속과 착취로부터 해방하고 삶의 근원으로서 '자연으로 돌아가는(反, 返本)' 철학적 성찰을 전제로 하지 않을 수 없다. 이 시대적 요구가 이창동 영화를 새로이 주목하게 한다.

코로나바이러스는 자연의 '보이지 않는' 원리(不然)와 '보이는' 현상(其然)을 동시에 극적으로 드러내었다. 봄이면 대지에 싹이 트고 가을이면 잎이 지듯이, 보이지 않는 진실이 보이는 현실로 변하는 것이 자연의 존재 방식이다. 이처럼 자연은 '무궁무진한 시공간'을 은폐하고 있다. 이 은폐된 자연을 새로이 사유하고 인식하는 것은 '대안적' 예술의 이론과 창작을 위해 선결적이다.

영화〈버닝〉은 은폐된 자연을 심오하게 탐구한다.

2.

영화〈버닝〉은 서울 근교 농촌 출신의 청년 실업자이자 소설가 지망생인 주인공 '종수'(유아인)가 겪는 궁핍한 생활과 고독, 역시 비슷한 처지에 있는 여자 친구 '해미'(전종서)와의 사랑과 갈등을 다루는 한편, 종수의 소설 창작을 주요 모티프로 삼아 전개되는 이야기다. 영화의 내러티브는 '영화 속 소설의 내러티브'와 곧잘 명확한 구별 없이 뒤섞이기 때문에 이야기 줄거리를 소상히 소개하는 것은 영화를 깊이 이해하는 데에 그다지 도움이 되지 않는다.

종수가 홀로 거주하는 시골집은 폭력 행위로 수감 중인 아버지 소유의 농가로서 집 건너편에 흐르는 한강 너머에서 확성기를 통한 북한의 대남 방송이 끊임없이 들려오는 경기도 파주 들녘에 위치한다. 어느 날 종수는 시골집 창고에서 아버지가 수집한 많은 칼(短刀)들을 발견하게 되는데, 이는 종수의 시골집이 폭력적인 가부장이 지배하는 공간인 동시에 남북한 간 갈등과 긴장이 노골적으로 진행 중인 한국 사회의 억압과 모순을 표상하는 공간임을 시사한다. 종수의 생모는 16년 전에 아버지의 가정

폭력으로 가출하였고, 종수가 파주 시골집에서 의지할 수 있는 유일한 반려는 축사에 남은 얼룩송아지 한 마리뿐이다.

종수의 애인 해미는 창밖으로 서울을 상징하는 남산타워가 보이는 허름한 빌라의 작은 방에서 살고 있다. 해미는 아르바이트를 하면서 카드 빚을 갚는 고달픈 삶 속에서도, 아프리카 여행을 꿈꾸는 여리고도 낭만적인 성격의 소유자이다. 사회경제적으로나 가족적 조건에서 종수와는 대조적인 인물인 벤(스티븐 연)은 부족할 게 없이 고급 외제 차를 몰며 강남의 고급 빌라에서 사는 '대도시적 존재'이다. 또한, 지적이고 사교적인 벤은 밤마다 친구들과 와인 파티를 즐기는 미스터리한 존재이다. 〈버닝〉의 내러티브를 구성하는 세 등장인물이 살아가는 각각의 공간들은 각 인물들이 처한 사회적 조건을 반영하며 저마다 처한 특유한 존재 상황을 상징적으로 보여준다. 〈버닝〉에 은닉된 감독의 심층 의식을 이해하기 위해서는, 먼저 주인공 종수의 시골집과 해미의 방이 감추고 있는 특유의 공간적 메타포를 이해해야 한다.

〈버닝〉의 내러티브를 깊이 이해하기 위해, 무엇보다도 먼저 주인공 종수의 시골집에서 일어나는 기이한 사건에 주목해야 한다. 그 기이한 사건은 정체불명의 '누군가'가 시골집에 있는 구식 전화기로 종수에게 계속 전화를 걸어온다는 것이다. 종수가 '아버지'의 시골집에서 잠든 한밤중에 두 번, 아침에 한 번, 모두

(종수)
여보세요

[1]

[2]

세 번에 걸쳐서, '누군가'로부터 걸려온 전화를 받는 신.[1][2]

종수는 한밤중에 요란하게 전화벨이 울리자 잠에서 깨어나 전화를 받지만, 알 수 없는 '누군가'는 침묵 끝에 전화를 끊는다.[2] 한밤중에 잠든 종수를 깨운 전화의 상대방이 침묵할 뿐 '누군가'를 알 수 없다는 것은 그 자체로 의미심장한 '누군가'가 은폐되어 있는 상황을 암시한다. 억압적인 상황이 은밀하게 지속되는 '아버지'의 시골집 공간에서 보이지 않고 알 수도 없는 '누군가'가 아무런 논리적 인과적 설명 없이 나타났다는 것은, 사실적인 존재가 아니라 억압적 상황에 은폐되어 있던 종수의 '심리적 존재'가 나타났음을 시사하는 것이다. 그 '누군가'는 침묵하고 있

---

2 '누군가'가 〈버닝〉의 이야기 전개상 오래전에 가출한 엄마로 추측될 수도 있다. 하지만, 종수가 시골집에서 받는 전화 장면들 가운데 앞에 세 번에 걸쳐 전화를 건 정체불명의 '누군가'를 모두 종수의 엄마로 간주하는 것은 〈버닝〉의 내러티브를 단선적이고 피상적으로 해석하게 될 뿐더러 스토리텔링에 은폐된 풍부한 의미들을 간과하는 결과를 초래할 가능성이 크다.

지만, 전화를 건 존재이므로 '보이지 않는 인격적 존재'인 것은 자명하다.

주인공 종수의 시골집에 세 번이나 반복해서 전화를 걸어올 정도로 종수에게 '관심'이 깊으면서도 끝내 '침묵하는 인격화된 존재'는 누구인가? 〈버닝〉의 내러티브는 이 보이지 않는 인격적 존재인 '누군가'에 대해 영화가 끝나도록 구체적인 답변을 내놓지 않는다. 하지만, 답변의 실마리는 없지 않다. 그것은 '누군가'의 전화를 받는 시골집은 폭력적인 부권과 남북한 간 공격적이고 파괴적인 갈등과 긴장감이 지배하는 공간 곧 심리적 억압의 장소라는 점이 깊이 이해되어야 한다.

무의식은 의식에 의해 억압받듯이, 프로이트S. Freud 심리학에서 보면, 종수에게 시골집은 억압당하고 있는 무의식id의 세계를 은유한다고 볼 수 있다. '누군가'가 종수의 신식 핸드폰이 아니라 시골집의 붙박이 구식 전화기로 전화를 걸었다는 사실은 종수에게 시골집이 '오래된 심리적 억압 공간'임을 가리키며, 이는 '누군가'가 종수의 억압된 무의식을 지켜보는 심리적 타자他者임을 암시한다. 세 차례나 전화를 걸어온 보이지 않는 상대가 '침묵하는 인격적 존재'라는 점도 '누군가'가 종수의 '인격화된 무의식'이란 추측에 힘을 실어준다. 중요한 사실은, 폭력 범죄로 수감 중인 아버지가 취미로 수집한 여러 종류의 날카로운 칼들이 암시하듯이, 주인공 종수의 '인격화된 무의식'으로서 '누군가'

는 공격성과 폭력성으로 상징되는 시골집의 억압적 공간에 저항하는 심리적 존재이면서 아울러 심리적 억압을 걷어내는 해방의 가능성을 가진 존재라는 점이다.

프로이트에 따르면 무의식의 이드는 '성적 본능 또는 생명을 생성하고 유지하는 본능'인 에로스Eros, 공격성과 폭력성이 지배하는 파괴적인 '죽음의 본능'인 타나토스Thanatos, '문명 속에 들어온 자연' 등으로 구성되어 있다. 단순히 요약하면, 시골집은 죽음의 본능이 지배하는 공간인 반면, 종수가 찾아가는 애인 해미의 누추한 방은 에로스가 지배하는 공간이다. 축사에서 들리는 송아지 울음소리는 그 자체로 종수의 이드 속 '자연'의 본능이 타자화된 소리이다. 파주 시골집을 에워싼 자연이나 축사에 있는 얼룩송아지의 존재는 종수의 무의식에 죽임의 파괴 본능과 더불어 '자연'이 본능적으로 활동하고 있음을 비유적으로 보여준다.

그러므로, 침묵의 '누군가'로부터 걸려온 전화는 종수의 억압된 무의식이 보내오는 간절한 해방의 신호이면서, 그 신호의 주인은 무의식에 은폐된 타자로서 '자연'이라 볼 수 있다. 종수의 무의식적 본능에는 인위적 문명 속에 들어온 자연이 저항과 해방의 꿈을 꾸고 있는 것이다. 〈버닝〉의 뒷부분에서 어린 종수가 불타는 비닐하우스를 보면서 두려움과 희열이 교차하는 심리 상태를 보이는 것도 '무의식의 자연'[3]과 무관하지 않다. 하지만, '누군가'가 종수의 억압된 이드에 존재하는 '심리적 자연'이라 하더라도, '누군가'는 전화를 손수 걸어온 점에서 '인격적 존재'라는 점이 새로이 해명되어야 한다. 심리학적 해석에 그치는 문제가 아니다. '심리적이면서 인격적인 자연'이란 무엇을 의미하는가? 이는 철학적인 동시에 미학적 문제이다. 이 문제를 풀기 위해서 이창동 감독 특유의 스토리텔링을 함께 살펴야 한다.

3.

무의식은 수면 중에 활발히 움직인다. 한밤중 잠에 빠진 종수를 깨우는 '누군가'의 구식 전화기 벨소리는 종수의 억압된 무의식이 표시하는 절박한 신호로 해석될 수 있다. '누군가'는 종수의 인격화된 이드이고 타자화된 무의식이기 때문이다. 무의식이 타자화된 '누군가'가 잠든 종수를 깨운다는 것은 억압된 무의식계에 있는 자아를 의식계로 돌아오게 한다는 것이다. 그러므로

3　'무의식의 자연'이란 표현은, 무의식은 근본적으로 '자연적'이라는 사실을 가리킨다. 어린 종수가 꾸는 꿈속에서 무의식은 '자연' 상태 그대로 드러난다. 다시 말해, 종수가 어린 시절 불타는 비닐하우스를 바라보는 꿈에는 에로스와 타나토스, '문명에 들어 있는 자연' 등 종수의 '무의식의 요소들'이, 의식계의 작용이나 조작 없이, '자연' 그대로 드러난다. 무의식은 자연이다.

종수의 잠을 깨우는 '알 수 없는(不然) 누군가'는 의식계와 무의 식계에 두루 걸친 존재, 바꿔 말해, 현실과 초월을 함께 살아가는 존재이다. 이러한 현실과 초월을 함께 사는 존재는 〈버닝〉의 스 토리텔링 곳곳에서 산견散見된다.

가령, 〈버닝〉의 시골집에 홀로 사는 종수와 함께 있는 얼룩송 아지의 존재는 스토리텔링상 중요하다. 왜냐하면, 아버지의 시 골집 축사에 남은 한 마리 얼룩송아지는 피폐한 농촌 상황에서도 '살아 있는 자연'의 메타포이기 때문이다. 억압적 부권이 지배하 는 시골집에 남겨진 얼룩송아지 한 마리는 외로운 종수를 위로하 는 반려이면서 인간에게서 소외된 '자연'의 비유인 것이다. 이렇 듯 사회적 또는 심리적으로 얼룩송아지의 존재를 해석하는 차원 을 넘어, 미학적 차원 즉 감독의 스토리텔링 차원에서 얼룩송아 지의 존재를 살펴볼 필요가 있다. 스토리텔링에서 보면, 시골집 축사에 남은 한 마리 송아지의 존재가 중요한 것은 송아지의 존 재가 주인공의 소외되고 억압적인 시골집을 자연의 기운이 '은미 하게'● 서린 기묘한 공간으로 만들기 때문이다. 그러므로 '시골 집 신'에서 배경 음향으로 들리는 송아지 울음소리는 진부한 클 리셰가 아니라 '무위자연無爲自然의 메타포'로 이해되어야 한다.[4]

---

[4] 얼룩송아지와 함께, 주인공 종수와 침묵하는 '누군가'를 연결하는 시골집 의 '오래된 구식 전화기'도 하나의 메타포이다. '누군가'는 종수의 내면에 억압된 무의식과 '드러난' 의식 사이를 오가는 존재의 비유이므로, '오래 된 구식 전화기'는 은폐된 무의식과 드러난 의식 사이를, 현실과 초월 사이 를 연결하는 '영매靈媒적 존재'의 비유이다.

내러티브 차원에서 보면, '누군가'는 이야기의 표면에 드러
난 중심적 내레이터인 주인공 종수와는 별개의 '은폐된 내레이
터'*이다. 이 초월적인 성격을 띤 '은폐된 내레이터'의 정체를 밝
히는 것은 〈버닝〉의 영화미학을 밝히는 데 선결적이다.[5] 특히,
'창조적 유기체론'[6]*의 관점에서 볼 때, 스토리텔링의 '은폐된
내레이터'로서 '누군가'의 존재를 이해하는 것은 이창동 감독의
최근작 〈버닝〉을 비롯하여 〈시〉, 〈밀양〉 등 후기작의 필름 미학
을 파악하는 데에 기본적이다.

　　'은폐된 내레이터'는 영화 극본이나 플롯 구성에 잘 보이지 않
고 '은폐된 상태로' 드러난다. 다시 말해, 카메라워크와 음향 등
시청각적인 연출을 포함한 감독의 스토리텔링 속에서 '은미한
형식'*으로 드러난다. 대표적인 예를 들면, 주인공 종수가 해미
의 방에서 자위행위를 하는 신을 꼽을 수 있다. 끊이지 않는 북한
의 대남 방송과 폭력적인 부성父性이 상존하는 종수의 시골집과
는 대조적으로 서울 남산타워 아래에 위치한 해미의 단칸방은
누추하지만, 종수를 억압된 심리에서 벗어나게 하는 '해방적인'
공간이다.

5　문학작품에서, 은폐된 '누군가' 곧 '은폐된 내레이터' 문제는 2013년 발표
　한 졸고 「네오 샤먼으로서의 작가·2」에서 볼 수 있다. 이 글은 소설에서의
　'은폐된 내레이터'의 존재 문제를 본격적으로 다룬 일종의 '소설론'이다.
　(임우기, 『네오 샤먼으로서의 작가』, 달아실, 2017, 617~691쪽)
6　'창조적 유기체론'은 수운 최제우 선생의 동학에서의 '시천주侍天主' 사상
　에서 연원한다. 자세한 내용은 「유역문학론 1」, 「유역문학론 2」 참조.

[3]

　해미의 방 안에서 종수가 의식적으로 욕망을 해소하는 수단
으로 자위행위에 몰입하는 동안, 해미의 방 창문에 비친 남산
타워가 자위행위 중인 종수의 모습과 오버랩되는 신은 의미심
장하다.[3] 우선, 도식적으로 분석해 종수의 자위행위가 무의식
의 이드에서 들끓는 성욕을 보여준다면, 해미 집 창문 유리에 오
버랩된 남산타워는 자본주의적 무한 욕망으로서 남근중심주
의phallocentrism의 비유이면서 슈퍼에고Superego의 도시 문명의
도덕률을 보여주며, 이 '자위행위 신'의 이면에서 간간이 들려오
는, 대도시 서울이라는 공간에서의 '개가 왈왈 짖는 소리'는 '자
본주의 문명 속에 들어온 자연'으로 풀이될 수 있다.
　하지만, 〈버닝〉의 스토리텔링 안에 '은폐된 내레이터'의 존재
를 밝히기 위해서는 이 '자위행위 신'이 지닌 심리학적 의미 해
석을 넘어서 '시청각적 연출'에 의해 드러난 감각적 내용물들이
구체적으로 분석되어야 한다. 이를 위해선 '자위행위 신'에서 연

출된 시청각적 요소들을 주목해야 하는데, 그중 하나는 창문 밖을 내다보면서 자위행위에 몰입하는 주인공 종수 등[7]의 어둑한 방 안에서의 카메라의 눈, 즉 그늘진 해미 방 안 내부에서의 '누군가'의 시선과 또 하나는, 남산타워 쪽에서 해미의 방 창문을 통해 수음 행위에 몰입하는 종수를 바라보는 외부의 시선, 청각적 음향으로서 종수가 자위행위에 몰입하는 중, 바깥 멀리서 들리는 '개 짖는 소리' 등이다.

종수의 의식은 창밖의 남산타워를 바라보며 의식적인 자위행위에 열중하지만, 종수의 무의식은 해미 방 안의 '그늘진 빛'과 함께 바깥에서 개 짖는 소리를 통해 비유적으로 드러난다. 이때 '은폐된 내레이터'는 종수의 개인적 무의식을 반영하면서도 개인적 욕망의 해소 차원을 넘어 초월적인 '무의식적 자연'의 존재감을 은밀히 드러내는 것이다. 종수의 자위행위 중에 들리는 '개

---

7 캐릭터의 뒤에서, 인물의 등 쪽을 길게 롱테이크로 보여준다는 것은 그 인물의 보이지 않는 존재됨을 촬영한다는 감독의 의도가 숨어 있다. 인간 존재에는 비밀스러운 존재성이 있다는 것, 캐릭터의 삶에 '은폐된 존재'를 얼굴(정면)이 아니라, '등'(뒷면)의 메타포로 보여주는 것, 캐릭터의 등을 카메라가 응시하는 것은 그 은폐된 존재를 암시하는 것이다. 가령, 영화 〈밀양〉 앞부분에서, 핸드 헬드handheld로 촬영돼 손에 쥐여진 카메라가 어린 아들 준(선정엽)을 데리고 '피아노 교습 전단지'를 동네 곳곳에 붙이러 다니는 신애(전도연)의 등과 어깨를 오래 따라가는 것은, 그 흔들리는 카메라 앵글 자체가 〈밀양〉의 스토리텔링에 참여하는 '은폐된 시선'이라는 것을 의미한다. 이 오프닝 신은 주인공 신애가 신산스러운 삶에 처해 '흔들리는 존재'의 불안을 보여주는데, '밀양密陽'의 뜻이 암시하듯, '삶의 본질로서 비의秘意'를 드러내는 이미지로 해석될 수 있다.

[종수의 가쁜 숨소리]
[4]

짖는 소리'는 종수의 억압된 이드로서 생명의 욕구와 더불어 '자연'의 움직임을 반영하면서, 그늘진 빛이 감도는 방 안의 카메라워크는 종수의 현실적 내면을 관찰하는 '은폐된 내레이터'의 존재를 드러낸다. 표면적 내레이터인 종수가 자위행위를 통해 '의식적으로' 성적 욕망을 해소하고 있음을 보여주는 것과는 달리, '자위행위 신'에 감추어진 스토리텔링의 시청각적 요소들은 그 자체로 종수의 '무의식적인' 욕망을 표현하는 것이다. 이 '자위행위 신'이 중요한 것은 〈버닝〉의 스토리텔링에서 '은폐된 내레이터'가 종수의 무의식적 욕망만을 보여주는 게 아니라 종수의 자위행위를 지켜보는 자연적 존재 곧 초월적 존재로서 '보이지 않는 자연'을 '은미하게' 보여주기 때문이다. 다시 말해, '자위행위 신'에서 '은폐된 내레이터'가 바로 카메라워크와 음향 연출에 의해 비로소 자기 모습을 드러내는 것이다.[4]

어둑한 방 안에서 수음하는 종수의 등 뒤에 있는 '누군가'의 시선은 방 안에 있는 '은폐된 내레이터'의 시선이다. 하지만, 밝은 대낮인 바깥의 남산타워 쪽에서 창문을 통해 해미의 방을 바라보는 '누군가'의 시선은 '은폐된 존재'의 시선이라 할 수 없다. 밝은 바깥의 시선은 오히려 그늘진 방 안의 은폐된 시선을 관찰하는 '의식적'이고 사실주의적인 시선에 가깝다. 해미의 그늘진 방 안의 시선은 바깥의 시선과는 이질적이면서도, 두 시선은 각각 안과 밖에서 '동시적으로' 하나로 연결된다. 물론 해미의 방 안과 밖의 시선 모두 감독의 연출된 시선임에도 불구하고, 그늘진 방 안의 '누군가'의 시선은 감독의 독단적인 의식의 시선이라기보다 감독의 잠재의식적 시선 혹은 감독 특유의 자연철학에서 발현된, '은폐된 근원적 시선'이다.[8] 그 근원적 자연을 추구하는

---

8   종수가 수음을 하는 장면에서 해미의 방 창유리에 비친 남산타워는, 종수의 도달할 수 없는 욕망의 높이(남근중심주의적 높이!)와 억압적이고 권위적인 법, 도덕, 윤리 등 사회적 규율과 문명을 가리키는 슈퍼에고의 상징이면서도, 아이러니하게도 그 남산타워의 상징 속에는 욕망의 정화와 해방을 꿈꾸는 근본적 이념으로서 '하늘'의 의미가 '은폐되어 있다'. 이 '하늘'의 상징에는 해미의 방 공간이 품고 있는 부조리성과 함께 갇힌 욕망 또는 억압된 무의식으로부터 탈출하려는 해방의 욕구를 아울러 은폐하고 있다. 부조리한 공간에서 부조리한 시간이 흐르는 것은 당연한데, '하늘'의 상징과 마찬가지로, 해미의 방 안에서 보는 '하늘'과 듣는 '개 짖는 소리'는 스토리텔링에서 표면적으로 흐르는 인위적 문명적 인과론적인 인간 중심의 시공간과는 달리 이면에 흐르는 '근원적 자연'의 시공간이다.
'누군가'는 주인공 종수의 의식과 심층의식을 지켜보는 전지자全知者인 감독 의식의 인격화로서, 〈버닝〉의 스토리텔링을 고려할 때, 이창동 감독의 자연철학이 추구하는 '근원적 자연'의 화신化身 또는 대리자로 해석이 가

감독의 시선에 의해 종수의 무의식의 이드인 '문명 속에 들어온 자연自然'이 '자위행위 신'에 투사된 것이다.

그러므로 종수의 '자위행위 신'에서 주목할 것은 자위행위가 억압된 욕망에서의 의식적인 해방을 보여준다면, 오히려 감독의 섬세한 연출에 의해 바깥의 밝은 햇빛 아래 위압적으로 우뚝 선 남산타워가 상징하는 도시 문명과는 대조적으로, 해미 방 안의 기묘한 '그늘진 빛'은 종수의 무의식이 은닉한 '자연'의 생명력을 보여주는 것이다. 바꿔 말하면, '근원적 자연' 혹은 무위자연無爲自然이 이창동 감독의 빛과 어둠에 대한 주도면밀한 카메라워크를 이끌어가는 것이다. 〈버닝〉에서 종수의 시골집 안팎을 보여주는 장면들이나 해미 방에서 종수의 '자위행위 신'의 빛이 모두 자연광自然光인 것은 '근원적 자연'에 대한 감독의 깊은 사유와 무위자연의 철학에서 말미암은 카메라워크의 원리와 깊은 연관성이 있다.

'은폐된 내레이터'는 본질적으로 보이지 않는 '그늘[陰]' 같은 존재이다. 은폐된 내레이터는 해미의 방에 드리운 어두침침하고 '그늘진' 자연광 속에서 비로소 존재감을 드러낸다. 〈버닝〉의 스

능하다. 중요한 것은 '은폐된 내레이터'의 존재가 〈버닝〉의 스토리텔링에 은닉된 의미들을 드러내면서 영화를 객관적 대상물이 아니라 관객과 '유기적으로' 소통하는 '살아 있는 유기체적 존재'로 변하게 한다는 점이다. 「유역문학론 2」 참조.

토리텔링 전개 과정에서 종수가 달리기하는 장면, 벤을 살해하는 장면 등이 어둑한 새벽이나 희뿌연 하늘빛 아래서 벌어지는 것은 어두침침한 '그늘'에 대한 감독의 '자연' 철학적 시각과 깊이 관련된 것으로 보인다. 왜냐하면, 종수의 달리기는 소설적 상상력이 한껏 발휘되는 일종의 생명력의 비유이며, 소설적 상상력 속에서 욕망의 정화를 위한 제의祭儀의 제물로서 벤의 살해가 이루어지기 때문에, 음기陰氣가 가득한 자궁 속같이 '새 생명의 탄생'을 암시하는 어둑한 자연광이 필요했던 것이다. 특히, 여성인 해미의 방이 음기가 서린 그늘진 공간인 것도 '은폐된 내레이터'가 여성성(陰)이 우세한 '자연'이라는 것을 시각적 비유로 보여준다. 해미의 방은 종수의 무의식을 반영하는 '여성적 존재'이므로 근본적으로 포태胞胎의 생명력을 품은 여성성을 지닌다. 해미의 방 안에서 작용하는 '은폐된 내레이터'도 여성성이 강하다. 그래서, 마치 여성의 배란排卵은 은폐되어 있듯이, 은폐된 내레이터는 은미하게 드러남에도 그 은미함으로 말미암아 '자연적 존재'의 잉태와 탄생 가능성은 커진다. 〈버닝〉의 뒷부분에서, 종수가 해미 방에서 소설 창작에 열중하는 롱테이크 신도 해미의 방이 소설 작품을 낳는 여성적인 생명력이 충만한 공간이라는 점을 상징적으로 보여준다.

4.

   시골집에 전화를 걸어온 정체불명의 '누군가'의 존재, 즉 '은폐된 내레이터'를 밝히기 위해 얼룩송아지 울음소리와 '자위행위 신'에서 들리는 멀리 개 짖는 소리가 지닌 '청각적 자연의 존재'가 이해되어야 한다. 우리가 평소에 듣는 음악이나 자동차 소음 등 문명적 소리들은 '인위적인 소리'인 반면, 바람 소리 물소리 온갖 생명체들이 내는 자연의 소리는 '근원적 자연'인 침묵에서 울려 나오는 '무위적인 소리'이다. 〈버닝〉의 스토리텔링은 '두드러진' '인위적 문명의 소리' 속에 은폐된 '은미한 무위자연의 소리'를 놓치지 않는다. 오히려 주인공 종수의 시골집에 남은 한 마리 얼룩송아지의 '음매 하는 울음소리', 서울의 해미의 집 바깥에서 들리는 '개가 왈왈 짖는 소리'는 감독이 무위자연의 은미한 소리를 더 중시한다는 것을 반영한다. 즉 해미의 방 안이 자연광의 어두운 '그늘'로서 연출된 데서 보았듯이, 은폐된 청각적 자연의 소리들은 이창동 감독의 자연철학과 스토리텔링의 원리에 있어서 매우 중요한 의미를 지닌다. 억압적인 공간인 '아버지의 시골집'에서 들리는 얼룩송아지의 울음소리와 해방적인 공간인 해미의 집에서 들리는 '멀리서' 개 짖는 소리는 은미한 형식으로 은폐되어 있음에도, 아니 오히려, 침묵과 무위에서 비롯된 은미한 형식이기 때문에, '근원적 자연'의 본성을 함축하고 있는 것이다.

그렇다면, '개 짖는 소리'를 '근원적 자연의 은미한 형식으로서 듣는다'는 것은 무슨 의미인가. 개 짖는 소리를 '자연의 은미한 소리'로 듣는다는 것은 삶의 근원으로서 '무위자연'을 청각을 통해 지각한다는 것이다. 중요한 것은 '개 짖는 소리'는 스토리텔링의 전개를 위해 일정한 의미의 전달을 위한 이성적인 또는 의식적인 분별지의 언어이거나 개가 짖는 사실주의적 상황을 알리는 물리적인 소리 언어가 아니라, '근원적 자연의 소리'라는 점이다.[9] 이 근원적 자연의 소리는 '근원적 청각적 지각'[10]을 통해서 비로소 드러나는 '심리적-초월적 소리'이다. 비유적으로 말해, '심리적 소리'이므로 '침묵에서 겨우 들려오는 은미한 소리'이다. 이창동 감독은 바로 이 심리적-초월적 소리가 새로운

---

9 이 문맥에서 '근원적 자연'은 '무위자연無爲自然'을 가리킨다.
10 발터 벤야민의 미학에도 유사한 개념이 있다. 벤야민은, '근원적 청각적 지각Urvernehmen' 개념으로 청각적 소리 언어를 통한 예술 작품에서의 진리 구현 문제를 설명한다. '근원적 청각적 지각'으로서 '소리 언어'는 발터 벤야민의 다음 글에서 취한 것이다.
  "진리는 경험을 통해 자신의 규정을 찾을 어떤 견해로서가 아니라 그 경험의 본질을 비로소 각인하는 힘으로 존속한다. 이러한 힘을 유일하게 지니는 존재, 모든 현상성에서 벗어나 있는 존재가 이름Name이다. 이름의 존재가 이념들의 소여성을 규정한다. 하지만 이념들은 어떤 근원언어Ursprache 속에서 주어져 있다기보다 근원적인 청각적 지각 속에서 주어져 있다. 이 속에서 말들은 명명하는 자신의 권위를, 인식하는 의미에게 빼앗기지 않은 채 보유하고 있다"(강조 필자). 발터 벤야민, 『독일 비애극의 원천』, 김유동·최성만 옮김, 한길사, 2009; 임우기, 「한국문학과 샤머니즘의 이념」, 『네오 샤먼으로서의 작가』 참조.

'창조적'[11] 스토리텔링의 근원이라는 사실을 자각하고 있는 것이다! 주인공의 '의식적인' 수음 행위를 통한 억압된 무의식의 해방 욕구와 '개 짖는 소리'가 표상하는 무의식 속의 '근원적 자연'의 활동을 이해할 때, '개 짖는 소리'는 '동물의 소리' 차원을 넘어 '근원적 자연의 소리' 차원으로 변화한다.

따라서 영화 〈버닝〉에서 많은 자연의 소리는 배경에 삽입한 단순한 음향이 아니라, 무위자연과 자연스럽게 교감하는 소리이다. 자연의 소리는 인간들이 의식하지 못하는 '은미한 형식'으로 전해지기 일쑤다. 하지만 바로 은미한 형식으로 존재하기 때문에 역설적으로 '근원적 자연의 소리'는 '두드러진 형식'의 인위적인 소리들 속에서 더 깊은 의미를 가진 '내면적(심리적) 울림'으로 감지될 수 있다. 종수의 파주 시골집에 늘 들려오는 북한의 시끄러운 대남 방송, 서울의 온갖 소음들, 나이트클럽의 사이키한 음악, 때론 멋진 음악 소리들이 '두드러지지만', 이러한 인위적인 음향들에 대응이라도 하려는 듯, 바람 소리와 기러기·참새·송아지·개 같은 동물들이 내는 온갖 무위자연의 소리들은 '은미한 형식'으로 '감추어져 있다'.

---

11 간단히 부연하면, '창조적' 스토리텔링은 '가장 신령한 존재(最靈者)'로서 인간의 창작 행위에서 나온다. 인간은 저마다 '무궁무진한 자연(한울)'을 모신 존재이기 때문에 '가장 신령한 존재'이다. '가장 신령한 존재'로서 예술가의 행위는 '창조적'이다. 동학으로 말하면, '시천주侍天主'하는 예술가의 창작 행위는 그 자체로 '창조 행위'이다.

이러한 청각적인 연출은 의도적이라는 것이 자명한데, 그것은 오히려 스토리텔링에 '감추어진 은미한 구성 요소'라는 점에서 감독이 가진 세계관의 심층의식을 표현한 것일 가능성이 크다. 무위자연의 다양한 소리들은 인간이 항상 접해온 일상적인 소리들이기 때문에 간과하기 쉽다. 스토리텔링의 인과적 구성과 전개로부터 이탈된 채 감독 특유의 자연철학을 반영하고 있는 이러한 '은미한 소리의 형식'은 '일별一瞥[12]의 형식'들로서 이창동 영화 곳곳에서 산견되는 중요한 형식적 특성이다. 따라서 〈버닝〉의 스토리텔링 전개에서, '청각적 자연의 존재들', 가령, 닭이 꼬끼오 우는 소리, 소가 음매 하고 우는 소리, 새가 짹짹거리는 소리, 까치가 깍깍 우는 소리, 기러기가 끼룩끼룩 우는 소리, 파리가 윙윙대는 소리, 개가 컹컹 짖는 소리, 산새 울음소리, 풀벌레 소리, 그리고 바람 소리 등이 스토리텔링 속에서, '일별'하듯이 스쳐 지나가는 '무위자연의 소리'에 주목해야 한다. 가령, 종수가 한밤중에 정체불명의 '누군가'로부터 걸려온 전화를 받는 신에서, 켜놓은 티브이의 방송 소리와 함께 북한의 대남 방송이 연신 들려오는 중에 '풀벌레 우는 소리'와 '멀리서 개가 왈왈 짖어대는 소리'가 삽입되는 것도, 단순한 배경 음향이 아니라 인위적인 소리 안에 내재하는 근원적 자연의 소리인 것이다.

---

12 영화에서 '소리 언어'도 근본적으로 장면을 통해 '보는 행위'로서 지각된다. 보는 소리 형식은 '일별一瞥'의 개념에 포함된다. 일별의 형식에 대해서는, 「유역문학론 2」 참조.

'해미의 어두침침한 방 안', '개 짖는 소리', '얼룩송아지의 울음소리' 등등에서 보았듯이, 무위자연의 활동은 수많은 '보이지 않는 은미한 형식'들로 은폐된 채 연출된다. 근원적 자연은 의식이나 지식을 통해서는 알 수 없고 오로지 체험적 직관 또는 직관적 체험을 통해서만이 '보이고', '들리고', '촉각'할 수 있다. 노자老子에 따르면, 자연의 본질은 보아도 시각으로는 보이지 않는 것[夷], 들어도 청각으로는 들리지 않는 것[希], 잡아도 촉각으로는 그 모양이 잡히지 않는 것[微]이라 하였다.[13] 자연의 근본적 존재 형식은 이희미夷希微에 있듯이, 〈버닝〉의 은폐된 주제인 무위자연이 '은미한 형식'으로 다시 은폐되어 있는 것이다.[14]

그러므로 해미 방에서의 '자위행위 신'을 구성하는 '은미한' 시청각적 형식들, 개 짖는 소리와 어두침침한 자연광은 해미의 방을 누추한 물질적 공간이 아니라 신묘한 기운이 감도는 공간으로 변하게 한다. 종수가 해미와 정사情事하는 신에서 어둡고 누추한 해미의 방 안을 길게 살펴보는 눈길도 기묘한 생명의 기운을 보여주려는 연출 의도라 할 수 있다. 플롯의 현실로 보면, 해미의 방은 가난한 주인공 종수에게 누추한 물질적 공간이지만, 종수가 자위를 하는 중 '은폐된 내레이터'인 '개 짖는 소리'에 의해 홀연 생명력과 자연의 기운이 감도는 신묘한 '근원적 공간'으

---

13 왕필 주석, 『노자』 14장.
14 그래서 관객들은 기존의 낯익은 영화 문법을 근본적으로 반성하는 낯선 새로운 스토리텔링 앞에서 당황하게 된다.

로 변하는 것이다. 소설가 지망생인 종수가 해미의 방에서 비로소 소설을 '창조'하기 시작하는 것도 해미의 방이 밝고 어두운 빛들과 인간과 동물 소리가 '유기적으로' 어우러진 신묘한 자궁 같은 방이기 때문으로 해석될 수 있다.

해미의 방에서 주인공의 '자위행위 신'은 빛의 음과 양이 마주쳐 빚어진 시각적 의미들을 풍성하게 생산하는 동시에, '개 짖는 소리'의 무위자연이 서로 유기적으로 만나 조화造化를 부림으로써 이 장면은 시청각적 의미를 넘어 삶의 근원으로서의 자연의 생명력을 깊이 내장한, 의미심장한 미장센mise en scène이라 할 수 있을 것이다.

5.

카메라워크와 음향 연출 등 스토리텔링 차원에서 보면, 수시로 들리는 온갖 새소리나 개, 송아지 울음소리, 바람 소리 등 '자연'의 소리 존재들은, 그 자체로 〈버닝〉의 내러티브에는 심층적으로 무위자연이 작용하고 있음을 암시한다. 그러므로 〈버닝〉에서 나타난 감독의 무위자연에 대한 사유와 스토리텔링 속에 드러난 무위자연에 대해 살펴보아야 한다.

〈버닝〉이 안고 있는 철학적 사유를 집약해서 보여주는 것이 바로 '고양이가 없다는 것을 잊어버리기'라는 말이다. 영화 앞부분에서 해미가 귤을 까먹는 시늉의 팬터마임을 하며 종수에게 건네는 주목할 대사가 있는데, "난 내가 먹고 싶을 때 항상 귤을 먹을 수 있어……. 여기 귤이 있다고 생각하지 말고, 여기에 귤이 없다는 걸 잊어먹으면 돼. 그게 다야. 중요한 것은 진짜 먹고 싶다고 생각하는 거야. 그러면 입에 침이 나오고 진짜 맛있어."라는 대사가 그것이다. 그리고 다음 이어지는 신에서, 이 팬터마임에 관련된 해미의 말은 아래와 같이 두 인물 간의 흥미롭고 의미심장한 대화로 변주되고 있다.

해미   근데 우리 보일이(고양이)는 낯선 사람이 오면 어딘가에 숨어서 절대 안 나와. 자폐증이 좀 심해가지고.

종수   야, 혹시 보일이도 상상 속에서만 존재하는 거 아니냐? 너 없을 때 내가 여기 와서 상상 속의 고양이한테 먹이를 줘야 되는 거 아니냐고.

해미   있지도 않은 고양이한테 밥을 주려고 내가 널 여기까지 불렀다고? ……재밌네.

종수   (옅은 웃음) 내가 고양이가 없다는 걸 잊어먹으면 돼?

해미   (옅은 웃음)   (강조 필자)

위 인용문은 해미가 아프리카 여행을 하는 동안 자신의 방에서 기르는 고양이 '보일'이에게 대신 밥을 챙겨달라고 종수에게 부탁하고 나서 처음 방에 온 종수와 나누는 대화이다. 해미가 방에서 "보일아! 나와봐!" 하고 고양이를 부르지만 나타나지 않자, 종수는 "너 없을 때 여기 와서 상상 속의 고양이한테 먹이를 줘야 되는 거 아니냐고!"라고 반문하자, 해미도 "재밌네."라고 맞장구친다. 두 사람의 대화를 간략히 정리하면, '있다고 생각하지 말고, 없다는 것을 잊어버리기'이다.

이 철학적 명제는 두 개의 의미 단위로 나누어 이해할 수 있다. 우선 하나는, 있음[有]과 없음[無]이라는 인위적 분별이나 차별을 넘어서는 것이고, 다음 하나는, '없음[無]'조차 '잊어버리는' 것 즉, 무위無爲의 경지에 관한 것이다. 우선, 자연의 근원적 바탕은 없음[無]이다. 자연에서 있음은 없음에서 나온다(有生於無).[15] 이때 없음은, 있음[有]의 상대성으로서 없음이 아니라 있음 이전의 근원으로서의 없음[無], 곧 '없음의 없음'(至無, 無無, 불가적으로 空空)이다. 인위적 분별과 차별을 넘어서는 무위는 있음[有] 이전의 근원적 무의 작용이다. 그 근원적 무(無, 至無)는 '무위자연'의 원리요 그 작용은 무위이화無爲而化이다. 이러한 〈버닝〉의 철학적 화두인 '없음[無]조차 잊어버리기'는 무위자연에 대한

---

15 "(근원으로) 돌아가는 것은 도의 활동이요 유약한 것이 도가 활동하는 작용이고, 천하만물은 유有에서 생겨나고, 그러한 유有는 무無에서 생긴다. (反者 道之動 弱者 道之用 天下萬物生有於生 有生於無)", 『노자』 40장.

철학적 사유와 일정 부분 연결되어 있다고 볼 수 있다.

따라서, 〈버닝〉의 스토리텔링이 안고 있는 철학적 명제인 '없음조차 잊어버리기'는, 첫째, 없음[無]을 통해 있음[有]을 증명하는 것이고, 둘째, 없음조차도 '인위적 없음'에서 벗어나 없음 스스로가 자연적 상태가 되는 것과 깊이 연관된다. 없음조차 잊어버리기, 곧 '근원적인 없음(無爲自然)'의 경지에서 없음[無]은 '자연自然'으로 존재하며 있음[有]으로 변화 생성한다. 해미가 '없는 귤'을 까먹는 시늉을 하면서 팬터마임의 요령을 '귤이 없다는 걸 잊어버리기'로 설명하는 장면이나, 종수가 해미의 옥탑방에서 고양이 '보일'이가 '없음'에도, '(고양이가) 없음을 잊어버리기'에 대해 말하는 것, 종수가 아프리카로 여행을 떠난 해미의 방에 와서 존재하지도 않는 고양이를 부르면서 대화하듯이 말을 건네는 장면은, '근원적인 자연인 없음[無]에서 생겨나는 있음(有生於無)'을 비유하는 것으로, 없음은 인위적이거나 의식작용에 의해서가 아니라 없음조차 망각할 때, 비로소 없음이 활동 가능하다는 무위자연의 원리와 그 작용의 은유로 해석될 수 있다. 부연하면, 해미가 시범적으로 보여주는 팬터마임이나 종수가 해미 방에서 고양이 '보일'이가 없음에도 마치 있는 듯이, 없음의 존재와 대화하고 행동하는 장면은, 근원적 없음 즉 무위자연의 알레고리로 볼 수 있다.

〈버닝〉의 내러티브에는 또 하나의 주목할 철학적 사유가 들어 있다. 그 사유는 벤이 종수에게 건네는 다음 대사와 관련된다.

"자연의 도덕이란 동시 존재 같은 거예요. 난 여기도 있고 저기도 있다. 난 파주에도 있고 반포에도 있다. 서울에도 있고 아프리카에도 있다. 그런 거. 그런 밸런스?"

이 말은 적어도 두 가지 차원에서 해석된다. 하나는 심리학 차원, 또 하나는 자연철학 차원. 심리학 차원에서 보면, 벤이 종수에게 건네는 이 말은, 인간의 무의식에 잠재하는 자연, 곧 알 수 없는(不然) 신화적 시공간을 구성하는 '자연' 속에 연결된 무의식적 공간들의 기표(記標, signifiant)로 해석될 수 있다. 앞서 분석한 바와 같이, 시골집과 해미의 방은 '무의식적 자연' 즉 원초적(신화적) 시공간에서 상상적으로 만들어진 심리적 기표이듯이, 무의식 속의 무위자연은 '나'라는 '존재 없는 존재'를 무수한 기표로서 풀어놓는 것이다. 그러한 '나'의 무의식을 구성하는 무위자연의 심리적 기표들이 무의식에 연결된 자연의 환유換喩로서 의식의 표면에 연쇄적으로 떠오르는 것이다. 그 환유하는 기표들이 벤이 말하는 '동시 존재'의 기표들이다. '내가 동시적으로 존재하는 파주, 반포, 서울, 아프리카……' 등은 심리학적으로 무의식을 구성하는 기표들로서, 무의식에서 의식으로 나오는 신화적이고 근원적인 자연의 공간적 기표들이다.

자연철학 차원에서 보면, 삼라만상의 모든 존재들은 분열되어 변화하는 가운데서 보이지 않는 근원으로 돌아오며 순환한다.[16] 물리적 현상을 보면 만물은 각각 분열되어 변화하지만 근원을 체득한 정신의 눈으로 보면, 만물은 현상을 초월하여 존재의 본질인 없음[無] 혹은 자연으로 돌아간다. 동시에 무 또는 자연에서 유有가 생기고 분열과 변화가 생긴다. 이러한 무 또는 자연의 순환 과정에 대한 자각은 마치 그물처럼 무궁무진하게 서로 '동시적으로 연결된' 채 순환하고 변화하는 존재라는 철학적 인식에 이르게 된다. 모든 존재는 무無, 또는 자연에서 무궁무진한 분화分化와 변화를 이루며 동시적으로 연결된 존재이다. 동학에서 '시천주'는, 인간은 무궁무진한 한울의 세계를 모신 '가장 신령한 존재(최령자最靈者)'●로서 인간 존재 안에 무궁무진한 자연을 모시고 있다는 뜻이 담겨 있다.[17] 이처럼 "자연의 도덕이란 동시 존재 같은 것"이라는 말이 지닌 자연철학적 함의含意는 노자의

---

16 앞의 책, 『노자』40장. "反者 道之動 弱者 道之用 天下萬物生有於生 有生於無"에서 반反은 돌아간다, 돌아온다는 '순환'의 의미로 해석될 수 있다. 참고로 '原始返本'의 해석도 같은 맥락에서 이해해도 무방하다. 원시반본의 반본返本(본원으로 돌아감-돌아옴)에서 返은 反과 같은 뜻이다. 노자의 경우, 침묵의 無로 돌아감이요 침묵의 무에서 유가 생겨난다. 동학으로 보면, 원시반본은 '시천주(最靈者)'의 존재로 돌아감-돌아옴이다.

17 동학을 창도한 수운 선생의 '시천주' 사상은 유역문학론의 정신적 바탕을 이룬다. 이 책 '용어 해설' 247쪽 및 「유역문학론 1」, 「유역문학론 2」; 임우기, 「巫와 東學 그리고 문학」, 『네오 샤먼으로서의 작가』 참조.

무위자연 사상이나 동학의 시천주 사상과 자연스럽게 연관된다.

　무위자연 혹은 무위이화의 관점에서 보면, 모든 존재는 무의 활동에 의해 생겨난 존재, 존재하는 것도 아니고 존재하지 않는 것도 아닌 존재(非然非不然)이다. 간단히 말해, 모든 존재는 '존재 없는 존재'이다. 종수는 벤이 불태운 아버지의 시골집 근처의 비닐하우스를 찾기 위해 새벽부터 '달리기'를 하며 헤맨다. 하지만 불태운 비닐하우스를 확인할 수 없자, 벤을 찾아가 따져 묻는 종수에게 벤은 "(불탄 비닐하우스가) 너무 가까우면 안 보일 수 있다."라고 말하는데, 이 말은 '불태운 비닐하우스'는 무의식을 움직이는 근원적 자연이 드러난 심리적 기표라는 것을 보여주는 것이다. '불태운 비닐하우스'는 심리적 기표이므로 다른 인접하는 심리적 기표들과 연쇄의 형식으로 존재할 뿐 현실적으로 존재하지 않는 것이다.

　해미가 종수의 시골집 마당에서 자신이 어린 시절에 깊은 우물에 빠졌던 사건을 회상하는 장면이 나오는데, 이 회상 대목도 종수가 분식집을 운영하는 해미의 엄마와 언니에게 물으니 회상이 허구임이 드러나고, 종수가 16년 만에 만난 가출한 엄마의 기억과 마을 주민들의 회상에 따르면 우물이 잘 기억나지 않지만 '얕은 우물' 또는 '마른 우물'이 있었던 것으로 기억한다. 이 '우물의 미스터리'도 우물은 심리적 기표이므로 다른 심리적 기표들, 예의 '마른 우물', '얕은 우물'로 기억하는 종수 엄마와 마을 주민의 기억, 또는 '우물에 빠진 적이 없다는 해미의 엄마와 언니의 기억' 등으로 인접하면서 연쇄하는 환유의 심리적 기표를 만드는 것이다. 해미가 방에서 키운다는 고양이 '보일'이가 '존재 없는 존재'라는 사실도 이러한 심리적 역설―존재론적 아이러니―를 보여준다.[18]

따라서 '동시 존재'는 무의식의 심층에서 활동하는 '무위자연'의 심리학적 비유이면서, '존재 없는 존재'의 자연철학적 비

---

18 '자연의 도덕은 동시 존재 같은 것'이라는 이창동 감독의 자연철학적 사유를 분석하면, '해미'와 관련된 내러티브들이 깊이 해석될 수 있다. 해미의 허름한 방은 여성적 유약함 또는 은미함이 작용하는 공간으로 연출되고 있는데, 이는 자연이 지닌 본성인 '드러나지 않고 유약한 여성성'을 보여주려는 감독의 의도와 관련이 있다('反者 道之動 弱者 道之用', 『노자』 40장). '연약하고 은미한 자연이 은밀하게 작용하는 여성적 공간'이기 때문에, 주인공 종수가 소설을 창작하는, 즉 낳고 또 낳는(生生之理) 시공간이 될 수 있다.

또, 해미가 고백한 '어릴 적에 빠진 깊은 우물'을 둘러싼 미스터리도 기본적으로 인간 기억의 근원적 자연성을 보여주는 영화 철학에서 나오는 것으로 해석된다. 어릴 적에 깊은 우물에 빠졌다는 해미의 기억은 진실 그대로 기억될 수 없다는 것. 기억은 이성 혹은 의식이 기억하는 게 아니라 '기억 스스로 기억하는 것'이라는 것이다. 무의식의 자연이 기억에 깊이 작용하는 것이다. 그래서 해미가 어릴 적에 깊은 우물에 빠진 기억을 부정하는 주변 인물들의 각기 다른 회상들이 나오게 된다. 결국 기억의 존재는 해미의 엄마와 언니, 종수의 엄마, 마을 주민의 기억 속에서 각각 다른 저마다의 기억으로 변이變異되어 환유의 형식으로 드러나는 것이다. 여기서도 이창동 감독의 영화 철학이 숨어 있는데, 그것은 기억은 인위적이거나 이성적으로 이루어지지 않는다는 것, 기억의 주체는 논리적 이성이나 합리성이 아니라 오히려 심리적 자연, 곧 '무위자연'에 가깝다는 것을 드러낸다.

유라 말할 수 있다. 벤이 말하는 '동시 존재'는 이러한 이창동 감독의 자연에 대한 심오한 사유에서 나온 것으로 볼 수 있다. 이는 영화 〈버닝〉의 내러티브가 지닌 시공간에 대한 이창동 감독의 독특한 영화 철학과 연출 원리 또는 연출 방법론을 시사하는 것이다. 중요한 점은 자연철학 자체가 아니라, 감독의 자연철학이 영화 〈버닝〉이 지닌 범상치 않은 플롯 구성과 특이한 형식을 지닌 스토리텔링의 원동력이라는 점이다. 그 영화 연출 원리의 근원은 '무위자연'의 비유로서 '없다는 것을 잊어버리기'라고 말할 수 있다.

6.

'없다는 것을 잊어버리기'로 요약되는 〈버닝〉의 영화 철학은 의미심장한 스토리텔링을 빚어낸다. 그 가운데 영화에서 해미와 벤이 종수의 파주 시골집을 찾아와 함께 어울리는 시퀀스는 〈버닝〉의 독창적인 스토리텔링을 이해하는 데에 긴요한 여러 단서들을 제공한다. 일몰 무렵에 연출된 이 '시골집 시퀀스'에서, '버닝'의 심층적 주제의식과 연관하여 특별히 주목할 장면은, 종수의 시골집 마당에 나란히 앉아 있는 종수와 해미와 벤의 등 뒤에서 서산에 해가 지는 노을 풍경을 찍은 롱테이크 신, 저녁노을을 배경으로 해미가 추는 아프리카 원주민 춤 신, 춤이 끝나고 해미가 벤과 사라진 후에 어둠이 내리는 들녘의 자연 풍경을 롱테이크로 길게 찍은 신이다. 이 신들은 서로 긴밀하게 연결된 채 저마다 심오한 의미를 은닉하고 있다.

해미가 저녁놀이 아름답게 물든 들녘 풍경을 마주하고서 알몸으로 추는 '춤 신'은 무얼 의미하는가. 해미는 벤이 건넨 대마를 피운 후, 아프리카 원주민인 부시맨들이 추는 '삶의 의미를 구하는 춤'이라는 의미를 지닌 '그레이트 헝거' 춤을 연상시키듯, 춤을 춘다. 저녁놀이 사라지는 아름다운 들녘을 배경으로 춤을 추고 나서 해미는 이내 흐느껴 운다. 이 해미의 '춤 신'은 춤을 통해 세속적 삶의 정화淨化를 이루는 제의성祭儀性이 드러나는데, 그것은 춤을 마치고 해미가 슬피 운 울음이 그 자체로 정화된 영혼의 표징이기 때문이다. 이 '춤 신'이 중요한 것은 이 정화 의식을 통해, 해미의 은폐된 무의식적 자연이 활성화되고 있음을 카메라워크가 보여준다는 점에서다. 바로 카메라 앵글에 길게 포착된 '어둠이 내리는 들녘 풍경 신'이 그것이다. 이 저녁 들녘의 롱테이크 신은 해미의 춤이 은폐된 자연을 체험하는 통로임을 보여준다. 해미가 체험한 '근원적 자연'은 춤을 마친 후에 들려오는 '송아지 울음소리'로 은유된다. 춤을 통해 타락한 욕망의 정화와 함께 자연적 존재로서 자아를 체험하고 나서, 해미는 사실상 이야기 전개에서 사라진다. 하지만 해미의 사라짐이 언제 어디로 사라졌는가 하는 문제가 중요하다.

　이창동 감독은 이 심오한 문제의식을 자연과 인간의 근원적 관계를 통해 직관적으로 보여준다. 이 근원적 관계는 이창동 감독의 독창적인 연출력을 통해—과연 '보이지 않게'!—'은미한 형식으로서' 드러나는데, 그것은 인간 존재를 '우주 자연적 존재'로서 '드러낸다'는 것이다. 우선, '해미가 원주민 춤을 춘 시간'과 '들녘 자연 풍경의 시간'이 어둠이 깃들기 시작하는 일몰 무렵이라는 사실에서 찾을 수 있다. 해미가 사라지는 저녁 시간은 플롯의 사건 차원에서 보면, 주인공이 어디론가 사라진 일종의 미스터리의 시간을 의미하지만, '자연'의 시간 차원에서 보면, 밤[陰]이 오고 햇빛[陽]이 물러나는 황혼 무렵, 즉 어두컴컴한 '그늘[陰]'의 시간에, 아프리카 부시맨 부족의 춤을 춘 후, 해미가 '사라지는' 것이다. 그러므로 해미의 그늘 속으로 사라짐은 원주민 춤 이름인 '그레이트 헝거'가 '삶의 의미를 구하는 춤'을 가리키듯, 여성성의 자연 속으로 '사라짐'—자연 회귀, 혹은 '원시반본原始返本'●의 뜻이 내장된—이라는 깊은 의미를 내포한 것으로 볼 수 있다.

　해미가 아프리카 여행에서 돌아온 날 곱창전골집에서 종수에게 건넨 "그냥 아예 없었던 것처럼 사라질 수 있으면 좋겠다."라는 대사는 〈버닝〉의 심층적 주제의식이 자연 회귀 혹은 무위자연에 있음을 간접적으로 보여준다. 즉, 플롯의 차원에서 보면 해미라는 인물은 사건 전개에서 사라지지만, 감독의 스토리텔링이 보여주는 시공간적 상징성으로 보면, 해미는 여성성의 상징으로서 '어둑한 자연' 속으로 홀연히 사라진 것이다. '유역문학론에서의 귀신론'[19]●의 시각에서 보면, 시간적으로 황혼은 양陽이 지배하는 낮을 지나서 음陰이 활동하기 시작하는 시간으로 바뀌는 때로서, 양 기운이 음 기운으로 교대하는 일몰의 자연 풍경은 해미의 여성성과 합일의 자연 상태를 보여주는 메타포로 볼 수 있는 것이다.[20] 그래서 감독의 카메라워크는 인간 존재와 일체를 이룬 무위자연의 존재로서 일몰의 들녘 풍경을 하나의 미장센으로 길게 보여준 것이다. 그러므로 어둠이 내리는 들녘의 자연 풍경을 찍은 롱테이크 신은 그 자체로 무위자연의 존재를 은닉하고 〈버닝〉의 주제의식을 '은미하게' 구성하는 중요한 요

---

19 「유역문학론 1」, 「유역문학론 2」; 이 책 95쪽 각주 34; '용어 해설' 263쪽 참조.
20 태양[陽]이 저무는 노을의 시간성은 여성적 기운[陰]이 활동하는 밤이 시작되는 시간으로, 마치 해미의 방이 새로운 잉태를 낳는 자궁의 어둠을 가진 것처럼, 희미한 어스름 속에서 '은폐된 소설적 내레이터'가 활동하기 시작한다. 자기가 쓰는 소설의 주인공 내레이터이기도 한 종수가 벤이 불태운 비닐하우스를 찾기 위해 달리기를 시작하는 시간도 이른 새벽의 어스름 때이다. 소설적 상상력이 이야기를 잉태하기 위해 활동을 시작할 때, 종수는 달리기를 한다. 어스름한 시간대의 달리기는 이야기를 포태胞胎하는 소설적 상상력의 알레고리이다. 또 종수의 소설적 상상 속에서 벤이 죽임당하고 제물이 되는 일종의 '화장제의火葬祭儀'도 어스름한 공간의 소설적 상상이 활발해지는 무렵에 일어난다. 바꿔 말해, 빛과 어둠이 교차하고 착종錯綜하는 어스름한 시공간에 살해와 제의가 이루어진다. 또 이 어스름한 시공간은, 노자老子의 '현빈玄牝'같이 새 생명이 탄생하는 신화적이고 근원적인 시공간의 비유라 할 수 있다.

소가 되는 것이다.

자연을 플롯의 사건이나 인물의 배경이나 보조 수단으로 여기는 카메라워크가 아니라, 자연 그 자체가 주제를 구성하는 카메라워크라는 사실. 여기에 이창동 감독의 스토리텔링, 특히 카메라워크가 가진 자연철학적 관점이 드러난다. 보통 할리우드 내러티브나 서구 영화의 스토리텔링에서 보면, 자연은 내러티브에서 인과론적 사건 전개를 위한 배경이거나 인간 심리 상태의 비유로 쓰이는 등 거의 자연 그 자체가 목적이나 주제가 아니라 내러티브의 수단으로 소외된 채 연출된다. 이에 반해, 〈버닝〉에서 들녘 풍경을 인과론적 사건 전개와 하등의 상관없이 자연 그 자체만 롱테이크 신으로 보여준다는 것은 자연이 내러티브의 은폐된 주제라는 사실을 반어적으로 증명한다. 바꿔 말하면, 〈버닝〉 속 저녁 들녘의 자연 풍경 신은 자연이 스토리텔링의 '은폐된 내레이터'임을 암시한다.

종수의 시골집에서 세 사람이 만나는 시퀀스에는 두 개의 의미심장한 '은폐된 내러티브'가 있다. 하나는, 이 시골집 장면을 마지막으로 해미는 더 이상 등장하지 않는다는 점이다. 해미가 아프리카에서 돌아와 곱창전골집에서 종수에게 건네는 대사 중에, "나도 저 노을처럼 사라지고 싶다. 죽는 건 너무 무섭구."라고 말하듯이, 아프리카 원주민 춤을 춘 이후 해미는 스토리텔링의 전개에서 '사라진다'. 이는 해미가 플롯에서의 캐릭터 역할을 다하고 종수가 쓰는 소설 속에서는 실종된 상태로 서사가 전개될 것이라는 사실을 뜻한다. 시나리오 차원에서 볼 때는 미스터리이지만, 종수의 소설적 상상력 차원에서 보면, '은폐된 내러티브'인 것이다. 영화의 뒷부분에서, 종수가 해미의 방에서 소설을 쓰고 있는 롱테이크 신은 해미가 어떤 변고를 당해 사라지거나 한 것이 아니라, 종수의 소설적 상상에서 사라진 것이라는 점이 암시된다. 다시 말해 플롯에서 해미의 존재는 은폐되고, 종수는 소설의 모티프로서 해미의 실종을 상상적 모티프로 활용하는 것이다.

또 하나. 해미의 춤 장면 직후, 벤은 종수에게 "저는 사실 비닐하우스를 태우는 취미가 있어요."라는 비밀스러운 고백을 한다는 것. 벤의 고백을 듣고 난 후, 무서운 예감에 사로잡히게 된 종수는 다음 날 새벽 어스름 속에서 주변의 비닐하우스 중에 불태워진 곳이 있는지를 확인하기 위해 '달리기'를 계속한다. 하지만, 반드시 종수가 벤이 불태운 비닐하우스를 찾기 위해서 달리기를 하는 것으로 볼 수 없다. 불태운 비닐하우스 찾기는 종수의 '달리기'를 유인하는 하나의 모티프이다. 종수는 동이 틀 무렵이면 시골집 인근에서 열심히 달리기를 하지만, 종수는 벤이 불태운 비닐하우스를 결국 찾지 못한다. 그럼에도 어스름한 새벽녘에 종수가 계속해서 달리는 것은 '달리기' 자체가 새로운 '은폐된 내러티브' 즉 새로이 창작하는 소설적 내러티브의 메타포라는 것을 의미한다. 이 경우의 달리기는 반反문명적 원시성의 은유이다. 해미의 방 밖으로 밝은 대낮에 보이는 서울 남산타워가 대도시의 문명성을, 이에 반하여, '어두컴컴한' 해미의 방 안이 근원적 자연성 혹은 원시성을 상징했듯이, '어스름한 새벽에' 종수가 시골 들녘에서 계속해서 달리기를 한다는 것은 '반문명적 자연성 혹은 원시성'을 찾아가는 소설적 상상력의 메타포로 해석될 수 있는 것이다.

7.

이창동 감독의 영화 〈버닝〉은 특이한 예술적 형식을 은폐하고 있다. 그 특별한 예술적 형식을 밝히기 위해서는 이 글 앞에서 분석된 특정 장면으로 되돌아갈 필요가 있다.

〈버닝〉의 등장인물 차원에서 보면, 주인공 종수와 해미는 영화의 플롯에 등장하는 '현실적 인물'이면서 동시에 소설 속에 등장하는 '허구적 인물'이다. 영화의 스토리텔링 전체에서 보면, 현실과 허구가 순환하며 공생하고 서로 교착交錯·착종錯綜하는 인물인 것이다. 이는 벤의 경우도 마찬가지이다. 앞부분에서 벤은 종수를 처음 만나 "종수 씨가 소설을 쓴다고 하니까, (……)

내 얘기를 해주고 싶어요."라고 말하는 것도, 종수가 후에 '현실적 인물'인 벤을 소설 속 '허구적 인물'로 변이시킨다는 것을 미리 넌지시 알리는 내러티브 전개상의 복선이라 할 수 있다. 더욱이 벤은 종수가 듣고 있는 가운데, 자기 집 부엌에서 자신이 손수 요리하는 이유를 "마치 인간이 신에게 제물을 바치듯이 나는 나 자신을 위해서 제물을 만들고 그걸 내가 먹는 거야."라고 말하는 것도 종수가 소설적 상상 속에서 벤을 죽이고 불태워 '제물 모티프'로 삼는 복선을 미리 깔아놓는 것이다. 벤은 플롯 속의 현실적 인물이자 동시에 종수의 소설적 상상에서 제의에 희생당하는 제물로서, 허구적 존재인 것이다.[21]

〈버닝〉의 무대(공간) 차원에서 보면, 가난하고 누추한 해미의 방은 자본주의 사회에서 소외된 '현실적 공간'이지만, 종수의 입장에서 보면, 아버지의 시골집이 심리적 억압 공간인 데 반해 해미의 방은 자유로운 소설적 허구를 펼치며 부조리한 현실로부터의 해방을 찾는 상상력의 공간이다. 이 말은 스토리텔링 차원에서 보면, 해미의 방은 플롯 상의 '현실 공간'인 동시에, 종수의 소설적 상상력이 만든 심리적 공간으로서 '허구 공간'으로 변이될 수 있음을 의미한다.[5] 그 직접적인 근거는 소설가 지망생인 종

---

21 강성률 영화평론가의 뛰어난 평론 「신화적 모티프로 재현한 현실」에서도 종수가 벤을 살해하는 것에 '제의' 모티프가 작용하고 있음을 밝히고 있다. 『영화가 있는 문학의오늘』 29호(2018, 겨울호) 참조.

[키보드를 탁탁 친다]

[5]

[6]

수가 영화의 끝부분에서 해미의 방 안에서 열심히 글을 쓰는 롱 테이크 신이다.[6]

　이러한 스토리텔링 덕분에, 플롯의 시각에서 보면 해미의 방 은 영화 내러티브에서의 '현실 공간'이지만, 주인공의 소설적 상 상력의 시각에서 보면, 상상 속의 '허구 공간'으로 바뀔 수 있게 된다. 그래서 영화의 주인공인 동시에 소설의 주인공인 종수가 해미의 방에서 고양이 '보일'이의 배설물을 확인하는 장면은 고 양이의 존재를 믿게 만들지만, 그럼에도 끝내 고양이가 나타나 지 않는 '공간의 아이러니'가 드러나는 것이다. 이처럼 〈버닝〉의 내러티브는 상당 부분에 걸쳐서 각본의 현실과 소설의 허구가 서로 분리되었으면서도 분리되지 않고 '유기적인 공생 관계'를 맺으면서, 현실과 허구가 서로 순환하거나 때론 착종하면서 전 개된다. 고양이, 해미의 어릴 적 깊은 우물, 벤이 태운 비닐하우 스, 애인 해미의 행방에 이르기까지 허구와 현실, 존재와 비존재는 서로 구별이 있으면서 없는, 즉 있음과 없음이 서로 순환하고 공생하며 깊이 연결되어 있다.

　종수가 가지고 다니던 열쇠로 해미의 방문을 여는 장면이 나온 후, 행방불명이 된 해미 방의 잠긴 도어록을 열지 못하고 주인집 아줌마의 마스터키로 문을 연다거나, 해미 방에 존재하지도 않는 고양이를 찾는 장면은 해미의 방이 종수에겐 소설의 허구적 상상력이 본격적으로 가동하는 공간임을 암시한다. 마스터키로 방문을 열었을 때 해미의 방 안 다용도실의 전등불이 꺼져 있는 데 반해, 앞부분의 아프리카 여행 중인 해미의 방에서는 전등불이 켜져 있는 것도 해미가 살고 있는 현실적 방과 소설 속의 허구적 방 사이에 분명한 구별이 있음을 보여주는 감독의 섬세한 연출 의도로 볼 수 있다.

　그러나 그 현실적 공간과 허구적 공간으로 분리된 해미의 방은 현실과 허구가 유기적으로 교류하고 착종하는 공간이기도 하다. 그러니까, 비유적으로 말하자면, 해미의 '어두침침한 방'은 바로 영화와 소설, 현실과 허구가 서로 연결, 순환, 공생 관계로 상호작용하고, 때론 착종하는 '유기체로서의 내러티브'●를 잉태하고 출산하는 기묘한 포태의 공간인 것이다. 중요한 것은, 무위자연의 사유에서 태어난 〈버닝〉의 '유기체적 내러티브'는 자신 안의 허구의 내러티브와 현실의 내러티브를 의식적으로 분명하게 서로 분리하지 않는다는 사실이다. 허구와 현실 간의 착종은 의식의 확실성에서 이해되기보다, 무의식적 교류나 교감, 직관적 감각이나 감각적 직관 등에 의해 감지되는 특이한 내러티브이다.[22]

이처럼 〈버닝〉의 기묘한 내러티브를 가능하게 한 힘은 무엇인가. 여기서 이창동 감독의 영화 철학이 다시 주목되어야 한다. 감독의 영화에 대한 근원적 사유가 새로운 스토리텔링의 창조적 원심력과 구심력으로 깊이 작용하고 있다. 중요한 것은 근원적 자연 또는 무위자연의 존재에 대한 독창적인 사유가 영화예술의 새로운 형식으로 이어졌다는 사실이다. 가령, 벤이 고백한 불태운 비닐하우스의 유무, 곧 있음과 없음의 문제는 그 자체로는 중요한 것이 아니다. 있음이든 없음이든 유무에 대한 인위적인 집착에서 벗어나 '없음조차 잊어버리기'의 무위이화의 경지를 추구하는 것이 중요하다.

바꿔 말해, 〈버닝〉의 내러티브가 가진 유기체적 성격은 근원적 자연 곧 무위자연의 활동과 깊이 연관되어 있다는 것이다. 무위자연의 원리가 현실과 허구의 이질적인 존재들이 서로 연결되고 공생하는 내러티브의 유기체적 형식을 낳는다. 〈버닝〉에서

---

22 〈버닝〉이 이룩한 새로운 예술적 성취는 여기서 탐색될 수 있다. 이는 철학적-미학적 과제로 남겨둔다.

'없음조차 잊어버리기' 또는 '동시 존재'는 서로 연결되어 순환하면서 공생하는 자연의 본질을 가리킨다고 볼 수 있다. 예를 들면, 해미가 어린 시절에 빠졌다는 마을의 '깊은 우물'은 존재하는 듯 존재하지 않는다(非有非無)는 것. 이는 깊은 우물에 빠졌었다는 해미의 이야기가 진실일 수도 있고 허구일 수도 있다는 의미이다. 또 종수의 파주 시골집 근처에서 벤이 불태웠다는 '비닐하우스'도 존재하는 듯 존재하지 않는다. 이처럼 겉에 드러난 내러티브만 보면, 깊은 우물, 불태운 비닐하우스, 고양이 '보일'이의 있음과 없음 또는 진실과 허구에 대한 의문이 제기된다.

그러나 '없음조차 잊어버리기'라는 〈버닝〉의 은폐된 세계관 차원에서 보면 충분히 이해될 수 있다. 그것은 극 중의 벤이 '동시 존재'라고 불렀듯이, 자연은 근원적 진리[道]로서 있음과 없음을 초월하는 절대적인 무(無爲自然)에서 비로소 존재[有]들이 생긴다는 세계 인식에서 비롯된다. 절대적인 무의 활동은 존재의 본성이자 근원이다. 만물을 존재하게 하는 근원으로서 무위자연이므로 인간만이 아니라 은미한 존재들도 자연적 존재로서 '동시 존재'한다. 자연의 관점에서 보면, 우물, 비닐하우스, 고양이 등의 존재는 본디 '존재 없는 존재'로서 동시에 '동시 존재'들로 존재하는 것이다. 이는 '지금'에는 수많은 이질적 시간들이 유기체적 관계를 맺음으로서 '동시에' 존재한다는 뜻으로 해석될 수 있다. '지금-여기'는 무수한 '지금들-여기들'과 서로 연결되어 작용하는 '지금-여기'인 것이다.

따라서 내러티브의 구성 차원에서 보면, '동시 존재'는 서로 이질적인 시간들이 동시에 함께 진행된다. 이러한 사유가 기본적으로 영화 〈버닝〉 스토리텔링의 기본 원리를 이루어 작용하기 때문에, 영화와 소설이라는 이질적 내러티브들의 '동시 존재'가 가능한 것이다. 영화 속 현실과 허구, 있음과 없음에 대한 감독의 의식적인 분별과 차별은 없을 뿐더러, 영화와 소설의 내러티브도 분별이나 차별 없이 교류하고 순환하고 착종하기도 한다. 이러한 이창동 감독 특유의 스토리텔링은 그 자체로 '없음조차 잊어버리기'라는 무위자연의 정신과 짝을 이룬 연출 정신의 소산인 것이다.

이러한 〈버닝〉의 특이한 스토리텔링 형식은 '창조적 유기체'• 로서의 영화라고 부를 수 있다. 있음과 없음이, 현실과 허구가 서로 분리되었으면서도 연결되어 순환하고 영향을 주고받는 '유기적인 공생' 관계에 놓은 '유기체 형식'을 창조했다는 점에서이다. 창조적 유기체로서의 영화 〈버닝〉의 미학은 만물 생성의 근원인 자연을 인간과 따로 분리하여 대립하여 보지 않고 인간은 무위자연적 존재, '자연의 무위이화'한 존재라는 '근원적 자연'의 철학과 짝을 이룬다.[23]

이러한 이창동 감독의 영화 철학과 스토리텔링의 원리를 상징

---

23 「유역문학론 1」, 「유역문학론 2」 참조.

[7]

적으로 보여주는 특별한 롱테이크 신이 있다. 그 신은 종수가 벤의 승용차를 미행하여 도착한 저수지의 자연 풍경을 담은 장면으로, 〈버닝〉의 감추어진 스토리텔링의 구성 원리 — 창조적 유기체로서의 영화예술 원리 — 를 하나의 '상징적 구도構圖'로서 드러낸다. 영화적 현실과 소설적 허구 간의 상호 관계, 그리고 소설적 허구 속에 은폐된 무위자연의 철학을 보여주는 맑은 하늘과 산과 저수지 물이 만드는 장엄한 자연 풍경을 포착한 '저수지 신'. 종수는 벤의 승용차에 바짝 붙은 채 숨어서 벤의 행동을 주의 깊게 보고 있고 벤은 저수지와 자연을 망연히 보고 있는 카메라 구도의 신.[7] 이 저수지 신에서 관객의 시선은 무의식적으로, 주인공 종수가 벤을 은밀하게 숨어 지켜보는 모습과 종수에 의해 미행을 당한 벤의 모습을 찾은 후, 벤이 바라보는 저수지의 물과 둘러싸인 산과 맑은 하늘 등 자연 풍경을 전체적으로 개관하

62

게 된다. 이 침묵의 롱테이크 신이 길게 이어지는 가운데, 스릴 넘치는 사건의 긴박감은 잠시 이완되고 인간들의 애증 관계는 보류되며 오히려 자연의 품 안에 종수와 벤이 들어 있고 자연이 인간 존재를 '바라보는' 시각적 변이 혹은 시선의 아이러니가 발생한다. 청량한 하늘과 둘러싼 산빛, 저수지를 채운 맑은 물빛 등 '무위자연'이 '소설의 내레이터'가 된 종수와 소설 속 등장인물인 벤 사이에서 벌어지는 '인위적' 사건을 가만히 '바라보고' 있는 것이다. 무위자연의 바라봄에 의해 인위적인 사건은 무위의 시선을 은닉하게 된다.

〈버닝〉의 주인공 종수가 해미가 실종된 후 벤의 차를 미행하여 도착한 '저수지 신'에 이르기까지 일련의 시퀀스는 소설가로서 종수의 상상력과 소설 의식의 심층을 엿볼 수 있다. 그것은 다름 아닌 '저수지'가 지닌 은유 또는 상징 때문이다. '저수지'는 소설적 상상력으로 본다면 애인 해미의 실종과 연관된 장소로서 해미가 살해당한 후 저수지에 유기遺棄되었을 가능성을 보여주기 위한 단서 혹은 플롯의 개연성probablity을 시사하는 것으로 해석 가능하지만, 심층의식으로 보면, 주인공 종수의 소설 의식 심층에 비닉秘匿된 '씻김' 의식儀式으로서 '물'의 근원성 또는 신화성을 표상하는 의미심장한 장면으로 풀이될 수 있다. '저수지 신'은 '사실주의적'이라기보다 '어설픈 카메라 구도'를 보여주는 시퀀스인데 바로 이 비사실적인 어설픔은 소설가 지망생인 주인공 종수의 소설적 상상력의 어설픔을 보여주려는 연출 의도로 볼 수 있다. 그렇기 때문에 저수지에 이르기까지 종수가 벤의 차를 미행하는 장면이 길게 이어진다. 마침내 저수지에 이르는 종수가 어설프고 엉거주춤한 상태로 저수지를 바라보는 벤의 눈을 피하여 그를 관찰하는 롱테이크 신이 길게 이어지는 것이다. 달리 말하면, 주인공 종수가 아직 충분히 무르익은 상태가 아닌 소설적 상상력을 가지고 있음을 보여주는 장면으로서, 영화의 내레이터인 종수가 소설의 내레이터로 변신하는 과정의 메타포인 것이다. 이 벤의 뒤를 미행하여 저수지에 이르기까지 시퀀스가 중요한 것은 주인공의 소설적 상상력이 결국 물의 근원적 상징성 곧 정화 또는 씻김, 재생再生 등의 상징성에 닿아 있음을 보여주기 때문이다. 아울러 그것은 주인공 종수의 문학적 영혼-무의식 속에 '무위자연'이라는 '신령한 존재'가 내재되어 활동하고 있음을 뜻하는 것이다. 저수지 신의 공간적 구도에서 점하는 종수의 위치와 모습에 '은폐된 내레이터'가 투사projection되어 있다.

가령, 종수가 바라보는 벤은 인위적 사건의 전개를 비유하지만, 벤이 바라보는 저수지 물은 그 자체로 생명력의 원소元素로서 이야기의 상상력에 '보이지 않는 무위無爲의 형식'으로서 작용하는 것이다.

'창조적 유기체론'의 관점에서 〈버닝〉의 스토리텔링을 보면, 종수가 쓰는 소설 속의 벤은 저수지를 찾아가 근원적 자연이자 생명력의 원소인 물을 '바라보는' 중이므로, 〈버닝〉의 사건 이면에는 불과 물의 상호의존적 조화와 통일을 은연중에 은닉하게 된다는 해석도 가능하다. 그래서 이 '저수지 신'의 심연은, 인간 사회의 인위적인 사건들은 결국 음양의 조화 곧 자연의 무궁무진한 조화 속에서 펼쳐지는 인연의 사슬이라는 근원적 자연의 세계관을 '은밀하게' 보여준다.

　이 '저수지 신'에서 '알 수 없는' '누군가'의 존재가 드러난다. 인간과 자연 간의 존재론적 상관성을 드러내 보이는 카메라의 눈은 다름 아닌 영화 바깥에 있는 감독의 눈이다. 내러티브의 주인공 종수와 소설 속의 벤 그리고 자연을 개관하고 오래, 깊이 살피는 카메라의 시선 곧 '은폐된 내레이터'의 시선! 하지만 이창동 감독의 개인적 의식이 주도하는 인간 중심의 시선이 아니다. 인간의 삶 속에 은밀히 작용하는 무위자연을 깊이 깨친 감독의 지혜로운 시선이다. '없음조차 잊기'와 '동시 존재'로 비유된 무위자연의 세계관을 대리하는 또 하나의 '은폐된 내레이터'. 삶의 연장인 자연만이 아니라 무의식의 자연을 깊이 아우르는 지혜의 시선. 여기서 파주 시골집에 거주하는 종수에게 걸어온 '누군가'의 정체가 드러난다. '누군가'는 '침묵하며 활동하는 무위자연'의 대리자인 이창동 감독의 분신으로서의 은폐된 '자아' 혹은

'자기Selbst'로서의 '정신'[24]이었던 것이다. 따라서 이 '저수지 신'
은 인간의 삶과 근원적 자연에 대한 철학적 각성이 〈버닝〉의 '유
기체적 스토리텔링'의 원리를 상징하는 구도로서 보여지는 점
에서 영화사, 나아가 예술사적 의의가 높은 특별한 미장센으로
기억될 수 있을 것이다.

8.

　새로운 스토리텔링의 원리와 방법론을 찾는 문예학적 과제는
수많은 다양한 실험을 거쳐서 해결되겠지만, 궁극적으로는 삶의
근본적인 변화를 추구하는 영화예술을 창작하는 일이라고 할 수
있다. 타락한 속세의 삶을 변화시키지 못하는 예술이란 실상 예
술이라 이름할 것도 없이 무용지물이거나 백해무익한 오물에 불
과하다. 과연 그렇다면, 필름 예술이 보여주는 가상현실은 모름
지기 관객이 처한 삶의 현실과 분리되지 않는 새로운 스토리텔
링의 형식과 방법을 모색해야 한다. 그러기 위해서는 먼저, 할리
우드식 영화가 대체로 그렇듯이, 이젠 압도적이고 거의 보편적
인 경향이 되어버린 선적線的이고 인과론적 플롯 구성과 내러티
브의 안정성stablity에 몰두하는 기존의 스토리텔링을 '근본적으

---

24 이 책 107쪽 각주 3 참조.

로' 반성하고 '창조적으로' 변혁해야 한다.

　　감독의 '창조적' 연출 의식이 '창조적' 스토리텔링을 낳는다. 감독 자신이 자기 근원에서 비롯되는 예술 창작의 동기와 동력을 터득했을 때―'정신'의 자기 운동의 경지에 다다랐을 때, 창조성은 비로소 구해진다. 예술가가 자기 자신의 근원인 무無에서 일어나는 무위이화의 과정에 적극적이고 능동적으로 가담하는 창작 과정에서 창조성은 나오는 것이다. 본래 자재연원自在淵源은 '시천주 조화정侍天主 造化定'•이다. 예술가 저마다가 한울님을 모시고 사는 것이다!

　　예술적 창조성은 이창동 감독이 〈버닝〉, 〈시〉, 〈밀양〉 등에서 은밀하게 추구한 '무위자연' 혹은 '무위이화'같이 삶의 '근원'에 능히 통하는 '정신'의 지평에서 비로소 가능하다.[25] 창조적 예술은 파괴된 자연성의 회복 없이는 삶의 근본적인 변화를 이끌 수 없다는 것을 자각한다. 그러므로 삶의 근원을 추구하는 감독의 세계관과 '정신'이 선결적으로 중요하다. 〈버닝〉의 창조적 스토리텔링을 보여주는 근본적인 힘은, 삶의 '근원'인 무위이화에 능

---

[25] 「유역문학론 1」, 「유역문학론 2」 참조.
　　'유역문학론'의 주요 명제 중 하나는, "'유역의 작가'는 근원에 능히 통한다."이다. '자재연원'의 의미는, 자기 안에서 진리를 찾는 것, 자기 삶의 자리에서 진리를 추구하는 것, 도는 자기 안의 근원으로서 무궁무진한 자연의 도道를 깨닫는 것, 자기 안에서 무위이화(동학의 또 다른 개념으로는 '至氣')를 체득하는 것 등으로 해석될 수 있다.

히 통한 감독의 웅숭깊은 영화 철학이다. 거기에서 새롭고 기묘한 연출 방법론이 샘솟듯이 흘러나온다. 그 방법론의 근원은 '없다는 것을 잊어버리기' 즉 무위자연이다. '근원적 자연'을 '은폐된 내레이터(누군가!)'의 형식을 통해 새로이 창조한 것이다.

자연이 보여주는 무위이화의 원리가 그렇듯이, '은폐된 내레이터'는 알 수 없는 것(불연)이 알 수 있는 것(기연)으로, 보이지 않는 것(불연)이 보이는 것(기연)으로 변하게 만든다. 이러한 불연기연不然其然의 사유는 유독 문학예술 영역에서 그 진가가 드러난다. 서사문학이나 영화예술은 시간의 예술이다. 서사는 시간이 지나면서, 보이지 않는 것[無], 알 수 없는 것(불연)을 보이는 것[有], 알 수 있는 것(기연)으로 드러낸다. 영화예술은 시간의 흐름에 따라 은폐된 것을 감각적으로 드러내는 것이다.

유역문학론의 관점에서 보면, 작가는 알 수 없는 근원에 능통能通해야 합니다. 마르셀 프루스트도 『잃어버린 시간을 찾아서』에서 기억을 통한 시간 여행을 떠나지만, 따지고 보면 근원을 찾아가는 존재로의 지난한 순례를 통해, 알 수 없는 시간(不然)의 존재화(存在化, 즉 其然), 알 수 없는 기억(불연)의 존재화(기연), 알 수 없는 언어(불연)의 존재화(기연)를 통해, 결국 인간의 존재 속에서 일어나는, 알 수 없는 '근원'의 존재화 과정을 모든 존재에 대한 시간론적인 사유와 탁월한 문학적 감수성을 통해 표현한 것 아닐까요.

우리는 창조적 유기체론을 더 깊이, 더 넓게 적용하고 해석할 수 있어야 합니다. 그럼으로써 새로운 유역의 작가들과 생산적인 대화에 나설 수가 있습니다. 세계문학사적으로 걸작으로 알려진 카프카의 『변신』은 "어느 날 아침 그레고르 잠자가 불안한 꿈에서 깨어났을 때 그는 자신이 침대 속에 한 마리의 커다란 해충으로 변해 있는 것을 발견했다."라는 첫 문장으로 시작됩니다만, 왜 주인공이 커다란 해충으로 변했는지, 이성적으로는 도무지 알 수 없습니다. '불연'인 것이죠. 하지만 『변신』을 읽어가면서 독자들은 여러모로 분석하고 풀이해가면서 이성적으로 '알 수 없는 세계'가 있음을 깨닫게 됩니다. 알 수 없는 세계의 존재는, 문학이라는 이름의 존재를 통해 그 알 수 없음이 알 수 있음의 가능성으로 변하게 되는 것이 아닐까요? 알 수 없는 존재가 '문학적 존재화'를 거치면서 알 수 있는 존재 가능성의 지평으로 감지感知 또는 직관하게 되는 것이죠. 그러니까 적어도 카프카 문학은 알 수 없는 근원을 자기 고유의 문학적 형식으로서 표현한 것이라고도 할 수 있습니다. '기연'인 것이죠.

중요한 것은 근원에 대한 사유는 유기적이라는 것입니다. 없음은 있음에, 없음은 또 다른 없음에, 일인칭은 삼인칭에, 전지칭에 함께 연결되어 있다는 것. 그래서 아무런 논리적 매개 없이 직접 도출된 초이성적 존재는 카프카의 영감에 의해 문학적 존재로서 변한 것입니다. 불연이 기연이 된 것이죠. 그래서, 독자들은 아무런 논리적 매개가 없을지라도, 『변신』에서 '그레고르 잠자'가 변해버린 커다란 해충을 가정적 존재(假有)로서 기꺼이 받아들입니다. 이 또한 문학적 아이러니인데, 물론 주인공의 커다란 해충으로의 변신이 상징하는 여러 숨은 의미들이 있습니다만, 중요한 것은 작중 화자(내레이터)가 '이성적인 동시에 초월적인' 자기 모순성을 가진 존재라는 점입니다. 그 또한 불연기연의 논리로 해설이 가능한데, 이 경우에, 화자는 전지전능한 관찰자로서 이성의 한계를 넘어서 현실과 초현실을, 생성과 소멸을 아우르는 근원성을 지닌 존재라는 점에서 주목할 필요가 있습니다.[26]

이제, 생성과 소멸의 끊임이 없는 자연의 존재 원리에서 보면, 진실과 허구 또는 있음과 없음이 구별되되 서로 의존한다. 있음과 없음은 비유비무非有非無의 불이不二 관계에 있다. 〈버닝〉의 스

---

26 「유역문학론 2」 참조.

토리텔링에서 없음과 있음은 서로 공생하고 상관관계를 맺고 하나의 유기체로 통일된다. 영화 〈버닝〉에서 해미가 어린 시절 빠졌다는 마을의 '깊은 우물'은, 자연의 존재 방식에 대한 은유이다. 그것은 삶의 근원으로서 자연인 무無의 활동, 곧 무위이화의 은유이다. 그래서 무위이화에 의해 무한 공생과 생성이 이루어진다. '어릴 적 깊은 우물에 빠진' 해미의 기억을 해미의 엄마나 언니가 부정하고 종수의 생모나 마을 주민은 '깊은 우물'이 아니라 '마른 우물', '얕은 우물'이라고 기억하는 것은 바로 무위이화의 현상인 것이다.

하여, 해미의 기억은 주위 인물들이 기억하는 여러 '우물들'의 '동시 존재'들로 나타나지만, 영화의 스토리텔링은 자연 상태의 기억, 즉 무위이화를 말하려는 것이다.(따라서 해미가 어릴 때 '깊은 우물에 빠진 기억'을 해미의 엄마와 언니가 부인하지만, 그렇다고 해미의 기억이 거짓이거나 허구인 것은 아니다.) 본질적으로 기억은 과거의 진실을 의식적으로 재생할 수 없다. 의식이 기억하는 것은 명료한 한계를 가질 수밖에 없다. 기억에는 '무의식의 자연'이 깊이 작용하는 것이다. 본래 기억이 의식 작용의 한계 너머로 무의식의 자연에 영향을 받는다면, 기억 속의 있음과 없음, 현실과 허구를 분리 차별하는 것은 이성이 스스로 자기 한계를 보여주는 것에 지나지 않는다. 해미의 어릴 적 우물의 존재 여부와 진위에 대한 의문들은 기억에 작용하는 무위자연의 활동과 깊이 관련된다.

자연은 인간의 근원을 이루며 인간과 만물을 연결한다. 마치 거대한 유기체처럼, 자연계에서의 모든 생명체들도 각자 분리되면서도 끝없이 연결된 공생과 순환의 관계를 맺고 살아간다. 개체들은 고립된 상태로 존재하지 않고 유기적인 상호작용 관계를 맺으면서 '보이지 않는' 영향을 주고받는다. 앞서 〈버닝〉의 '자위행위 신'의 예에서 살펴보았듯이, 창조적 유기체로서의 예술 작품은, 생물들의 유기적 상호 관계처럼 서사적·시각적·청각적·감각적인 것들을 인과론적 이야기 구성을 위한 부분적 요소로 이용하는 데에 그치지 않는다. 결과적으로 인과론적 사건 전개는 중요하지만 인과론적 사건 구성에서 무위자연적인 요소들은 그 자체로 스토리텔링의 '보이지 않는' 독자적인 의미를 지닌다.

〈버닝〉 내러티브의 특성은 인과론적 플롯 구성과는 상관없이 자연 그 자체가 존재감을 드러낸다는 점이다. 이는 곧 자연을 닮은 '유기체로서 영화'의 창작을 반영한다. 〈버닝〉에서 현실과 허구, 있음과 없음, 개별과 전체, 보이는 것(其然)과 보이지 않는 것(不然), 알 수 있는 것(其然)과 알 수 없는 것(不然) 간의 공생 관계는 관객에게 익숙한 인과론적 이야기의 관습을 넘어서는 중요한 특성이다. 그것은 바로 〈버닝〉의 예술 형식이 유기체적 특성을 지니고 있다는 뜻이다. 특히 감독—은폐된 내레이터—주인공의 관계도 기본적으로는 인과적이지만, 근본적으로 유기적 공생 관계 속에서 은폐되어 있다. 〈버닝〉의 내러티브는 인과론적으로 잘 빚어진 플롯의 완결성이 아니라, 비완결성으로 '열려 있다'. 이 점을 뚜렷하게 보여주는 신이 바로 종수가 소설적 상상 속에서 벤을 제물로 삼아 시신을 불태운 후 소설 공간을 빠져나오는 엔딩 신이다. 벤을 죽이는 장면은 영화 속 현실이 아니라 소설적 허구이다.

〈버닝〉의 내러티브는, 엔딩 신은 현실과 허구 간의 연결과 공생과 순환 관계를 극적으로 드러낸다. '현실' 속에서 벤에 대한 질투심과 소외된 계급의식에 빠져 있는 종수는 벤을 살해하여 불태우는 제의祭儀 행위를 치르는 소설적 허구를 상상한다. 따라서 벤을 살해하고 불을 지른 후 트럭을 몰고 빠져나오는 살해-제의 현장은 영화 속 현실이 아닌 소설적 허구이다. 그렇다면, 종수가 자신을 정화하려는 듯이 알몸으로 옷을 모두 벗어 벤의 시신과 함께 불 지른 후[27] 살해-제의 현장을 빠져나오는 트럭의 운전석 뒤 창으로, 점차 멀어지는 '불타는 제물'들을 찍은 카메라워

---

27 종수가 심리적 콤플렉스의 대상인 벤을 살해한 후 입고 있던 옷을 모두 벗어 함께 태운 '불 지르기'는 종수의 '소설 쓰기'를 통해 '타락한 욕망의 정화, 씻김 의식'을 치르는 일종의 '상징적 제의'이다. 영화의 내러티브 안에 종수가 쓰는 소설은 제의를 수행함으로써 영화는 무의식적 욕망을 정화하고 무의식 안에 잠재한 근원적 자연의 은밀한 존재를 새로이 확인하는 것이다.

[무거운 음악]
[종수의 힘겨운 숨소리]

[8]

크의 메타포가 중요하다.[8]

소설적 상상력을 통해, 벤의 시신을 화장火葬 의식의 제물로 바치고, 마침내 종수가 자신의 억압된 욕망에서 벗어나는 카타르시스를 경험했다면, 트럭을 타고 제의 현장을 떠나 돌아가는 곳은 어디인가? 시나리오의 사실주의 차원에서 보면, 종수가 트럭을 타고 현장을 빠져나오는 것은 소설에서 빠져나와 '영화 속 현실'로 돌아온다는 뜻이다. 그렇다면 종수가 소설 공간에서 벗어나 다시 돌아오는 곳은 가령, 서울 해미네 집의 허름한 방이거나 파주의 시골집일 것이다. 그렇지만, 소설 속에서 제의를 치른 종수와 소설에서 벗어나 '현실'로 돌아온 종수는 존재론적으로 서로 같은 존재라고 볼 수는 없다. 왜냐하면, 소설가로서 종수는 과거의 세속적 욕망에 시달리는 종수가 아니라, 통과제의를 통해 억압된 욕망의 굴레에서 해방을 꿈꾸는 존재이며, 욕망의 해방을 통해 '무의식의 자연'과 화해를 이루는 존재로 변화할 가능성 때문이다.

이 엔딩 신에서 〈버닝〉의 겉 내러티브 안에 별개의 소설 내러티브를 '유기적으로 연결 지은' 이창동 감독의 도저한 미학적 사유를 이해하게 된다. 곧 '영화 속의 소설' 형식은 기존 영화의 관습적인 내러티브를 반성하고 현실적 삶을 근본적으로 성찰하는 스토리텔링의 방법론이었던 것이다. 그러므로 주인공 종수가 벤을 죽이고 '화장 제의'를 마친 후 '돌아오는 곳'은 불평등과 부조리가 여전히 지배하는 현실이지만, 그가 돌아오는 내러티브의 현실은 기존의 내러티브의 현실이 아니라, 상상적 제의를 통해 정화된 새로운 내러티브의 현실인 것이다.

여기서 〈버닝〉의 스토리텔링이 은닉하고 있는 의미심장한 형식적 특성이자 희귀한 '대안적 내러티브'와 만나게 되는데, 그것은 바로 〈버닝〉의 내러티브가 비완결적이며 스스로 순환, 변화, 생성하며 살아 있는 형식성을 가지고 있다는 사실이다. 내러티브는 소설에, 소설은 내러티브에, 허구는 현실에, 현실은 허구에 연결되어 순환하고 공생한다. 고양이 보일이, 벤이 불태운 비닐하우스, 해미의 어릴 적 '깊은 우물'같이, 없음(비존재)은 있음(존재)에, 있음은 없음[無]에 연결되어 서로 순환하고 공생한다. 해미 방에서의 종수의 '자위 신'에서의 '개 짖는 소리', 시골집에서의 '송아지 울음소리', '누군가'로부터 걸려온 전화, 들녘 풍경의 새소리, 바람 소리같이 은미한 것은 '드러난 것'에, '드러난 것'은 은미한 것에 서로 연결되고 순환하며 공생한다.

그러므로 영화 〈버닝〉의 내러티브는 무위이화에 합습하는 유기체처럼 시작과 끝이 없이 순환한다. 내러티브는 끝나도, 내러티브가 새로이 시작된다. 내러티브는 인과적이고 선적線的인 구성으로 완결성을 지향하는 것이 아니라 이야기를 은폐한 채 새로운 이야기를 생성하듯 선회旋回하는 것이다. 그러니, 자연의 살아 있는 유기체 같은 영화는 항상 관객들과도 폐쇄적인 고립 관계가 아니라 유기적인 상생 관계에 놓여 인터랙티브한 대화 관계─다시 강조하지만, 그 유기적인 상생과 대화 관계는, 단순히 의식 차원에서의 관계만이 아니라, 무의식적인 교류나 교감, 직관적 감각 또는 감각적 직관에 의한 소통 관계를 포함하는 관계이다─를 열어놓게 된다.

자연의 본질이 없음과 있음의 '공생'을 통한 '생성' 과정이듯, 〈버닝〉은 없음과 있음, 허구와 현실, 개체와 전체, 은미한 것과 '드러난 것'이 서로 긴밀하게 연결되어 순환하는, '공생과 생성' 스토리텔링의 미학 원리를 보여준다. 여기에서 영화 〈버닝〉이 지닌, 전인미답의 세계영화사적 의의를 찾을 수 있을지도 모른다. '창조적 유기체'로서 혁혁한 스토리텔링이 태어난 것이다.

9.

〈버닝〉의 내러티브가 소설을 빌린다면, 〈시〉는 시를 빌린다. 〈버닝〉의 주인공 종수가 소설가 지망생이라면 〈시〉의 주인공 미자(윤정희)는 시인 지망생이다. 〈시〉와 〈버닝〉의 주인공들이 둘 다 시와 소설을 지망하는 캐릭터라는 것은 그 자체로 이창동 감독이 문학의 본질을 깊이 성찰하고 있음을 반영한다. 영화 〈시〉의 스토리텔링을 깊이 이해하기 위해서 먼저 이창동 감독의 〈밀양〉을 잠시 살펴볼 필요가 있다. 그것은 〈시〉의 이야기 심층에는 신神적 존재가 투영되어 있기 때문이다. 〈밀양〉이 다루고 있는 신神의 문제는 〈시〉의 심층의식에 그림자처럼 어른거리는 신적 존재의 문제를 풀 의미심장한 단서를 비닉하고 있다.

〈밀양〉의 대강 줄거리는 이렇다. 남편을 교통사고로 잃은 신애(전도연)는 남편의 고향인 경상남도 밀양에 와서 피아노 교습소를 차리고 평범하게 살아가는 중 어린 외아들 준(선정엽)을 유괴당하고 끝내 유괴범에게 교살당하는 사건이 벌어진다. 그 후 교회에 나가면서 안정을 찾던 신애는 기독교적 신앙심으로 아들의 교살범을 용서하기로 결심, 용기를 내어 수감 중인 유괴범을 찾아가지만, 수감 중에 기독교인이 된 범인은 자기는 하나님으로부터 이미 용서와 구원을 받았다고 말한다. 이에 충격을 받은 신애는 기독교 신앙에 대한 깊은 회의에 빠지게 된다……. 이러한 줄거리만을 놓고 보면, 〈밀양〉의 내러티브는 속세에서 벌어지는 기독교적 용서와 구원의 의미 또는 그 허구성 등 세속화된 기독교가 안고 있는 여러 심각한 문제들을 비판적으로 성찰하는 내용이 중심을 이룬다.

아들을 유괴해서 죽인 살인범이 스스로 하나님의 사랑으로 자신의 죄를 용서받았다는 말은 인간의 종교가 얼마든지 거짓으로 세워진 허구일 수 있다는 사실을 보여준다. 인간이 만든 세속 종교는 혹세무민하는 허구에 지나지 않는다면, 근본적으로 신의 존재가 문제시된다. 그리하여 〈밀양〉은 신적 존재의 문제를 깊이 성찰한다. 〈밀양〉에서 기독교 유일신 비판은 하나님과 인간과의 수직적 종속관계 비판을 통해 이루어진다.

원죄설로 대표되는 세속 기독교는 절대적 유일신을 매개로 세속적 현실을 부정한다. 기독교적 유일신은 '높은 곳'에 존재한다. 종교 의식儀式을 통해 유일신은 인간에 대한 수직적인 지배를 합리화한다. 절대자와 인간 간의 수직적 관계는 일방적 관계이고 그 일방성은 자주 사랑과 용서보다는 억압과 폭력을 낳는다. 생각해보면, 용서와 사랑은 외부에 존재하는 절대적 유일신이 일방적으로 베풂으로써 이루어질 성질이 아니다. 만약 유일신이 인간을 용서하고자 한다면 그 유일신은 일방적 절대자가 아니라 적어도 인간과 쌍방적인 대화 관계에 있어야 한다. 유괴 살인

범이 스스로 결정한 유일신 하나님의 사랑과 용서는 일방적이기 때문에 피해자인 신애에게는 더 큰 고통과 절망을 가져다주는 또 다른 억압과 폭력일 뿐이다.

〈밀양〉에서 주인공 신애가 약국을 경영하는 교회 장로를 유혹해서 야외에서 불륜 행위를 벌이는 동안 '높은 하늘'을 향해 던지는 "보이냐구!" 하는 대사는, 기독교 하나님에 대한 풍자적 모독으로서 '하늘'로 표상되는 유일신의 수직적 일방성에 대한 신랄한 비판 장면으로 해석된다. 하나님을 앞세우는 기독교인 강 장로는 신애의 유혹에 빠져 결국 종교적 위선과 기독교적 허구성을 드러냈지만, 이러한 부정적 기독교인에 반해 신애에게 연정을 품은 종찬(송강호)은 철저히 세속적인 인물임에도 긍정적인 기독교인으로 연출되는데, 이는 그가 세속적 질서에 충실하면서도 초월적 신성神性과 세속적 인간성 사이 쌍방적 대화에 능숙한 인물이기 때문이다.

〈밀양〉의 주요 장면들 중에서, 가령 예배 중인 교회 안, 교도소 면회실 안, 미용실 안 등 여러 신에서 종찬은 신애의 배경에 위치하는데, 이러한 카메라 구도는 치밀하게 계산된 스토리텔링으로서, 신성과 인간성 또는 종교적 존재와 세속적 존재 간의 수직적이고 일방적 관계를 세속적 존재인 종찬의 '은폐된 시각(은폐된 내레이터)'을 통해 성찰적으로 바라보려는 감독 특유의 종교관에서 나오는 것이다. 〈밀양〉은 유일신 비판을 통해 '세속 종교'를 넘어 궁극적으로 신의 존재 문제를 성찰한 영화라고 할 수 있다.

〈밀양〉이 품고 있는 신학적 테마는, 간단히 말해 종교의 문제는 신의 문제가 아니라 인간의 문제라는 것이다. 기독교 유일신이 허구적인 이유는 인간 존재 밖에서 일방적으로 군림하는 신이기 때문이다. 세속 종교는 인간과 신을 분리하고 대립시킨다. 주인공 신애는 자기가 겪은 비극적 사건을 통해 하늘에 있는 유일신이 허구적이란 것을 깨닫는다. 그래서 신애는 강 장로를 유혹해 정사를 벌이면서 하늘을 향해 절망하듯 "보이냐구! 봐! 보여?" 하고 절규하며, '높은 하늘' 위에서 군림하는 유일신 하나님의 허구성을 온몸으로 처절하게 풍자한다. 어린 아들을 죽인 유괴 살인범이 하나님에게서 용서를 받았다는 주장의 옳고 그름은 차치하고라도, 유일신 하나님의 존재가 얼마든지 폭력을 정당화할 수 있다는 것을 보여준다. 신애가 비판하는 것은 인간의 삶 안에 들어오지 않은, 바깥에서 군림하는 유일신의 존재이다. 그렇다고 신애가 기독교를 버리고 무신론자가 될 가능성은 〈밀양〉의 내러티브 어디에도 보이지 않는다.

중요한 점은 〈밀양〉의 스토리텔링은 신애가 유일신 하나님을 부정하지만 유일신의 부재不在를 아이러니로서 '드러낸다'는 사실이다. 유일신이 부재하는 자리에 '숨은 신'의 존재가 드러나는

여보세요?

[9]

것이다. 그 새로운 숨은 신의 존재는 심리적 존재임이 암시된다. 특히, 〈버닝〉에서 주인공 종수가 시골집에서 받는 정체불명의 '누군가'의 전화처럼, 〈밀양〉에서도 주인공 신애가 아들을 유괴당하기 직전, 밤 거리에서 보이지 않고 알 수 없는 '누군가'로부터 걸려온 전화를 받는 신[9]은 깊은 의미를 은폐하고 있다. 이 '보이지 않는 누군가'의 등장은 앞으로 일어날 유괴 사건의 불길한 징조로서 긴장을 불러일으키기 위한 장치[28]로 볼 수 있으나, 오히려 이창동 영화의 세계관과 미학 전체를 조감할 때, 이 보이지 않는 '누군가'는 신애의 '불안한 심층의식'[29]의 메타포이자 신애의 내면에 존재하는 신적 존재의 알레고리로서 해석될 여지가 있다. 바꿔 말해, 전화 속 '보이지 않는 누군가'는 신애의 심리

---

28 〈밀양〉 플롯의 개연성, 또는 인과론적 사건 전개로 보면 전화를 건 정체불명의 존재는 '유괴범'으로 추정될 수도 있다.

29 존재론적으로 바꿔 말하면, '존재의 존재됨'을 위해 현존재Dasein가 마주치는 '근원적 불안'을 의미한다.

적 존재인 동시에 이창동 감독의 신학적 관점에서 발현된 신神적 존재가 스토리텔링을 통해 보내는 '은미한 신호sign'인 것이다.[30]

신은 일방적인 절대자가 아니라 세계에 편재遍在하며 은밀하게 세계와 인간을 주재한다는 것. 마치 '밀양密陽'이란 말에 저장된 심오한 의미처럼, 신은 한 조각 햇볕도 '은밀히 주재한다'. 신은 천지간에 없는 곳이 없다. 범신론적인 자연신에 가까운 신, 그 메타포가 필름 제목인 '密陽'이다. 〈밀양〉에서 교회 집사인 약국 여자가 신애에게 '햇볕 한 조각에도 하나님의 뜻이 있다.'고 말하지만, 하나뿐인 아들을 잃고 절망에 빠진 신애가 절규하듯이, 햇빛은 그저 햇빛일 뿐이지 그 속에 무슨 하나님의 뜻이 있겠는가, 하는 반문은 기독교적 유일신 관점에서 범신론적 만신萬神의 신앙관으로 전환을 알리는 '햇빛의 아이러니'로 해석될 수 있다. 햇빛은 온 누리를 골고루 비치며 끊임없이 햇볕[陽]과 그늘[陰]을 '낳고 또 낳는[生生] 존재'이다. 이 비밀스러운 햇빛의 존재가

---

30 영화 〈밀양〉은 보이지 않는 '신'의 존재를 다루고 있는 점에서, '유기체적 스토리텔링'의 시각에서 분석될 필요가 있다. 앞에서 〈버닝〉을 분석한 예에서 보듯이, 보이지 않는 것과 보이는 것, 은미한 것과 '두드러진 것'이 서로 순환하며 공생하는 유기체적 스토리텔링의 시각이 필요한 것이다. 이때 중요한 것은 내러티브의 의미론적 전개 과정이 아니라, 연출된 카메라워크 자체이다. 〈밀양〉의 스토리텔링에서 카메라워크는 그 자체로 심리적이고 동시에 초월적인 장면을 연출한다. 카메라워크는 그 자체로 별도의 의미 맥락을 '드러낸다'.

바로 영화〈밀양〉에 깊이 숨은 신이라 할 수 있다.

유일신이 떠난 빈자리에 자연계와 세속계에 편재하는 만신의 존재가 모습을 은미하게 드러낸다. 〈밀양〉의 라스트신은 그 편재하는 신의 작용을 '은미隱微의 형식'으로 드러낸다. 신애가 스스로 가위로 잘라버린 머리카락들은 바람에 실려 어딘가로 움직이고, 햇볕[陽]은 그늘[陰] 곁에 흐르는 도랑물 위에서 반짝인다.[10] 머리카락은 영혼의 상징물이고 바람은 다름 아닌 편재하는 범신汎神 또는 만신의 알레고리이니 이 끝 장면은 세속계에 신은 두루 편재한다는 신학적 관점을 극적으로 보여준다. 밀양에 이사한 무렵, 신애는 동네 옷가게 주인에게 어두운 가게 안의 벽 색깔을 밝게 바꾸라는 조언을 한다. 신애의 이 조언을 따라 가게 주인은 벽지를 바꾸고 영화의 엔딩 신에서 "옷가게 안을 밝게 바꾸니 장사가 잘된다."면서 밝은 표정을 짓는다. 그 말을 듣자 신애도 어둡던 표정이 밝아지며 함박웃음을 터뜨리는데, 이 모습도 유일신에 대한 세속성의 승리를 의미하는 것으로 해석될 수 있다. 어쩌면, 이 장면에서도 삼라만상의 움직임은 음양의 조화造化이듯이, 세계에 두루 편재하여 어디서든 간여干與하지 않는 바가 없다는 이른바 귀신[31] 혹은 만신의 관점이 깊이 작용하고 있는지도 모른다. 또한, 종찬이 들어준 거울을 보고 신애가 스스로 머리카락을 자르는 라스트신은, 신애가 유일신 존재에 대한 저항과 비판을 통해 자기 스스로 주체적인 독립적 존재로 변신했음을 보여주는 심리적 메타포로 이해될 수 있다. 영혼의 상징성을 띤 머리카락을 스스로 잘라내는 것은 기존의 신神관에 대한 분명한 거부 행위로 해석될 수 있다. 더 중요한 것은, 신애의 잘린 머리카락이 마침 불어오는 바람결에 실려 '여린 햇볕'이 비치는 도랑 쪽 어디론가로 움직여가는 장면은 세속의 일상 속에서 어렵지 않게 접할 수 있는 풍경인데, 이 끝 장면은 일상적 삶 속에 두루 초월적 신성神性이 편재한다는 의미로 풀이될 수 있다. 그러하다면, 이 엔딩 신은 인간 내면에 들어 있는 신성에 대한 자각, 즉 인간과 신은 서로 분리되거나 대립적인 것이 아니라, 은밀한 공생과 조화 관계에 있다는 메시지로 이해 가능하다. 인간의 삶 '안'에 무궁무진한 자연신自然神이 함께한다.

---

31 여기서 '귀신'은 '음양陰陽의 조화造化' 원리와 그 작용을 가리킨다.

10.

    범신론적 자연신의 관점을 포용할 때, 비로소 영화〈시〉의 내러티브와 스토리텔링의 은폐된 존재들이 하나씩 '드러난다'. 그들 가운데 특별히 '두드러진 자연신'은, '강물'이다. 〈시〉에서 강물은 '근원적 자연'의 메타포이다. 영화〈시〉에서 롱테이크로 부감된 '흐르는 강물'은 그 자체로, 탄생과 소멸과 생성의 무궁무진한 순환 과정을 품고 있는 '근원적 자연'의 메타포다. '강물 신'은 죽음과 탄생의 순환 과정을 보여주는 신화적 상징성을 보여준다.

    오프닝 신에서 열네 살 소녀 희진(한수영)의 주검이 강 물결과 함께 흘러드는 광경은 앞으로 전개될 소녀의 억울한 사연을 시사하는 것 외에도 초월적 의식을 감추고 있다.[11] 흐르는 강물은 세속적 삶에 더럽힌 넋의 의식을 비유하는 상징이라는 것. 미자가 쓰고 있던 모자가 돌연 바람에 날려 강물 위에 떨어져 물결을 따라 흘러가는 신은 미자와 강물의 영혼이 서로 연결된 '보이지

[11]

[12]

않는 인연(不然)'의 메타포이면서도 자연신으로서 강물에 투사된 미자의 영혼 또는 시혼詩魂의 비유이다.[12]

그러므로 강물이 지닌 세례洗禮와 '씻김' 의식은 미자의 시혼에 은폐되어 있다. 시인을 갈망하는 미자의 처음이자 마지막이 될 첫 시는 희진의 사령死靈을 '불러' 강물에 '씻김' 하는 초혼 의식招魂儀式이었던 것이다. 여기서 이창동 감독의 숨어 있던 예술관의 일단이 드러난다. 영화에는 많은 시인들이 나와서 이러쿵저러쿵 시에 대해 말하거나 정의를 내리지만, 정작 순결한 영혼의 시인은 일생에 오직 단 한 편 쓰는 시를 통해 억울하게 이승을 하직한 가녀린 어린 소녀의 넋을 '불러' 자연신의 품 안으로 돌려보내는 것이다. 이때 미자의 시 속에 죽은 소녀 희진의 넋이 빙의하는 것은 자연스러운 현상이다. 엔딩 신에서 등장하는 희진은 그 신묘한 표정으로 보건대, 이승과 저승 또는 현세와 초월에 걸쳐 있는 존재, 곧 마치 무녀도巫女圖에서의 혼령의 존재감이 느

꺼진다.

그렇기 때문에, 스토리텔링의 차원에서 본다면, 카메라워크는 강물을 '사실적 존재 너머 초월적 존재'로 드러내는 데 주안점을 둔다. 카메라는 태생적으로 사실주의에 충실한 기기器機이다. 카메라의 눈이 기본적으로 리얼하다면, 카메라워크는 어떤 초월적 기법을 사용하거나, 아니면 '누군가'의 눈이 '매개'될 때, 비로소 초월적 또는 초현실적 차원을 담을 수 있다. '누군가'의 '매개'가 바로 카메라워크이다. 카메라의 눈은 이창동 감독의 의식뿐 아니라 심층 심리에서 작동하는 '근원적 자연'이 투사投射된 강물의 존재를 추구하는 것이다.

영화 〈시〉에서 '스토리텔링에 은폐된 누군가'는 앞서 말했듯이 감독의 근원적 자연과 능히 통하는 '정신'의 대리자이면서 감독 자신도 '알 수 없는' 무의식적 존재―영혼의 매개자이다. 이러한 감독의 시선이 투사된 '강물 신'은, 음산하고도 어두운 감성적 존재감이 지배하는 오프닝 신, 난간 위에 서 있는 미자와 짙푸른 강물을 함께 부감하는 롱테이크 신, 강물의 물결이나 너울을 길게 '응시'하는 롱테이크 신, 강변의 생명계가 활기를 띤 강물의 엔딩 신[13] 등으로 변주되어 드러난다. 이처럼 '강물 신'들이 서로 차이를 이루며 반복되는 것도, 카메라워크를 통해 드러난 강물에 투사된 '누군가'의 살아 있는 존재감을 보여주면서, '누군가'가 순환하고 생성하는 '자연'의 대리자임을 여실히 드

[13]

러내려는 감독의 의도로 볼 수 있다. 아울러, '강물 신'을 연출한 감독의 카메라워크가 고정된 시선이 아니라 핸드헬드 기법으로 촬영하여 '살아 있는 시선'을 견지하는 것도, 카메라의 눈이 자연신의 대리자요 매개자로서 '누군가'의 살아 있는 존재감을 부각하려는 연출 의도로 이해될 수 있다.

영화 〈버닝〉에서 내러티브의 시간과 소설적 허구의 시간이 서로 순환하듯이, 영화 〈시〉의 내러티브에서 한없이 흘러가는 강물결의 이미지에는 세속적인 시간의 흐름과 함께, '누군가'가 응시하는 초월적 시간이 복류伏流한다. 곧 카메라-감독의 눈은 강 물결을 세속과 초월이 혼류하는 시간의 상징으로 드러낸다. 〈시〉의 엔딩 신은 높은 다리 아래 흐르는 강물을 응시하며 미자가 자신이 쓴 첫 시를 낭송하는 도중에, 미자의 목소리는 사라지고 죽은 소녀 희진의 뒷모습이 나타나며 이내 희진이 몸을 돌려

[14]

카메라를 정면에서 응시하는 장면이다.[14] 이는 '누군가'의 카메라워크의 무의식에 초월적 시간이 깊이 흐른다는 사실과 함께, 적어도 시인 미자와 죽은 사령 희진과 카메라워크를 연출하는 '누군가'가 세속과 초월의 시간을 동시에 겪고 있다는 사실을 드러낸다. 여기서 영화 〈시〉의 시인관을 엿보게 된다. 시인은 세속적 시간 속에 흐르는 초월적 시간을 보고 언어로써 드러내는 존재인 것이다. 자연의 시간은 세속과 초월이 연결되어 순환하고 회귀하기를 반복한다.

> 서러운 발목에 입 맞추는
> 풀잎 하나
> 나를 따라온 작은 발자국에게도
> 이제 여름이 오면
> 촛불이 켜지고 누군가 기도해줄까요

'풀잎 하나'에 우주 자연이 들어 있다. 아니, '풀잎 하나'가 우주 자연이다. 이창동 감독이 〈버닝〉에서 벤의 말을 통해 전한 우주 자연의 '동시 존재'가 '풀잎 하나'이다. '동시 존재'는 우주 자연의 모든 존재들은 서로 연결되어 순환하고 공생하므로, 미자는 "서러운 발목에 입 맞추는/풀잎 하나/나를 따라온 작은 발자국에게도"라는 시구로 표현한다. 순환하는 자연의 시간은 "서러운 발목에 입 맞추는/풀잎 하나"와, 아마도 죽은 소녀 희진의 발자국일 듯한 '작은 발자국'은 깊이 연루된다. '서러운 발목'과 '작은 발자국'은 동일 존재일 것이다. 그렇다면 미자의 시적 화자인 '나'를 '따라온 작은 발자국'은 죽은 희진의 혼령이거나 '풀잎 하나'의 혼이라 할 수 있다. 그래서 "풀잎 하나/나를 따라온 작은 발자국"을 위해 "이제 여름이 오면/촛불이 켜지고 누군가 기도해줄까요"라는 시구가 이어지게 된다. 여기서 '누군가'는 누구인가? 분명한 것은 '누군가'는 죽은 소녀의 사령과 자연의 영혼이 함께하는 존재이며 소녀의 사령을 위해 간절히 "기도하는 존재"라는 사실이다. 그러므로 미자에게 시인이란 서러운 넋을 '자연'의 혼과 함께 불러 넋을 위해 '기도해주는' 존재이다. 서러운 넋을 불러 넋의 고향인 근원적 자연으로 천도하는 존재. 죽은 소녀를 초혼한 후, 미자는 혼을 위로하고 마치 수망水亡 굿의 한 사설인 듯이 다음과 같이 노래한다.

하지만 아무도 눈물은 흘리지 않기를

검은 강물을 건너기 전에

내 영혼의 마지막 숨을 다해 당신을 축복하리

"검은 강물을 건너기 전에/내 영혼의 마지막 숨을 다해 당신을 축복하리"라는 시구에는, 타락한 속세에 연루되어 끝내 자살한 소녀의 혼을 정화하는 '씻김' 의식이 드리워 있다. "검은 강물을 건넌"다는 시구에는, 이승을 떠나 저승에 이르는 죽음의 메타포와 함께 넋을 위한 천도 의식이 들어 있다. 미자의 시적 화자인 '나'는 억울한 넋을 천도하는 존재이다. 이 시구는 시적 자아가 무巫 혹은 영매靈媒의 시혼을 가지지 않고서는 나올 수 없다. 다시 말해, 미자의 시적 존재는 죽은 넋과의 대화가 가능한 영매의 성격을 띤다. 그래서 "내 영혼의 마지막 숨을 다해 당신을 축복하리"에서 보듯, 미자는 마침내 영매가 되어, 자연으로 돌아갈 죽은 소녀의 넋을 불러 '축복'한다. 소녀의 사령死靈과 대화를 나누는 시인은 마치 '씻김'굿의 사설 같은 시구를 남긴다.

마음 깊이 나는 소망합니다

내가 얼마나 당신을 간절히 사랑했는지

당신이 알아주기를

여름 한낮의 그 오랜 기다림,

아버지의 얼굴 같은 오래된 골목

수줍어 돌아앉은 외로운 들국화까지도

얼마나 사랑했는지

당신의 작은 노래 소리에

얼마나 가슴 뛰었는지

나는 꿈꾸기 시작합니다

어느 햇빛 맑은 아침

다시 깨어나 부신 눈으로

머리맡에 선 당신을 만날 수 있기를

　미자는 "나는 꿈꾸기 시작합니다/어느 햇빛 맑은 아침/다시 깨어나 부신 눈으로/머리맡에 선 당신을 만날 수 있기를"이라는, 삶과 죽음이 서로 순환하고 공생하는 근원적 자연을 가슴 절절하게 노래한다. 자연에 편재하는 만신의 노래. 그러므로 죽은 소녀 희진이 사령으로 나타나 애절하고 간곡한 마음으로 미자 시의 뒷부분을 낭송하는 엔딩 신은 미자가 죽은 소녀에 빙의憑依한 것으로 해석될 수 있다. 그렇다면, 엔딩 신은 미자의 무의식에 은폐된 무巫적 존재가 드러나 활동하는 것을 보여주고, 미자의 심연에 있는 무적 존재는 시인의 조건이 된다.

하지만, 영화 〈시〉의 스토리텔링 차원에서 보면, 중요한 것은 미자가 아니라 미자를 지켜보는 '누군가'의 존재이다. 이 '누군가'의 존재는 감독의 페르소나persona와는 다른 존재로서 감독의 자아(ego, Ich)에 내재하는 자기Selbst이자, '운동하는 정신'[32]의 대리자이다. 이 대리자는 새로운 영화 곧 '대안적 스토리텔링'을 낳은 '은폐된 내레이터'이기 때문에 중요하다. 엔딩 신에서 두 가지를 주목할 필요가 있다. 하나는 미자가 자신이 쓴 첫 시를 낭송하던 도중에 느닷없이 죽은 소녀 희진이 나타나 미자를 대신해 시를 낭송하는데, 왜 아무런 인과론적 설명 없이 미자에서 죽은 혼령으로 '몸 바꿈'이 일어나는가 하는 문제, 다른 하나는, 낭송하던 미자가 사라지고 처음 등장한 죽은 소녀 희진의 모습이 과연 자살하기 직전의 모습인가 하는 문제.

먼저, 미자와 희진이 아무런 논리적 매개나 인과론적 설명이 개입되지 않고 서로 '몸'이 바뀌어 시를 낭송하는 장면에는, 이

---

32 여기서 심리학적으로 '정신'은 무의식과 의식을 종합하는 힘으로서 정신psyche, 철학적으로 정신은 의식의 '순수한 자기 운동'으로서 영혼[Geist, Seele]을 포함한다. 정신을 통해 영과 혼, 혹은 귀鬼와 신神의 존재와 작용도 음陰과 양陽의 조화造化의 운동 과정 속에서 파악되고 이해될 수 있다. 요컨대, 정신은 의식과 무의식, 유한과 무한, 개체와 보편, 분별과 무분별, 음과 양, 나아가 개인과 민중 상호 간의 대립과 원융圓融의 운동을 스스로 구현한다. 이 책 107쪽 각주 3 참조.

'몸 바꿈'을 충분히 설명할 만한 필연적인 혹은 개연적인 요소를 찾기 어렵다. 단 하나 있다! 미자가 서 있는 곳은 과거에도 한 번 찾아온 적이 있는 강물 위 다리 난간이라는 사실. '몸 바꿈'을 설명할 수 있는 것이 있다면, 그것은 '스토리텔링이 품고 있는 심층 의식―은폐된 존재의 상징'으로서 강물이다. 물론 '강물'이 그 자체로 '몸 바꿈'의 인과론적 논리가 될 수는 없는 노릇이다. 그러므로 '강물'은 그 자체로 은폐된 '누군가'의 은밀한 활동을 보여주는 이창동 감독의 정신이 만든 존재이다. 이 미자와 소녀 간의 '빙의' 즉 '몸 바꿈'이 연출되는 장면은 감독의 정신이 추구하는 존재론적 관점이 은폐되어 있으며, 그 존재론의 심연에 바로 '강물'이 '영혼의 형식'으로서 '존재'하는 것이다.

다음으로, 높은 다리 위에서 아래로 강물을 내려다보는 죽은 소녀 희진이 갑자기 돌아서서 보여주는 슬픔이 사라진 표정을 미루어보건대, 이 라스트신은 소녀가 자살하는 과거 순간을 플래시백으로 보여주려는 것이 아니라, 이미 미자의 시적 영매靈媒에 의해 정화, '씻김' 의식을 거친 후의 소녀의 혼령의 모습을 보여준다. 그러니까, 라스트신에서 강물이 부감되는 높은 다리의 난간 앞에서 자신이 쓴 시를 낭송하던 미자가 사라지자, 그 미자의 자리에 소녀 희진의 혼령이 대신하여 나타난 것은 자살하는 순간의 플래시백이라 볼 수 없다.

여기서 카메라워크 차원에서, 카메라의 앵글로 대리된 '누군가'의 존재를 밝히는 것이 중요한데, 이 기묘하고도 신묘하기까지 한 라스트신에서 카메라 앵글이 대신한 '누군가'의 시선은 미자의 시적 영매의 시선과 함께 이창동 감독의 스토리텔링의 시선이 동시에 투영된 것으로 볼 수 있다. 라스트신에서 빙의된 소녀 희진의 등장은 자살하기 직전의 희진의 상태만을 플래시백으로 보여주는 것이 아니라, 자연신(근원적 자연)의 작용과 영매의 활동으로서 이창동 감독의 은폐된 스토리텔링의 관점과 깊이 연결되어 있음을 보여주는 것이다.[33]

미자의 존재를 통해, 시인은 영매이며, '누군가'의 존재를 통해, 영화의 스토리텔링은 자연신으로 '귀신'이 들고나는 원리가 되는 것이다![34] 영화의 스토리텔링은 '보이지 않는 근원적 자연 혹은 신적 자연'의 '드러냄'이라는 것. 이창동 감독은 실로 경이로운 '대안 영화'인 〈버닝〉에서 '누군가'의 존재를 통해 '보이지

---

33 〈시〉의 라스트신에서 우리는 내러티브의 전개에 또 하나의 눈이 그늘 속에서 바라보고 있음을 느낄 수 있다. 그 은폐된 내레이터는 '누군가'이다. 깊은 강물을 바라보고 있는 소녀의 등을 응시하는 카메라의 눈은 '누군가'의 눈이다. 소녀가 투신자살한 순간을 떠올리는 플래시백 장면이면서 동시에 미자의 시적 존재가 소녀로 빙의한 장면이다. 중요한 것은 '누군가'의 시선, 즉 '은폐된 내레이터'의 눈길이다. '은폐된 내레이터'는 죽은 소녀의 넋이 '검은 강물'을 건너도록, '검은 강물'에 투신하기 직전의 소녀의 모습을 불러들인다. 죽은 소녀의 생전 모습과 사후의 넋을 초혼하고 천도하는 것이니, 그 '은폐된 내레이터'의 눈길은 다름 아닌 무巫의 시선이 아닌가.

34 이때의 귀신은 직접적으로는 죽은 소녀의 사령死靈을 가리키는 것이지만, 이창동 감독의 자연의 세계관으로 보면, '음양의 조화 원리'로서 '귀신'을 내포한다.

않는' 근원적 자연을 '드러냈듯이', 영화 〈시〉에서도 특유의 카메라의 눈을 통해, 영매 또는 접신接神*의 알레고리로서 '누군가'를 '드러낸다'.

11.

　이창동 감독의 〈버닝〉을 찬찬히 살펴보면, '누군가'의 존재는 주인공 종수의 무의식적 '본능'이면서 이창동 감독의 '지혜'라는 사실을 깨닫게 된다. '누군가'는 종수의 무의식의 이드였다가, 종수가 쓴 소설의 내레이터이고, 또 감독의 자아이기도 하다. 영화 속 소설에서가 아니라 영화의 현실에서 종수가 벤을 죽이고 시신을 불 질렀다면, 그 살인 행위가 제의라 할지라도 아마 관객들에게 가치 있는 이야기나 의미로 받아들여지기 힘들거나 충분히 개연성 있는 스토리 전개로 인정받기도 어려웠을 것이다. 하지만, 영화 속 소설의 플롯에서 종수는 벤을 죽여 제물로 삼고 나서 다시 영화의 현실로 돌아온다는 시나리오의 이중적 순환 구조는 종수의 본능적 욕망의 정화와 더불어, 영화를 통한 삶의 반성과 함께 영화의 본질을 근본적으로 성찰하게 만든다. 더구나 동아시아-조선 출신의 명장名匠답게 수천 년을 이어온 동아시아 정신 문화의 토대인 무위자연 사상을 영화 철학과 연출 원리의 원천으로 삼아 재해석함으로써 독창적인 스토리텔링을 펼친 것은 실로 괄목할 만한 예술적 성취라 할 수 있다.

그 독창적인 스토리텔링의 요체는 영화 형식의 차원에서 보면 '은폐된 내레이터'의 존재와 활동이다. 은폐된 내레이터는 감독의 정신이 낳는다. 다시 말하지만, 〈버닝〉의 은폐된 내레이터는 이중적인데, 그것은 본능적 자연의 존재이면서도 지혜로운 자연의 존재라는 사실을 가리킨다. 본능을 일깨우면서도 본능을 지혜로서 새로이 펼치는 것이다. 〈버닝〉에서 종수의 시골집에 전화를 걸어온 침묵하는 '누군가'는 본능 속에 은폐된 자연의 화신이면서도, 억압된 본능을 시청각을 포함하여 오감을 통해 또는 초감각을 통해 깊이 성찰하여 '드러내는' 지혜로운 스토리텔링을 창조한다. '누군가'는 사회적으로 억압당한 본능적 존재이자 본능적 자연을 해방하는 지혜로운 존재이다. 감독의 지혜를 대리하는 '누군가'가 독창적인 스토리텔링을 창조한다. 물론 '누군가'의 정체를 밝힐 필요도 없고 단정 지을 수도 없지만, 시인 지망생인 주인공 미자와 타락한 속세의 희생양인 어린 소녀 희진이 강물 위에서 서로 몸을 바꾸며 시를 낭송하는 걸작 〈시〉의 라스트신에서, '누군가'를 어림할 수도 있다. 아래에 인용하는 「유역문학론 2」에서 다룬 '유역문학론에서의 귀신론'[35]은 이 '누군가'에 대한 또 하나의 뜻깊은 해석 가능성을 열어놓는다.

---

35 이 책 204~205쪽 참조.

문(조광희) 샤머니즘에서 말하는 귀신과 송유宋儒에서 말하는 귀신은 서로 다르면서도 연결되어 있다는 뜻인가요?

답(임우기) 이 자리에서 거칠게나마, 역대 귀신론을 아주 간단히 요약하면, 공자의 귀신에 대한 두 차례 언급과 역易에서 비롯하여, 주돈이, 소강절, 兩程(정호, 정이), 주자(朱熹), 장자(橫渠) 등 송유의 쟁쟁한 대학자들이 설파한 귀신, 또한 조선 초기의 서화담이나 후기의 임녹문의 귀신, 마침내 동학의 최수운 선생의 '귀신 체험'을 모두 모아 통通하면, 귀신은 음양 변화의 원리이자 생생한 '조화造化'의 '이치'로서 천지만물의 체이자 용이고, 아울러 수운 선생의 접신 체험에서 보듯이 인신人神의 형상(이 경우, '한울님 목소리')으로도 직관될 수 있는 지기至氣또는 정기精氣를 가리킨다는 결론에 다다릅니다. 물론 유학에서도 제사를 모시는 '조상신'의 있느냐 없느냐 하는 문제로 논쟁이 있어왔지만, 그 논쟁은 회통 화쟁의 문제일 수 있다고 봅니다.

귀신론의 귀신은 동학에서 '한울님 귀신'이면서, 단군신화에서 보이듯, 유서 깊은 전통 신도 사상에서 천지인 삼재 중 천지를 하나로, 곧 음양의 기운을 하나로 연결하는 '중화中和로서의 인신[巫, 샤먼]'의 알레고리로서 귀신입니다.

음양의 조화로서 귀신이면서 샤머니즘의 귀신인데, 중요한 것은 귀신의 조화를 '모시는' 곧 '최령자'의 마음가짐입니다. 큰 무당 단군 같은 샤먼의 마음입니다.

샤머니즘은 기본적으로 사령의 존재가 전제되어야 하므로, 죽은 사람의 혼령, 즉 사령의 존재는 이 인터뷰 앞부분에서 얘기한 근원적 사유 논리에 기대면, 사령의 존재에 대한 의문은 해소될 수 있습니다. 알 수 없는 사령의 비존재성을 알 수 있는 존재성으로 존재화存在化하는 존재가 바로 샤먼의 역할이자 공능입니다. 그래서 샤머니즘을 문화로 인식하고 수용해야 한다고 보는 것이지요. 진실한 무 혹은 샤먼은 수운 동학에서 말하는 '최령자'의 상징입니다.

유역문학론의 관점은 사령의 유무 논쟁을 떠나 샤먼을 죽음을 삶 속에 이어주고 사령의 해원을 돕는 '최령자'의 전형적 존재로 인식합니다. 그러므로 샤머니즘을 하나의 '생명 문화'로 받아들여야 한다고 봅니다. 사령의 존재를 인정하고 사령의 한恨을 풀어주어 사령의 해원과 안녕을 비는 문화 말입니다. 죽음은 삶의 연장이며 오히려 죽음이 삶의 활기를 만드는 샤먼의 문화 말입니다.

이러한 '생명 문화'를 위해서는, 앞서 얘기한 바처럼 근원의 사유와 논리가 필요합니다. 사령을 존중할 만한 문화 현상으로 이해하기 위해, 사령의 있음/없음의 논쟁은 비유비무非有非無, 불연기연不然其然의 존재론으로서 해소될 수 있다고 봅니다. 그래서 세속世俗에서 사령의 자취를 찾아 살피고 '생생지리'로서 귀신과 함께 사령의 기운을 해석하는 것이 필요합니다. 사령은 보이지 않되 없는 것도 아닌 것입니다.(非無) 중요한 것은 샤머니즘을 전통적 미풍양속으로 여겨 존중하고 가꾸어가는 우리들 마음 자세이고 이러한 마음들이 모여 더 높은 차원의 정신문화로 승화될 수가 있다는 것입니다.(「유역문학론 2」, 강조 필자)

2
홍상수 영화의 '창조적 신통'

창조적 유기체로서의 영화

1.

　식욕이나 성욕은 인간의 본성에 속한다. 특히 성욕은 쾌락 본능이면서 자기 종을 번식 보존하려는 원초적 본능이다. 프로이트의 정신분석학에 따르면, 사회적 생활을 영위하는 인간의 자아에는 본능적인 쾌락을 따르는 무의식이 깊이 걸쳐져 있고 그 안에 리비도라는 성적 에너지가 있다. 리비도는 생명 보존 본능으로 긍정적으로 쓰이지만, 억압당한 리비도는 반생명적 파괴 본능으로 바뀔 수 있다.

　인간은 자기가 속한 사회의 윤리적 규범과 제도적 규율에서 벗어날 수 없지만 그렇다고 인간 본능이 사회적 규칙에 순응하는 것은 아니다. 본능은 규칙에 억압당하면서도 부단히 벗어난다. 사회 구성원으로서 개인의식은 규범 양심 같은 초자아의 감시와 제재에 길들여지지만 개인사적인 일상은 의식보다 오히려 자고 먹고 배설하고 성을 좇는 쾌락 본능에 더 깊고 넓게 영향을 받는다.

특히 요 몇 년 새 활발한 미투 운동이나 소위 '위력에 의한' 성추행 사건에 관한 수많은 보도와 인터넷 소식들을 접하면, 사회적 인간관계도 프로이트가 말한 성욕性慾으로서의 리비도의 강력한 힘이 사적인 영역을 넘어 공식적인 영역에도 여지없이 작동하고 있음을 새삼 깨닫는다. 더욱이 얼마 전 '사회와 인간을 억압으로부터 해방하기' 위해 헌신한 이른바 '운동권' 출신의 행정가이자 정치인이 성추행 사건에 연루되어 스스로 참담한 파국을 맞이한 사태를 보면서, 사회적 양심이나 도덕, 강고한 이념도 리비도의 성적 본능에서 마냥 자유로울 수는 없음을 다시 확인하게 된다.

홍상수 감독의 영화를 두루 살펴보면서 먼저 떠오른 생각은, 리비도는 인간의 세속적 일상사에 은밀하게 작용하는 강력하고도 원천적인 힘이라는 것이다. 물론 오랜 세월 속에서 만들어진 사회적 제도와 규범, 전통, 관습 등이 세속적 일상성에 큰 영향을 주지만, 그럼에도 개인은 저마다 고유한 무의식의 리비도가 본능적으로 욕구하는 바에 따라 일상적 삶을 영위한다. 홍상수 영화에 나오는 주인공들의 행위는 일단 프로이트의 정신분석학에서 정리定理한 '성욕性慾' 중심의 리비도에 부합하는 듯이 보인다.[1] 홍상수 영화의 주요 모티프인 남녀 간의 비상식적 관계나 특히 불륜 등 충동적 성관계를 고려하면, 성욕 중심의 리비도가 홍상수 영화의 내러티브에서 보이지 않는 중요한 동인이자 동력이라 할 수 있다. 홍상수 영화의 내러티브를 움직이는 무의식의 리비도는 그것이 성욕 충동이든, 본능적인 '생명 충동'이든 홍상수 영화의 기본 세팅인 '세속적 일상성'[2]의 전개를 위한 내적인 원동력이라 할 수 있다. 알다시피 대다수의 홍상수 영화는 관람 가능한 연령층을 제한할 정도로 사회 통념상 잘못된 성 모럴 혹은 불륜을 소재로 삼고 성적 표현 수위도 매우 높은 편인데도, 영화 비평가들을 중심으로 많은 식자층에서 열렬한 지지를 받고 있다. 이러한 반응의 배경엔 여러 이유들이 있을 테지만, 그 가운데 하나는 '특별한 사건', 즉 등장인물들 간의 특별한 관계를 내세우거나 '특별한 주인공'이나 '슈퍼스타'를 앞세운 기존 흥행주의적 영화 문법과는 달리 소소한 세속적 사건들을 소재로 삼아 일상성 속에 은폐된 인간의 충동적 본능을 적나라하게 드러낸다는 점이다. 일상성에 은폐된 성적 본능의 문제를 제기하는 홍상수 특유의 스토리텔링에 깊은 관심을 보내는 것이다.

---

1 프로이트의 리비도 개념은 '성욕性慾'(성적 에너지)에 국한된 듯하다. 이에 반해, 융C. G. Jung의 리비도 개념은 성욕을 기본으로 여러 심리적 본능 및 충동뿐만 아니라 정서적인 상태, 배고픔, 갈증 등과 나아가 갈망이나 목적 지향성, 창조성 등도 포괄한다.
2 우리가 매일 접하는 '생활 세계'를 가리킨다.

그러나 홍상수 영화에서 세속적 일상성에 작용하는 심리적 에너지를 성욕 중심의 리비도로 한정하는 것은 문제가 있어 보인다. 프로이트는 리비도를 성욕Sexualität으로 한정하여 개인적 심리학이나 생물학적인 기능의 차원에 제한한다. 이러한 성욕-리비도의 관점은 특히 예술 작품의 분석과 해석을 억압된 본능으로서 성욕의 영역에 가두어놓는다. '성욕 중심의 리비도 정리定理가 과연 적절한 것인가'. 이러한 반문은 심리학자들이 다룰 문제이므로 이 자리에선 차치한다 해도, 홍상수 영화의 내러티브 분석에서 일단 정신분석학에서의 리비도 정리를 적용하는 것이 필요하다고 생각한다. 그럼에도 '성욕-리비도'는 홍상수 영화의 내러티브를 이끌어가는 하나의 주요 동인 곧 주요 모티프에 지나지 않는다는 점을 놓쳐선 안 된다. 홍상수 영화의 내러티브의 본질을 흔히 정신분석학적 분석이 빠지기 쉬운 오류, 성욕-리비도의 정리定理로 환원하는 우를 범해서는 안 되는 것이다. 모든 예술에서 무의식의 탐구는 기본적으로 중요한 작업이지만, 무의식은 합리주의와 동일시될 수 없다.

개인의 성욕이나 본능이 세속적 일상성 전체를 지배하는 것은 물론 아니다. 홍상수 영화의 분석에 무의식의 리비도 개념을 적용할 수 있지만 이를 위해서는 먼저 리비도에 대한 더 넓고 깊은 이해를 전제로 한다. 마치 반짝이는 무수한 별들이 펼쳐진 밤하늘처럼, 무의식은 '알 수 없는' 깊고 광대한 별천지를 은폐하고 있다. 그 의식과 이성에 가려지고 은폐된 무의식의 '그늘shadow'에 수많은 본능, 욕망, 콤플렉스, 집단무의식, 원형(archetype, Archetypus) 등이 서로 갈등하며 작용하는 가운데 리비도는 성적 에너지만이 아니라 심원한 생명 에너지로도 운동한다. 리비도는 삶에 퇴행적이기도 또는 전진적이기도 한 심리적 에너지이다. 건강한 자아(ego, Ich)의 의식은, 어둡고 광활한 무의식의 심연에 꾸준히 접속하고 어두운 무의식이 은닉한 삶의 힘 또는 가능성을 자기의식의 활동 속에 통합한다. 이러한 의식과 무의식의 통합을 통해 정신 혹은 영혼을 만나게 된다.[3]

인간은 자신이 자연의 일부로서 자연에 의존하는 존재임을 잊고 산다. 성욕이든 본능이든 인간의 무의식도 자연의 힘과 원리에 의존하는 것이다. 연약한 금잔화나 민들레 홀씨의 존재는 인종의 존재 상태를 알려주는 시금석이다. 금잔화의 안부가 인간의 안부에 연결되어 있다. 그렇게 천지자연은 연결되고 순환한다. 작금에 전 인류에게 몰아닥친 천재지변은 적어도 자연의 충

---

3 이 글에서 '정신'이라는 개념은 의식과 무의식의 통합하는 지혜로서의 '정신'을 가리키며 아울러 노자의 무위자연無爲自然, 대승불가적인 개념으로, '一心', '心源', 분석심리학적으로 '自己(Selbst)' 등과 서로 상응하거나 상통한다. '정신'에는 물론 자기 의식의 변증법적 운동 과정과 현상으로서 정신Geist도 포함된다. 유역문예론의 관점에서 '정신'은 기본적으로 또, 궁극적으로 조화造化[無爲而化]의 덕德에 합하는 마음의 경지를 이른다.

동이 인간의 충동과 연결되어 있음을 보여주는 확실한 징표이다. 바다가 만들어내는 수증기가 홍수를 만들고 인간의 삶을 파괴한다. 그러니 바다와 뭉게구름과 장대비는 이미 인간의 내면적 존재이다. 인간은 천지자연의 축소이다. 천지자연은 인간의 확대이다. 심리적 표현으로 바꾸면, 자연은 무의식의 원형이다. 리비도처럼 자연도 충동적이다. 삽시간에 인간 세상을 공포의 도가니로 바꾸어놓은 바이러스의 창궐이나 천재지변은 자연이 자기 본능에 따르는 충동성의 표현이다. 이 자연의 충동성은 무의식에 잠재된 리비도처럼 자연에 잠재된 생명 충동으로 이해되어야 한다. 리비도는 성적 에너지만이 아니라 그 이전에 자연의 에너지다.[4]

홍상수 영화에는 세속적 일상성에 작용하는 성욕-성적 에너지와 함께, 또 하나의 근원적 에너지가 은밀하게 작동한다. 그것은 보이지 않는 자연自然의 힘이다. 홍상수 영화의 내러티브에는 자연 에너지가 은밀하게 은폐되어 있다. 바로, '은폐된 자연'을 '은폐된 형식'으로 보여주는 연출 원리가 홍상수 영화의 독창적인 스토리텔링의 요체를 이룬다. 그러므로 홍상수 영화의 세속

---

4 융의 분석심리학에서 리비도는 프로이트의 정신분석학과는 달리 성욕의 수준을 넘어 '정신'에 포괄된다. 융의 리비도는 스스로 자연적인 창조적 가능성을 포함하는 원초적 본능이다. 참고로, 세계문학사의 큰 별인 라이너 마리아 릴케R. M. Rilke의 시에서 에로스eros는 사랑liebe보다 높은 단계의 '정신'을 가리킨다. 릴케 시에서 성적인 것은 자연성Natürlichkeit을 시적 발판으로 삼아 신성(神性, Göttichkeit)에 도달한다.

적 일상성을 움직이는 강력한 성욕-리비도만큼, 은폐된 자연의
힘을 성찰해야 한다.

2.

　홍상수의 영화에서 '성욕의 리비도'는 내러티브를 이끌어가
는 주요 모티프이다. 주인공의 성욕은 '사랑'의 외피를 두르고서
'불륜'을 마다하지 않는다. 홍상수 영화의 주인공들은 불륜과 사
랑을 혼동하기 일쑤다. 주인공들은 자신의 위선과 비열을 반성
하지 않는다. 성욕은 이성적으로 전혀 제어되지 않고 일상 속에
서 수시로 충동적으로 발산된다. 성욕의 모티프는 교수와 제자,
유부남 감독과 카페 주인, 감독과 선생의 부인, 소설가와 유부
녀, 학교 후배와의 삼각관계 등 사회적으로 지탄받는 불륜 관계
를 낳는다. 내러티브의 불륜 관계에 성 모럴은 적용되지 않고 지
켜지지도 않는다. 이는 홍상수 영화의 내러티브에서 성욕의 리
비도가 사회적 약속으로서 도덕률(superego)을 압도하고 있다는
뜻이다. 물론 이러한 불륜의 내러티브는 당대의 한국 사회 또 지
식인 사회 의식의 타락상을 일정 부분 반영하는 일종의 리얼리
즘 의식의 산물로 볼 수 있다.
　그러나 홍상수 영화의 지향점은 지식인의 사회적 타락을 사실

주의적으로 '반영'하는 데 있지 않다. 내러티브 구성의 주요 동인이 성욕-리비도인 것은 타락을 '반영'하기 위한 것이 아니라 타락의 무의식을 '발견'하기 위한 것이다. 그래서 주인공의 성욕이 문제로 부각되는 것이다. 이는 스토리텔링이 주인공의 성적 관계 속에서 드러나는 사회적 윤리의식의 문제를 겨냥하는 것이 아니라, 리비도의 문제를 깊이 성찰하고 사유한다는 뜻이다. 홍상수 영화의 스토리를 살펴보면, 성욕의 리비도가 슈퍼에고의 억압을 넘어 주인공 자아(ego, Ich)의 행동과 정념情念을 충동하는 주요 동인이라는 점이 드러난다. 때문에 홍상수 영화의 심층을 이해하기 위해서는 기본적으로 주요 등장인물의 자아와 리비도의 관계에 대한 분석과 해석이 필요하다는 생각이다.

홍상수 감독의 데뷔작 〈돼지가 우물에 빠진 날〉(1996)에는 영화의 은폐된 무의식, 리비도와 자연의 관계를 엿볼 수 있는 희귀한 장면들이 있다. 〈돼지가 우물에 빠진 날〉에서 주목할 지점은 주인공이 친구 집에서 잠깐 자는 중에 꾸는 '꿈 신'과 주인공이 자신의 아파트 베란다로 가서 '창문을 열어젖히는 라스트 신'이다.

먼저 '꿈 신'을 분석하기 위해 약간의 전후 이야기를 알 필요가 있다.

주인공 보경(이응경)은 남편 동우(박진성)와 그럭저럭 무덤덤하게나마 결혼 생활을 영위하는 가정주부이면서 '삼류 소설가'

효섭(김의성)과 통정하는 애인 관계에 있다. 어느 날 보경은 출장을 간 남편의 외도를 눈치챈 후 여행용 큰 가방을 챙겨 집을 나와 효섭의 옥탑방에 찾아간다. 하지만, 효섭은 자신을 짝사랑하는 '삼류극장' 매표소 직원인 젊은 여자 민재(조은숙)와 자신도 모르게 치정 관계에 얽히게 되어, 끝내 민재에게 구애를 하던 극장 기도 청년에게 피살된다. 보경은 애인 효섭이 이미 피살된 상태라는 사실을 모른 채 효섭의 옥탑방을 찾아가나, 번번이 허탕을 치고 나서 약국을 경영하는 약사 친구 집에서 잠시 머물다가 잠이 들고 이내 꿈을 꾼다. 꿈속에서 보경은 자신이 죽은 상태로, 자기 장례식에서 상주인 남편에게 애인인 효섭이 조문객으로 문상하여 절을 하는 장면, 그리고 이어서 문상 온 효섭이 보경이 누워 있는 방에 몰래 들어와 보경의 곁에 누워 음부를 애무하는 야릇한 '꿈 신'이 이어진다.

리비도의 차원에서 주인공 보경의 '꿈 신'은 여러 해석이 가능하다. 일단 꿈 신의 정신분석학적 해석은 곧 홍상수의 영화 전편을 지배하는 성욕-리비도에 대한 해석의 기초를 이룬다 해도 과언이 아니다. 보경의 무의식에서 볼 때, 자신의 죽음은 리비도적 욕망의 결핍과, 더 깊게는 타나토스적 자기 파괴성이 감추어져 있다. 자신이 이미 죽어 있는 꿈에 나타난 남편 동우와 애인 효섭과의 이중관계는 종족 번식 본능과 가정생활 본능과 함께 성적 결핍과 억압된 리비도가 작용한 것으로 볼 수 있다. 보경의 꿈에서, 특히 자신의 장례가 치러지는 중임에도 자신이 '죽은 듯이' 누워 있는 방에 애인 효섭이 검은 양복의 문상객 차림으로 몰래 들어와 자기 '음부'를 애무하는 신은, '남근적' 욕망과 결핍을 극단적으로 상징한다. 보경의 꿈이 드러내는 리비도의 이중적 의미는 유부녀로서 생활 욕망과 번식 욕망의 결핍을 상징하고, 효섭의 애인으로서 에로스적 본능을 좇는 쾌락 욕망의 결핍을 상징하는 것이다. 그래서 현실 생활에서 보경의 자아ego는 남편과 효섭 사이에서 성욕차性慾差를 드러냄에도 이중적인 성관계는 그대로 유지한다.

무의식의 내용이 드러나는 주인공 보경의 꿈 신에서, 보경 자신의 죽음은 세속적 욕망의 끝을 은유하지만, 이어지는 효섭의 은밀한 애무 신은 남근적 쾌락 욕망이 죽음 너머로 지속된다는 사실을 보여준다. 꿈속에서 보경의 죽음이 새로운 성적 욕망으로 반복되며 이어지는, 세속적 인간의 삶에서 사라지지 않는 리비도의 쾌락 원칙을 보여주는 것이다.

효섭을 짝사랑하는 가난한 여자 민재가 아르바이트로 일하는 저속하고 질펀한 음란비디오 제작 현장이 스치듯이 나오거나 도시 변두리의 번잡한 시장통에 위치한 삼류극장이 스토리텔링의 주요 무대 공간으로 선택된 점도 리비도의 핵심을 이루는 적나라한 성욕이 발산되는 비속한 공간을 스토리텔링의 무대로 삼으려는 감독의 연출 의도로 볼 수 있다. 그것은 적어도 성욕-리비도

[1]   [2]

혹은 성적 심리를 은폐하거나 왜곡하지 않고 스토리 전개의 동력
으로서 정직하게 다루려는 홍상수 감독의 연출 의지의 표현이다.

　꿈의 해석은 무의식의 해석이다.[5] 주인공 보경의 '꿈 신'에서
영화의 무의식—감독의 무의식—을 추측하게 된다. 곧 리비도
의 충동적 에너지가 영화의 스토리텔링을 이끌어가는 중심 동
력이라는 해석이 가능하다. '꿈 신'에서 리비도의 성적 에너지가
스토리텔링을 이끌어가는 중심 동력을 보여준다면, 영화의 '창
문을 열어젖히는 라스트신'[6] [1] [2]에서 스토리텔링을 이끌어가는

5　꿈은 무의식의 활동 그 자체이다. 홍상수 영화에서 '꿈 신'은 내러티브의
　무의식을 분석하는 데에 중요할 뿐만 아니라, 그 꿈의 분석과 해석을 통해
　'꿈 신'이 '무의식-의식을 통합하는 정신psyche 활동' 또는 '자기 의식의 순
　수한 운동으로서 영혼Seele 활동'의 소산所産이라는 사실을 이해하는 것이
　필요하다.
6　'창문을 열어놓는 신'이 영화의 라스트신이라는 사실은 그 자체에 어떤 '은
　폐된 의미'가 있다는 것을 암시한다.

은폐된 에너지의 운동이 '은밀하게' 연출된다.

먼저, 내러티브의 전개상 '라스트신'에 대한 가능한 분석 내용을 추측해볼 수 있다. 가령, 보경이 남편의 성병 전염 사실이 충분히 추정되는 상황에서 연인인 효섭의 살해 사건이 보도된 신문 기사를 보고 충격을 받아 자살하기 위해 아파트 베란다 창을 열었다는 인과론적인 추론이 가능하다. 더욱이 보경은 큰 가방을 들고서 효섭의 옥탑방을 찾아가 애인을 기다렸지만 허탕을 친 후 극히 외롭고 난처한 처지에 놓인 데다, 직전에 꿈에서 자신의 죽음을 암시하는 자기 초상 의식을 치른다. 그 꿈에서조차 효섭이 누워 잠든 자신을 애무하는 무의식에 펼쳐진 사랑 감정—본능적으로 펼쳐진 리비도의 작용이지만—을 보여준다. 그런 후에 중요한 장면은 엔딩 신 직전에 보경이 자기 방에서 잠자기 전에 효섭이 후에 들을 수 있도록 '녹음된 사랑의 고백'인 "효섭 씨, 나한테 미안해하지 말아요. 정말 사랑해요. 보고 싶어요⋯⋯."라는 목소리를 남기는데 이 녹음된 내용도 그녀의 자살 동기로 작용한다. 남편에 대한 불신과 함께 효섭에 대한 지극한 사랑 감정에 빠진 보경이 집에 돌아온 다음 날 아침에, 효섭의 살해 사건이 보도된 조간 신문을 보고서 자살을 택했다는 추론은 개연성이 없지는 않다.

하지만 이러한 추론은 구닥다리 신파적 상상일 뿐이다. 이 추론이 사실이 되려면 보경이 신문 기사를 보는 신이 중요한데, 보경이 신문을 보는 장면은 마치 기사에 아무런 관심이 없는 듯 보경의 모습이 무덤덤하게 연출되고 있기 때문이다. 표면적으로, 신문을 보는 장면에서 보경은 특별히 충격을 받은 듯 보이기보다는 외려 무표정에 가깝고, 심층적으로, 소설가 효섭이 치정에 의해 살해당한 '사건'이 영화 스토리텔링의 중심 줄기 또는 중심 테마가 아니기 때문에 창문을 여는 라스트신을 보경이 자살하기 위한 행동으로 단정하기는 어렵다. 선입견 없이 보면, 보경의 무덤덤한 표정이나 의외의 행동과 함께 베란다에 가서 창문을 열기까지만 카메라는 그저 따라가는 것이다. 이 엉뚱한 카메라워크가 보여주는 분명한 진실은 영화 제목이 이미 암시하듯이, 내러티브의 인과적 문법이 오리무중에 빠졌다는 사실이다. 이는 홍상수의 데뷔작에서도 어떤 특정 사건의 기승전결에 따른 인과적 스토리텔링을 거부하거나 지양止揚하는 독특한 영화 철학과 연출 원리가 여실히 드러난다는 점에서 주목할 만한 것이다.

그러므로 조간신문을 보다가 신문지를 한 장씩 펼쳐서 거실에 깔아놓는 주인공의 뜻밖의 낯선 행위는 리비도의 본성인 '충동', '돌발적 감정 변화'의 차원에서 이해되어야 한다. 그리고 이 낯선 충동과 돌발적 감정 변화가 바로 홍상수 감독의 독창적 연출 원리에 속하는 것이란 사실이 중요하다. 엔딩 신에서 주인공이 신문을 한 장씩 펼쳐서 거실에 깔아놓는 장면은 어떤 인과론적 의미가 있는 것이라기보다, '리비도의 충동성은 창조성이다.'라는 숨은 메시지로 읽혀야 한다.

홍상수의 영화 철학을 깊이 살핀다면, 주인공이 창문을 여는 라스트신은 진부한 세속적 일상 속에서도 '보이지 않는 자연'은 어김없이 순환하고 작용한다는 감독의 자연관이 연출된 '미장센'이라 할 수 있다.[7] 본디 자연의 힘은 '은미하게' 감지되듯이, 주인공이 창문을 열어놓는 엔딩 신은 '바람의 환기換氣'로 은유되는 '은미한 자연의 형식'으로서 연출된다. 그러나 놓치지 않아야 할 점은, 주인공의 리비도가 창문을 여는 행위를 '충동'했다는 사실이다. 달리 말하면 보경의 의식이나 이성이 아니라 무의식의 리비도가 스스로 아파트 베란다의 창문을 열고 '자연의 힘'을 맞아들이기를 '충동'한 것이다. 바로 이 점이 중요한데, 리비도가 '충동'했기 때문에, 신문지를 펴서 깔고 창문을 여는 보경의 행위에서 전후 인과적 논리 맥락을 배제했던 것이다. 그러므로 리비도의 충동성은 인위적인 의식에서 나오는 게 아니라 자연의 힘과 원리에서 나오는 '자연적인 충동성'인 것이다.

자연철학의 관점에서 보면, 홍상수 감독의 데뷔작 〈돼지가 우물에 빠진 날〉이란 제목 자체에 이미 영화사에서 유례가 없는 독특한 세계관이 상징적으로 표현되어 있다.

영화 제목과 관련하여 주목할 장면은 보경이 성병에 걸린 남

---

7 만약 창문을 여는 행위가 주인공 보경의 자살을 암시한다는 해석이 가능하다 해도, 그 해석은 창문을 여는 라스트신을 진부한 클리셰로 전락시킬 따름이다.

편의 성적 욕구를 마지못해 받아들인 후 이어지는 장면들 중 하나이다. 동우는 아내와 관계를 맺은 후 늦은 밤 담배를 사러 나간다. 곧 차 안에서 아이스크림 '돼지바'를 먹는 장면이 길게 나오고, 그 이튿날 아침 보경의 집에 조간신문이 배달되는 장면에 이어서, 신문을 잠시 살펴보던 보경이 아파트 거실 바닥에 신문을 한 장씩 펼쳐놓은 후, 베란다로 가 '창문을 여는 신'으로 영화는 끝난다. 그렇다면 아이스크림 돼지바와 영화 제목과는 어떤 연관성이 있는가? 아무런 연관성이 없다면, 왜 '돼지바'를 연출했는가? 곤혹스러운 존재 상황을 상징적으로 암시하는 영화 제목은 내러티브와 아무런 연관성이 없다. '돼지바'라는 흔하고 미미한 사물의 명칭이 '의외로 우연히' 영화 제목을 연상하게 만든다. 이 뜻밖의 우연성의 비밀이 그 자체로 영화 제목 〈돼지가 우물에 빠진 날〉의 주제를 함축하는 것이 아닌가? 우연성은 겉으로는 알 수 없는 의외성으로 보이지만, 속으로는 보이지 않는 인연들이 모여 나타나는 '자연적 시간의 현상'—좀더 정확히 말해, '자연의 힘이 가진 목적성'이라는 것. 다시 말해, 데뷔작의 제목 〈돼지가 우물에 빠진 날〉은 세속적 일상성 속에 보이지 않는 자연의 힘과 목적이 작용하는 '은폐된 시간'의 상징이다.

'돼지가 우물에 빠진'은 제목의 주격인 '날[日]'을 수식하는 상징적 표현이다. 표면적 의미로는 '어느 날[日]'을 지시하지만, 이면적 의미로는 일상의 그늘[陰]처럼 우주 자연의 생명 에너지를 특정하는 상징의 뜻이 은폐되어 있다. 그 제목은—마치 역의 괘상卦象처럼—그 자체로 상象 혹은 상징象徵으로서의 시간성(日)을 품고 있기 때문이다. 그러므로, 상象 또는 상징의 관점에서 보더라도, 상극相剋과 모순들이 내밀하게 점철된 세속적 일상성 속에서 방황하는 주인공이 '창문을 여는 행위'는 그냥 지나칠 진부한 일상 행위로 간과되어서는 안 되는 것이다.[8] 이렇게 보면, 영화 〈돼지가 우물에 빠진 날〉의 내러티브는 심층적으로 '시간의 상징'을 풀이한 이야기라고 할 수 있다.

그저 진부하게만 보이는 '창문을 여는 신'이 실로 중요한 의미를 갖는 까닭은 홍상수 영화의 진정한 테마와 특별한 연출 원리가 그 안에 숨어 있기 때문이다. '창문을 여는 라스트신'으로 인해, 마치 반복 순환하는 자연의 힘처럼 영화의 세속적 내러티브는 끝났음에도 다시 시작과 연결된다. 영화의 표면적 내러티브는

---

8 '창문을 여는' 라스트신은 상극과 모순 속에서 고통받고 방황하는 존재들과 '생명'의 기운을 주고받는 상징적 행위로 해석될 수 있다. 홍상수 영화의 시간은 인간의 상극적, 모순적 시간의 흐름 속에서 우주 자연의 기운이 주재하는 생명의 시간이 흐르고 있음을 말하는 듯하다. '돼지가 우물에 빠진 날'은 '특별한 날'의 의미가 은폐되어 있듯이, 엉뚱한 듯이 보이는 영화 제목은 모든 존재는 천지자연의 작용력에 연결되어 있다는 음양론적 세계관, 또는 음양의 조화에 대한 자각을 보여주는 것이다. 제목의 상징을 풀이하면 '재수 없는 어느 날' 정도로 이해할 수 있을까. 그러므로 '창문을 여는 행위'는 상극과 모순 상태에 빠진 일상적 삶을 극복하고 상생상극相生相剋의 조화를 기원하는 '은밀한' 심층적 주제의식으로 이해될 수 있는 것이다.

118

막을 내렸음에도 새로운 이면적 내러티브는 새 막을 올리는 것이다! 내러티브의 시간은 창문을 여는 행위를 통해 새로운 자연의 시간 차원으로 변경이 이루어진다. 세속의 시간에서 자연의 시간을 감지한다는 것은 순환하는 자연의 삶을 자각한다는 뜻이기 때문이다. 이 '창문을 여는 라스트신'에서 내러티브의 시간은, 마치 동지冬至의 메타포인 듯이, 시간의 끝과 새로운 시작을 동시에 보여주는 것이다.

데뷔작 〈돼지가 우물에 빠진 날〉의 '창문을 여는 라스트신'은 〈강원도의 힘〉(1998)의 라스트신[3][4]에서 변주되어 반복된다. 데뷔작 이후 불과 두 해만인 1998년에 〈강원도의 힘〉이 발표되었다는 점은 이 시기 홍상수 영화에 작용하는 초기의 작가 정신과 특유의 영화관, 그리고 스토리텔링의 연속성의 내용을 살피는 데에 유효하다. 특히, 〈돼지가 우물에 빠진 날〉에서의 '창문을 여는 라스트신'은 두 번째 연출작인 〈강원도의 힘〉에서도 고스란히 되풀

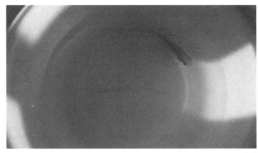

[3]   [4]

이된다는 점에서 이 라스트신이 은닉하고 있는 감독의 '정신'은 거듭 깊이 음미되고 비평적으로 조명되어야 한다.

이미 앞에서 설명했지만, 창문을 여는 라스트신으로 말미암아, '신통하게도' 자연의 힘이 늘 세속적 일상성 속에 통하게 되어, 결과적으로 두 영화의 스토리텔링은 '끝났음에도 끝나지 않고 이어지는', 내러티브가 보여주는 세속적 일상성의 내용과 형식에 역설과 아이러니가 발생하게 된다.

3.

〈북촌방향〉(2011)은 홍상수 영화 철학의 깊이와 미학의 독창성을 유감없이 보여준다. 홍상수의 영화관을 지지하는 '정신'과 그 독특한 스토리텔링의 근원을 파악할 수 있는 특별한 텍스트이다.

경상도 대구에 소재한 대학의 영화과 교수이면서 영화감독인 성준(유준상)이 며칠간 여행 삼아 상경하여 북촌 길을 걷는 신에서 영화 〈북촌방향〉은 시작된다. 성준은 2년 전 애인 관계에 있던 카페 '소설'의 주인이었던 경진(김보경)의 집을 찾아가 그녀의 원망 섞인 투정을 들으면서도 하룻밤을 보내고 아침에 떠나면서, "앞으로 서로 연락하지도 문자를 하지도 전화하지도 않을 것을 단단히 약속"한 후 "사랑해."라고 말한 후 떠난다.

경진에게 아무 소식도 주지 않던 성준이 오랜만에 옛 애인 집을 찾아가 하룻밤을 묵은 후 다시는 서로 연락하지 않을 것을 약속하면서도, "사랑해."라고 말하는 주인공 성준의 의식과 정서 상태는 물론 도덕적이지 않고 상식적으로도 크게 어긋난다. 그렇지만 홍상수의 영화 철학과 심리학의 시각에서 본다면, 영화감독 성준의 돌출적인 언행은 다름 아닌 느닷없이 옛 애인을 찾아가서 하룻밤을 보내는 성준의 행위를 통해, 리비도와 사랑의 관계에 대해 성찰하는 장면들로 볼 수 있다. 물론 등장인물들의 본능적이고 충동적인 말과 행동은 곳곳에서 돌발적으로 튀어나온다. 그렇다면 주인공 성준과 경진의 연애를 이루는 힘은 리비도인가, 사랑인가, 아니면 사랑과 리비도 둘 다인가. 아마도 이러한 반문은 답이 없는 우문에 불과할지 모른다.

중요한 것은 홍상수 영화에서 리비도의 충동적 변화와 변덕은 세속적 삶에서 흔히 접하는 일반적 양상임을 보여준다는 사실이다. 그러므로 영화에서 '사랑해'라는 말의 진실 여부를 떠나 리비도와 사랑 간의 분별은 흐려지고 서로 착각과 착란이 계속 일어난다. 하지만 이 리비도의 충동적 작난作亂은 옛 애인 경진과 빼닮은 '인사동 카페 주인 예전'을 '우연히' 처음 만나게 되면서부터 돌연히 성준으로 하여금 새로운 상상력을 발휘하게 하여 특이한 내러티브를 펼치는 동력이 된다.

〈북촌방향〉의 내러티브에서 먼저 주목할 지점은, 주인공 성준의 옛 애인 경진과, 그와 빼닮은 '현실' 속 카페 주인 예전을 한 배우(김보경)가 일인이역하도록 설정됐다는 점이다. 일인이역의 배역이 중요한 의미를 갖는 것은 그것을 맡은 배우의 존재 문제가 아니라 그녀의 상대역인 '영화감독으로서의 성준의 존재 문제'에 있다. 왜냐하면, 영화의 내러티브를 이끌어가는 주인공은 극 중 현실적 내레이터인 영화감독 성준인 동시에, 또 하나의 '상상적 내러티브'를 만드는 '은폐된 내레이터'로서 영화감독 성준이기 때문이다. 기존 내러티브 안에 은폐된 '이중적 내레이터' 역할을 맡고 있는 것이다. 홍상수 감독의 입장에서 보면, 경진과 예전의 일인이역은 다름 아닌 영화감독 성준의 일인이역을 은폐하기 위한 절묘한 배역이었던 것이다. 간략히 말하면, 〈북촌방향〉의 내러티브에서 영화감독 성준은 겉에 드러난 주인공으로서 내레이터인 동시에 상상 속의 내러티브를 전개하는 '은폐된 내레이터'인 것이다.

그러므로, 극 중 영화감독인 성준은 영화 속 현실을 이끌어가는 표면적 내레이터이지만, 주인공 자신이 영화감독으로서 또 하나의 은폐된 내러티브를 상상하는 '은폐된 내레이터' 역을 수행하고 있는 이중적 존재이다. 이 점이 우선 깊이 이해되어야 하는데, 감독 성준이 연기하는 현실과 상상의 이중성으로 인해, 마치 스토리 속에 숨어 있는 틀이 없는 액자처럼, 영화의 현실과 성준의 상상이 명확한 경계선이 없이 서로 착종되어 있다는 것이다. 그래서 성준의 마음속에서 현실 영역과 상상 영역을 오가는 이중적이면서도 서로 착종 상태인 내러티브의 전개를 위해, 홍상수 감독은 경진과 예전을 한 배우에게 일인이역을 연기하도록 특별히 배역했을 것이다.

〈북촌방향〉의 내러티브 속에 은밀하게 연출된 다음 장면들을 분석해보면 이 문제의 해결에 다가갈 수 있다.

서울 인사동에서 촬영된 '카페 신'에서 우선 주목할 장면이 있는데, 카페 '소설'의 주인 예전과 첫 대면을 한 후 성준이 밖에 나와서 담배를 피우면서 "똑같다, 똑같아. 어떡하지?" 하고 잠시 고민하는 장면.[5]

예전을 처음 보고 나서 옛 애인 경진과 '똑같다'고 혼잣말을 하는 장면인데, 기실 이 장면은 영화감독 성준이 영화적 상상력으로 '내러티브 안에 또 하나의 상상적 내러티브'를 만드는 이중적 내러티브의 모티프라는 점에서 중요하다. 성준의 상상력에

[5]

의해 경진과 예전은 서로 별개의 인물이 아니라 동일인으로 상상될 수 있게 된 것이다. 중요한 사실은, 과거의 옛 애인 경진과 현재의 카페 주인 예전이 서로 분리되거나, 한 인물로 겹치고 합쳐지는 현실과 상상 사이의 긴밀한 관계 속에서, 영화에서의 오묘한 '시간들'의 중첩이 연출된다는 점이다. 연출의 관점에서 보면, 홍상수 감독이 한 배우에게 일인이역을 맡긴 것은 영화의 시간 차원에서 보면 과거와 현재와 미래가 서로 겹치고 착종하는 내러티브를 만들기 위한 치밀한 계산으로 볼 수 있다.

성준이 카페에서 피아노를 연주하자 감탄하는 예전에게 성준의 선배인 영호(김상중)가 건네는 말, "(피아노를 연주하는 성준을 바라보며) 저거 순전히 자기 혼자 연습한 거야. 오른손으로 한 달, 왼손으로 한 달, 양손으로 한 달!"이라는 대사는 의미심장한 메타포로서 〈북촌방향〉의 스토리텔링에서 영화감독 성준의 '이중존재'와 '일인이역'을 암시한다. 카페에서 성준이 피아노를 연주하는 신과 골목길에서 성준이 별안간 예전을 껴안고 키스하는 신이 각각 두 번씩 연출되는 것도 하나는 '성준의 현실'을 보여주고 다른 하나는 '성준의 상상'을 보여주는 신으로, 영화의 현실 이야기 속에 은폐된 상상의 이야기가 이중적으로 혼재해 있음을 보여주는 연출 의도로 볼 수 있다. 주인공 성준의 입장에서 보면, 성준은 내러티브의 현실적 전개를 맡은 주인공 내레이터인 동시에, 내러티브의 상상 속에 '은폐된 시간'을 주재하는 '은폐된 내레이터' 역할을 수행하는 존재이다. 영화감독 성준은 이처럼 현실과 상상 사이를 자유로이 오가는 시간의 주재자이다.

하지만, 영화감독 성준은 스토리텔링의 표면적 내레이터인 성준과는 사뭇 다른 성격과 내용을 지닌 '은폐된 내레이터' 역할을 톡톡히 수행해야 하는 존재라는 사실을 이해하는 것이 필요하다. 겉에 드러난 주인공 내레이터는 거의 인과적 시간의 순서를 좇을 수밖에 없지만, '은폐된 내레이터'인 영화감독 성준은 인과적 시간을 무시하고 '은폐된 시간'을 '상상적으로' 추구하는 숨은 존재이기 때문이다. 성준이 카페 주인 예전을 보고서 "똑같다, 똑같아. 어떡하지?"라는 자기 반문에 대한 해결책이 바로, 겉에 드러난 내레이터인 성준의 '그림자'[9]로서 '은폐된 내레이터'를 동시에 연기하는 일인이역인 것이다. 결과적으로 내러티브에서 성준의 일인이역을 위해 옛 애인 경진과 카페 주인 예전의 배역을 일인이역으로 설정한 것이 된다. 〈북촌방향〉이 보여주는 이러한 특이한 이중적 내러티브 형식은 주인공 성준의 '존재 변이'라는 오묘한 내적 형식성을 통해 홍상수의 영화 철학을 오롯이 드러낸다는 점에서 의미심장하다. '은폐된 내레이터'인 영화감독

---

9 '은폐된 내레이터'는 서사의 표면에 드러난 내레이터(가령 1인칭, 3인칭, 전지칭 내레이터 등)의 그늘 속에 가려진 '그림자'이다. 또한 '은폐된 내레이터'는 그늘 속 하나가 아니라 여러 '그림자들' 가운데 '유력하게 움직이는 그림자'이다. '그림자'는 대개 복합적이고 다중적인 '겹그림자'로서, 서사敍事 속의 어느 언어와 소리, 조형 또는 각종 이미지들의 그늘(shadow, Schatten) 속 '은미함'에 숨어 있다.

성준은 겉에 드러난 인과적 시간을 무시하고 '은폐된 시간'의 존재를 '상상적으로' 추구하게 된다.

예전을 옛 애인 경진으로 가정하여 상상 속에서 옛사랑의 시간을 재연하는 것은 '상상 속의 플래시백flashback'을 통해 내러티브에서의 시간의 역류逆流를 보여주는 데에 그치지 않는다. 홍상수의 독창적인 영화예술관은 그 시간의 가역성可逆性을 통해 반복 순환하는 '자연의 시간'을 통찰하고 있다는 사실에서 찾아진다. '은폐된 내레이터'인 영화감독 성준이 만든 상상적 내러티브―은폐된 내러티브―와의 관계를 통해 영화의 스토리텔링에서 세속의 시간 속에 자연의 시간이 작용하게 된 것이다.[10] 이는 영화의 내러티브에서 시간의 문제에 대한 깊은 성찰을 보여주는 발군의 사례라 할 수 있다. 이 '영화 시간론'과 관련하여, 〈북촌방향〉에서 심오한 '영화의 시간론'을 제시하는 다음 같은 카페 앞 '골목길 신'[6]은 단연 주목에 값한다.

예전이 카페를 나와 밖에서 담배를 피우고 있던 성준을 마주치자 '먹을 것을 사러 간다'면서 골목길을 빠져나가는 도중에 성준은 때마침 옛 애인 경진이 방금 보내온 핸드폰 문자를 보는 신. 내러티브의 앞부분에서 늦은 밤 성준이 경진네 집을 찾아가 밤을 보낸 후 아침에 집을 나오면서 경진과 앞으로는 "절대로" 전화도 하

---

10 경진-예전-성준 간에 서로 다른 시간들의 동시성과 시간의 순환성을 보여주는 장면들에서 이를 알 수 있다.

[휴대전화 진동음]

[6]

지 않고 서로 문자도 하지 않기로 서로 거듭 단단히 약속하고 경진
도 성준에게 "나도 선생님한테 해되는 짓 절대로 안 할 거예요."라
고 다짐하는 장면이 나오는데, 이 경진과의 약속은 세 번에 걸쳐
나오는 '골목길 신'들 중 두세 번째 신에서 깨짐으로써 겉보기에
내러티브의 앞뒤에 인과적 논리는 자가당착에 빠진 듯이 보인다.
하지만 성준이 경진의 문자를 받는 '골목길 신'은 인과적 시간을
따라가는 극 중 현실이 아니라 성준이 경진을 떠올리면서 상상으
로 만드는 극 중의 허구(카페 이름이 '소설'이다!)를 보여주는 장면
임이 암시된다. 〈북촌방향〉의 내러티브 전개에서 성준이 경진의
핸드폰 문자를 받는 신들은 성준이 현실적 내러티브의 경계를 넘
어 상상적 내러티브를 펼치는 하나의 모티프로 기능하는 것이다.

　가령, 교수 보람(송선미)과 대화 중에 경진의 문자를 받는 두
번째 '골목길 신'은 성준의 상상력이 만드는 상상적 이야기로 볼
수 있다. 경진이 보내오는 핸드폰 문자에서 성준을 '선생님'으로

호칭하는 데 반해 예전은 성준을 '오빠'로 호칭하는 등, 둘 사이의 차이를 강조하여 보여주는 것도 극 중 현실에서 두 여자는 서로 별개의 인물이면서, 동시에 극 중 상상에서 동일인물로 상정되는 점을 은밀하게 보여주려는 연출 의도일 것이다(카페 주인 이름이 '예전'이다!). 성준이 경진의 문자를 받는 신들은, 기존 내러티브 속에서 성준의 영화적 상상을 통해 또 하나의 은폐된 내러티브가 전개되고 있음을 알리는 하나의 표지標識인 셈이다.

그렇다고 성준의 상상적 내러티브가 기존 내러티브와는 내용이 다른 새로운 이야기를 펼치는 것은 물론 아니다. 또 현실적 내러티브와 상상적 내러티브 간의 경계가 확연히 변별되는 것도 아니다. 카페 주인 예전을 옛 애인 경진과 동일인물로 상정想定한 데에서 성준의 상상적 내러티브가 비롯되기 때문에, 기본적으로 성준이 과거에 겪은 경진과의 기억들을 바탕으로 상상적 내러티브는 재구성된다. 그래서 극 중 현실을 보여주는 인과적 내러티브와 상상적 내러티브는 '대동소이하게' 반복된다. 현재 속에서 '예전(과거)'이 반복하는 것이다. 중요한 사실은 이 '예전'의 반복은 '반복되는 자연의 시간'과 다르지 않다는 것이다.[7][8]

스토리텔링의 시간 차원에서 보면, 인과적 내러티브 속에 '은폐된 내러티브'는 인과적 시간 속에 '은폐된 시간'이다. '골목길 신'은, 현재의 예전을 과거의 경진으로 연상聯想함으로써 현실의

[7]   [8]

인과적 내러티브가 상상하는 내러티브와 착종과 혼재混在를 보
여주는 특별한 신으로, 특히 공상空想의 형식을 빌려, 예전-현재,
경진-미래가 유기적으로 혼종하고 착종하는, 특이한 시간의 내
러티브를 보여준다. 성준의 상상력이 현실과 상상 사이를 오가
며 만드는 '은폐된 시간'에서는 경진과 예전이 별개의 두 인물이
면서 동시에 동일인물로서, 서로 접합과 분리를 거듭한다. 경진
의 존재는 예전의 현재이면서 미래이고, 예전의 존재는 경진의
미래이면서 현재가 된다.[11] 영화의 뒷부분에서 성준이 카페에 딸
린 방에서 예전과 밤을 보내고 아침에 이별하는 신은 영화의 앞

---

11 영화〈북촌방향〉에서 '시간의 겹침'에 대해서는, 김시무 영화평론가의 '홍
   상수 영화' 전반에 대한 예리한 분석과 해석이 담긴 평론의 다음 글을 참고
   할 만하다.
   "홍상수 감독이 배우 김보경으로 하여금 굳이 일인이역을 맡긴 이유가 무
   엇이겠는가? 그렇다. 그는 캐릭터의 중복duplication of character을 통해 과
   거의 반복, 현재의 반복, 미래의 회귀라는 독특한 영화 형식을 창출하고 있
   다."(김시무,『홍상수의 인간희극』, 본북스, 2015, 153쪽.)

[9]

그렇게 받아들여야 되나요, 제가?

[10]

부분에서 경진의 집을 찾아가 하룻밤을 묵고 나오면서 서로 약
속하는 대사의 일부가 반복된다. 이는 내러티브의 시간 차원에
서 보면 무한한 자연의 근원성을 상징하는 우로보로스Ouroboros
상像처럼 무한 반복 순환하는 '자연의 시간'을 상징적으로 보여
준다. '영화의 시간'은 '자연의 시간'과 통합으로써 반복 순환한
다. 이 자연의 시간 곧 우로보로스적 순환의 시간은,〈북촌방향〉
의 스토리텔링에서 옛 애인 경진이 보내오는 문자를 보는 장면
에서 암시된다. 경진의 문자는, 문자를 보내지 않겠다는 경진의
단단한 약속이 깨진 것이 아니라 성준의 상상력이 작동하고 있
음을 알려주는 표시로서 옛 애인 경진과 예전이 우로보로스 형
상으로 맞물리는 즉 순환하는 시간의 모티프인 것이다. 이 성준
의 상상력이 작동하는 과정을 홍상수 감독은 세 번에 걸쳐 차례
로 보여준다.[9][10][11]

[11]

문자를 보내지 않기로 단단히 약속한 경진이 문자를 보내와
성준이 읽는 장면은 내레이터 안에 또 하나의 '은폐된 내레이터'
가 작동하고 있음을 보여주는 〈북촌방향〉의 상징적인 미장센이
다. 위의 세 장면이 지닌 상징성을 깊이 보면, 하룻밤을 보낸 애
인 경진이 문자를 세 번씩이나 보내온 사실 자체가 성준의 무의
식의 리비도가 특별한 상상력으로 활성화되고 있다는 뜻을 내포
하는 것이다. 그러므로 이 은폐된 내레이터로서의 성준의 존재
는 성준의 의식과 무의식의 통합체로서 자아(ego, Ich)의 표현이
라 할 수 있다. 따라서 경진이 보내온 문자를 읽는 두 번째와 세
번째 '골목길 신'은 성준의 특별한 영화적 상상력이 곳곳에서 작
동하고 있음을 보여주는 장면들이 앞뒤로 이어져서 하나의 '상
상적 시퀀스'를 이룬다. 여기서 홍상수 특유의 스토리텔링에서
의 반복과 순환이 이루어진다. 카페 안에서 성준이 피아노를 치
는 신이나 바깥에서 성준이 예전을 따라 먹을 것을 사러 갔다 오

는 중에 골목에서의 키스 신의 반복을 통해, 영화 앞부분에서 경진의 집에서 하룻밤을 보내고 나와서 나누는 대화가 영화 뒷부분에서 예전의 카페에 딸린 방에서 하룻밤을 보내고 떠나면서 나누는 대화로 비슷하게 반복됨을 통해, '우로보로스의 순환하는 시간성'을 상징적으로 보여주고 있다. 이처럼 내러티브의 시작과 끝은 서로 맞물려 반복 순환한다.[12]

이러한 반복 순환하는 시간성을 가능하게 하는 이중적 내러티브의 동인과 동력은 바로 은폐된 내레이터의 존재이다. 성준의 은폐된 내레이터를 통해서 영화의 내러티브 안에 과거와 현재와 미래가 '유기적으로' 어울리며 혼재하고 순환한다. 〈북촌방향〉의 스토리텔링이 은폐한 특이한 '영화의 시간'은 과거-현재-미래가 하나의 유기체처럼 긴밀하게 연결되어 혼재하는 한편 서로 반복 순환하는 '자연'의 시간성에 있다. 결국 스토리텔링은 비인과적이고 비선적非線的인 시간성을 보여주면서도 '반복 순환하는 자연의 시간성'을 은닉하고 있는 것이다. 자연의 무궁무진한 시간성 속에는 과거-현재-미래 등 여러 시간성들이 서로 겹치고 반복하고 순환하듯이, 〈북촌방향〉의 스토리텔링은 '자연의 시간'을

---

12 홍상수 영화에서 반복 순환하는 '자연의 시간'은 핵심 테마이다. 그의 다른 작품을 더 예로 들면, 반복 순환하는 자연의 시간성이 세속적 일상성에 '신통하게' 관통하고 있음을 '회전문回轉門'의 상징성으로 빗댄 작품인 〈생활의 발견〉이 있다. 이 영화 제7막의 제목 '경수가 회전문의 뱀을 떠올리다'는 우로보로스의 순환성을 상징한다.

닮은 '유기체적 시간의 형식'을 갖는다는 것이다.

　여기서 중요한 점은, 〈북촌방향〉에서 주인공 성준이 극 중 영화감독인 동시에, 상상 속의 '배우'─즉 '은폐된 내레이터'로서 이중의 연기를 하고 있음에도, 정작 성준 자신이 일인이역을 맡은 사실을 애써 '은폐하고' 있다는 사실이다. 곧 홍상수 감독은 의도적으로 성준이 맡은 이중 역할을 내러티브의 전개에서 드러나지 않게 애써 은밀히 은폐하고 있는 것이다. 겉에 드러난 내레이터인 성준은 자기 안에 존재하는 상상적 내레이터가 은폐되어 있다는 사실을 자각하면서도,─자기 안에 은폐된 내레이터를 자각하는 계기가 바로 '경진이 보내오는 핸드폰 문자 장면'이다.─성준의 캐릭터 안에 또 하나의 '은폐된 내레이터'를 감독은 내러티브에서 계속 은폐하고 있는 것이다. 해서 관객들은 은폐된 내레이터의 존재를 간파해내기가 쉽지 않다.

　은폐된 내레이터를 거듭 은폐한다는 것은 홍상수 감독이 '영화의 시간' 문제를 깊이 고뇌했음을 고스란히 드러낸다. 홍상수 감독의 사유에 따르면, '세속의 시간' 속에 통류通流하는 '자연의 시간'은 인간주의적 합리적 시간과는 다르면서도 경계를 뚜렷이 분별할 수 없다는 것이다. 그래서 〈북촌방향〉에 흐르는 시간의 존재 방식은, '자연'의 존재 방식이 그렇듯이, 내러티브의 현실적 시간과 상상적 시간이 서로 천의무봉하게 경계와 접점이 불분명하다. 홍상수 감독은 자연의 존재 방식에 따라, 자연스럽게, '은폐된 내레이터'의 존재를 은밀하게 다시 '은폐'했던 것이다.

　이와 같이 〈북촌방향〉이 품고 있는 자연의 시간성과 함께, 홍상수 감독의 독특한 자연철학이 담긴 다음 두 장면을 깊이 헤아릴 필요가 있다.[13]

　장면 하나. 성준이 영화과 교수인 보람 등과 카페에서 술을 마시다 담배를 피우러 밖으로 나왔는데, 곧이어 보람이 밖에 나와

13　성준, 영호, 보람 등 '영화인' 일행이 카페에서 대화를 나누는 장면에서, 카페 주인 예전은 항상 늦게 출근한다. 보람으로부터 "자리 너무 오래 비우는 거 같애."라고 핀잔을 계속 듣지만, 이러한 카페 주인의 '지각 출근' ― 한 뜸 늦은 등장 ― 은 되풀이된다.
　이러한 예전의 지각 사태는 현실 속의 예전과 상상 속의 예전 간의 존재론적 차이를 보여준다. 시간의 차이가 존재의 변이를 보여주는 것이다. 보이지 않는 상상적 존재가 보이는 구체적 존재로의 '존재 변이變異'는 시간의 차이로서 표현된다. 다시 말해, 영화의 현실 속 옛 애인 경진이 성준의 상상 속의 예전으로 '존재의 변이'가 일어나는 '시간의 지체' 현상으로 이해될 수 있다.
　가령, 경진과 "똑같이" 닮은 카페 주인 예전은 내러티브에서의 '실존 인물'이면서도 동시에 감독 성준이 경진으로 상상하는 '가상 인물'이기 때문에, 스토리텔링의 관점에서 보면, 예전은 영호, 보람, 성준과 더불어 '동시적인 인물'로 연출하기에 적절하지 못한 것이다(설령, 다른 등장인물들은 상상적 내러티브에서 등장한다 해도 동일한 정체성을 가진 '실존적 인물'들이다). 이러한 예전의 '비존재적 존재감'은 성준의 일행이 모이는 자리에서 예전이 시간적으로 때늦게 나타나는 '존재의 지체遲滯' 현상으로 연출되었던 것이다. 그 존재의 지체는 다름 아닌 시간의 차이에 의한 존재의 차이를 가리킨다. 존재는 시간이기 때문이다. 성준의 상상력을 따라가다 보면, 결국 '보이지 않는 자연의 시간(不然)'을 '보이게 만드는 것(其然)'이 홍상수 영화의 독창적 스토리텔링의 '은밀한' 요체를 이룬다는 생각에 이르게 된다.

골목길에서 서로 마주하는 신이 이어진다.

> (1)
>
> **보람**   내가 여기에 나오는 데는 몇 가지 우연이 작용
> 했을까요?
>
> **성준**   (둘이 웃으면서) 몇 가지가 작용했겠는데요.
>
> **보람**   그래요? 뭔데요?
>
> **성준**   공기…… 남자…… 여자?
>
> **보람**   하하하 웃기고 있네.   (강조 필자)

홍상수의 영화 철학을 이해하는 또 하나의 주목할 지점은, 카페에서 영화과 교수 보람, 영화 제작자인 선배 영호, 배우 중원 (김의성), 영화감독 성준 등 '영화인'들이 나눈 대화문 (1)이다. 이 대화에 참여한 등장인물들이 모두 영화인이라는 사실은 대화의 내용이 그 자체로 영화론적 사유를 내포한다는 것이기도 하다. 조금 전에 카페 안에서 영화인들끼리 나눈 대화에서 '우연'을 화두 삼아 열변을 주고받던 내용이 잠시 카페 밖 성준과 보람 사이에서 더 이어진다.[14]

---

14 주인공 성준은 스토리의 표면과 이면을 동시에 이끌어가는 '이중적 스토리텔러'이다. 성준의 이중적 존재는 '영화의 의식과 무의식'을 통합적으로 보여주는 존재를 추구한다. 〈북촌방향〉의 성준은 홍상수 감독의 자아가 투사된 '영화감독 역'을 맡고 있다 해도 틀리지 않다.

관객들은 내러티브의 정황상 위 대사를 영화과 교수와 열정적인 영화감독 간에 주고받는 가벼운 우스개로 지나쳐버릴 가능성이 농후하다. 하지만, 역설적이게도 홍상수의 극본이 지닌 진지함과 진실함은 농담 같은 세속적 일상성의 대사 속에 있다. 위 대화문 (1)에서, 세속적 일상에 작용하는 '자연의 힘'은 '일상성의 은미한 표현' 속에 은폐되어 있음을 홍상수는 농담같이 그러나 예리하게 드러낸다. 성준이 답변하는 "공기…… 남자…… 여자?"에서 '남자'와 '여자'는 성준 자신과 보람을 가리키지만, '공기'는 직접적으로 인사동의 카페 앞 골목길의 밤공기를 지시하면서도, 간접적으로 또 심층적으로는 '자연의 힘'을 지시하고 있다는 사실.

따라서 "공기…… 남자…… 여자"라는 영화감독 성준의 대사는 다름 아닌 홍상수 영화 철학의 근본을 이루는 핵심적 삼 원소三元素를 압축적으로 보여주는 것이다. 남자와 여자 간에 리비도의 작용에 따른 욕정의 문제가 영화의 표면적 내러티브를 펼치는 원심력이라면, '공기'로 표현된 자연의 기운은 세상만사에 두루 작용하는 일상생활의 구심력이라는 것. '공기'라는 자연의 기운을 깊이 사유하고 감각하고 있기 때문에, 홍상수 감독은 극중 영화감독 성준의 농담 같은 대사를 통해 자신의 깊은 영화 철학의 고갱이를 슬쩍 드러낸다.

장면 둘. 극 중 영화감독인 주인공 성준이 북촌 길에서 우연히 여러 번 마주친 배우(박수민)와 나누는 대화 장면. 이 장면의 대화는 홍상수 감독의 독보적인 영화 철학과 독창적인 스토리텔링의 원리를 이해할 수 있는 의미심장한 영화 철학을 담고 있다.

(2)

성준 너랑 정말 인연이 있나보다.

배우 정말 이상한 일이에요. 왜 이렇게 감독님을 (우연히 여러 번) 만나지? 그 이유가 뭐지?

성준 그냥 본래 이유가 없는 거야. 근데 그냥 우리가 억지로 이유를 갖다 붙이는 거지. 그냥 이 조화로운 움직임들을 느끼며 살면 돼. 그게 착하게 사는 거야.

배우 이게 조화로운 건가? 뭐가 조화로워요. 난 이상하기만 한데.

성준 그 조화가 그러니까 창조한다는 뜻 있지, 그, 신통하다! 그런 뜻이야. 네가 말하는 조화가 아니야.

배우 '아, 웬 조화인가', 그런 거?

성준 그래 그래.

성준. 배우 (웃음)   (강조 필자)

영화사적으로 기억될 의미심장한 걸작 〈북촌방향〉이 다루는 테마는, 앞서 비유했듯이, '시간의 여행자 혹은 주재자로서 영화감독론'이라 할 만하다. 이 작품에는 홍상수 특유의 감독론이 곳곳에 영롱한 보석같이 알알이 박혀 빛난다. 성준은 서울에 올라와 북촌 길에서 어느 배우를 '우연히' 세 번 만나게 되는데, 두 인물 사이에서 위 같은 의미심장한 대화가 오간다. 여러 해석이 가능하겠지만, 위 인용문 (1)에서, 주인공 성준이 농담처럼 말한 바, 홍상수 영화의 삼 원소 "공기 남자 여자"는 인용문 (2)에서 '창조적 신통神通'과 '조화造化'라는 개념에 의해 철학적 깊이를 갖게 된다.

이 카페에서 영화인들 간의 대화에 연이어, 다음 날 성준이 북촌 길에서 며칠 사이에 세 차례나 우연히 만난 '배우'와 나누는 대화가 인용문 (2)이다. 간밤에 카페 술자리에서 나눈 "'우연'에는 어떤 이유가 없다."라는 말이라던가, 남녀 간의 우연한 만남을 이루는 원소는 "공기…… 남자…… 여자"라는 알쏭달쏭한 성준의 농담은 철학적 사유가 뒷받침된 진담이었음이 위 대화 (2)에서 밝혀진다.

위에 인용한 대화 중에 우연히 마주친 '배우'가 "(둘 사이의 '우연한 만남'을 두고서 성준이 '그냥 이 조화로운 움직임을 느끼며 살면 돼.'라는 말에 대꾸하듯이) 뭐가 조화로워요. 난 이상하기만 한데."라고 말하자, 성준은 "그 조화가, 그러니까, 창조한다는 뜻 있지? 그, 신통하다 그런 뜻이야. 네가 말하는 조화가 아니야."라고 말한다는 것. 이 말을 풀이하면, 배우가 성준이 말한 '조화造化'를 동음이의어인 '조화調和'로 오해하고 있음을 지적당하고 있을 뿐 아니라, 그 '조화造化'란 '창조한다', '신통하다'는 '그런 뜻'이라는 것을 분명하게 밝히고 있다는 사실.

이 대화문 (2)가 중요한 것은 홍상수 감독 스스로가 자신의 영화 철학의 근원을 자기 자아(ego, Ich)가 투사된 영화감독 성준의 말을 통해 스스로 밝히고 있기 때문이다. 바로 이 점에 있어서 〈북촌방향〉은 홍상수 영화의 심층의식을 이해하는 데에 특별하고 결정적인 구실을 한다. 아울러 〈북촌방향〉은 홍상수 영화의 독특한 형식인 중첩과 착종, 반복과 순환 그리고, 극중 영화감독 성준이 말하는 바처럼, '창조적이고 신통한 우연의 시간성' 문제에 대한 심오한 답을 은밀하게 보여주는 전위적인 걸작이라 할 수 있다.

〈북촌방향〉은 '시간의 예술'인 영화예술에서 시간의 반복과 중첩 즉 미래와 과거가 영화의 현재 속에서 혼입混入되고 하나[一]로 통합되어가는 독특한 스토리텔링을 새롭고 경이롭게 보여준다. 〈북촌방향〉이 흑백필름으로 연출된 사실도 감독의 영화 철학을 반영한 '시간의 현상학'에서 이해될 수 있다. 흑백필름은 컬러필름과는 달리 음양陰陽의 대립을 통해 '은폐된 스토리텔링의 원리로서 조화의 감각'이 강화되어 시간을 추상화-정신화함과 동시에 상징화-감각화하여 사유하게 하는 것이다.

또, 영화에서 시간의 반복과 겹침 또는 서사적 시간의 혼선과 탈선이 거의 어두운 밤에 이뤄진다는 점도 깊이 이해할 필요가 있다. 밤 시간대에 예전이 카페가 있는 골목길로 들어가는 뒷모습을 반복해서 보여주는 것도 시간의 반복성을 보여주기 위한 연출이지만, 스토리텔링 차원에서 예전의 뒷모습과 카페 골목길이 반복되는 신들은 동일한 공간의 반복이 아니라, 영화의 동일한 공간과 사태事態에 은폐된 이질적인 시간들의 반복과 중첩을 보여주려는 연출 의도로 볼 수 있다. 어두운 밤처럼, 은폐되고 반복 중첩하는 시간의 이질성을 보여주는 것.

4.

'신통' 혹은 '조화' 같은 동양의 유서 깊은 전통적 사유 개념들과, 홍상수 감독이 영화 연출 현장에서 실천적으로 '창조한' 여러 영상들의 증거로 보아, 홍상수 영화의 철학적 근원은 다분히 '마음'의 철학에 연원을 두고 있는 것으로 보이는데, 그것은 대승불교적 유심론만이 아니라 음양론이나 이기론을 토대로 한 기氣

철학 등이 합류한 독특하고 웅숭깊은 '마음[心]'의 철학에 기반해 있는 듯하다. 뒤에서 다시 적겠지만, 특히 수운水雲 동학의 '시천주 조화정侍天主 造化定' 사상은 홍상수 영화 철학과 썩 어울린다. 그 까닭은 무엇보다도, 홍상수 감독이 영화를 사유하고 연출을 수행하는 과정을 통해서 '창조적 신통'의 심오한 의미와 그 경지에 통관洞觀한 것으로 보이기 때문이다.

홍상수 영화의 내러티브에는 '창조적 신통'의 통관에 의해 세속적 시간 속에 보이지 않는 자연적 시간이 흐르게 된다. 〈북촌방향〉의 스토리텔링은 겉에 드러난 내러티브의 인과론적 시간 속에 '은폐된 자연의 시간'이 흐르고 있음을 은밀히 연출한다. 영화 속 현재에 과거와 미래가 한 장면 속에 겹쳐져 어우러진 채로 진행되는 기묘한 '자연의 시간성'이 은밀하게 드러나는 것이다. 이 시간성의 겹침과 뒤섞임 또는 어우러짐은 홍상수의 영화 철학이 시간의 근원으로서 무궁무진한 시간성을 사유하고 있음을 보여주는 것이다.

홍상수의 영화에서 창문을 열어젖히는 신이나 바다 혹은 파도의 시공간성이 강조되는 것도 영원한 시간성으로서 자연, 특히 대자연의 상징으로서 바다의 근원적 존재성을 통찰하기 때문이다. 이러한 삶에 근원적인 자연의 시간을 찾는 것은 타락한 세속성에 대한 자기 성찰을 보여주는 것으로 해석될 수 있다. 심리학적으로는, 마구 날리는 오염된 먼지 같은 리비도의 세속성에 대해 '무의식과 의식의 하나됨(全一性)'으로서 '정신'을 추구하는 것이다. 이러한 자연적-근원적 시간을 향한 영화 철학 속에서 추구되는 정신의 전일성은 〈북촌방향〉에서 '은폐된 내레이터'의 존재를 통해 수행된다는 사실을 주목하지 않을 수 없다.[15]

〈북촌방향〉에서 영화감독 성준은 표면적으로 '현재 벌어지는 이야기'의 내레이터를 맡고 있으면서도 동시에 이면적으로는 상상적 이야기에서의 '은폐된 내레이터'를 맡고 있기 때문에, 그 자신은 영화적 현실의 시간 속에 실존하는 인물면서도 상상적 시간 속에 존재하는 추상적 존재로서 '이중적 존재'이다. 극 중 주인공 성준의 관점에서 보면, 극 중의 현실 속에서 연기를 하다가 마찬가지로 극 중 자기 상상 속에서 또 다른 연기를 함께하는 것이다. 성준은 현실적 존재이면서 상상적 존재라는 자기모순과 아이러니를 '일인이역'으로 연기해야 한다. 홍상수 감독의 관점

---

15 '은폐된 내레이터'의 존재를 확인할 수 있는 신은 영화 곳곳에서 연출된다. 비근한 예를 들면, 영화 〈밤의 해변에서 혼자〉의 스토리텔링 중에서 비현실적-초월적이면서 인과적, 논리적 맥락 없이 생뚱맞게 나오는 특별한 장면들이 여럿 있다. 그들 가운데 영희(김민희)가 독일에서 선배와 산책을 하다가 작은 다리 앞에서 큰 절을 하는 장면에서, "내가 원하는 게 뭔지 그냥 기도한 거야. (……) 그냥 나답게 사는 거야. 흔들리지 않고……"라는 말을 한다거나, 바닷가에서 아무런 논리적 해명 없이 영희가 누군지 모를 '검은 옷의 남자'의 어깨에 떠매인 채 사라지는 장면, 영희가 도착한 호텔 룸의 바다가 보이는 거실의 유리문을 예의 '검은 옷의 남자'가 열심히 닦고 있는 장면은 스토리텔러 속에 숨은 '은폐된 내레이터'의 존재를 암시한다. 즉 표면적 내레이터가 주인공 영희라면 인과론적 사건 전개를 초월한 내레이터 곧 '은폐된 내레이터'가 활동하고 있음이 암시된다.

에서 보면, 주인공 성준은 스토리텔링에서 현실적 존재가 아니라 '은폐된 내레이터'로 비칠 수밖에 없다. 왜냐하면 이중적으로 은폐된 스토리텔링을 전개시켜 가다 보니 결국에는 홍상수 감독 자기Selbst의 화신 – '그림자Schatten'인 '은폐된 내레이터'로서 영화감독 성준의 존재만 남게 된 것이다. 이 말은 영화의 현실에서 주인공 성준이 자기 정체성에 혼란을 겪게 되었음을 의미한다.

　바로 성준은 현실과 상상을 오가다 보니, 영화감독으로서 자기 정체성의 혼란에 빠지게 된 것이다. 바꿔 말해 주인공 성준은 영화의 이야기를 이끌어가는 내레이터로서 자기 존재에 대한 혼란에 빠진다. 자신은 현실 속에서 실존하는가 혹은 상상 속에서 추상적으로 존재하는가. 때문에, 영화의 라스트신에 이르러, 북촌 길에서 우연히 마주친 영화 팬(고현정)의 카메라 앞에서 '피사체'가 된 성준은 당혹스럽고 어리둥절한 표정을 짓게 된다.[12][13] 실로 이 라스트신에서, 홍상수 감독의 심오한 영화 철학은 마침내 한국영화사에 길이 남을 득의得意의 명장면을 연출하게 된다.[16]

　피사체 성준은 주인공으로 실존하는 내레이터 성준이라기 보다, 영화의 무의식인 자연의 시간을 탐색하는 영화감독 성준의 추상적 존재 – '은폐된 내레이터'로서의 존재 – 이다. 추상적 존재가 현실 속의 구체적 존재와 뒤섞여 착종된 상태에서 영화 팬

16　홍상수 감독의 탁월한 통관력洞觀力이 빛을 발하는 장면이다.

[12]

[13]

의 카메라 앞에 피사체로 서게 된 것이다! 자신이 상상력으로 만든 구체적인 존재감이 없는 추상적 '은폐된 내레이터'가, 아이러니하게도, 피사체가 되어 카메라에 의해 '보이게' 되었기 때문에, 이 존재의 아이러니를 자각한 영화감독 성준은 은폐된 자아를 '보이는' 카메라 앞에서 당혹스러운 표정을 지은 것이다! 영화감독 성준의 이 얼굴 표정이 클로즈업되고 롱테이크로 잡힌 라스트신은, 다름 아닌 〈북촌방향〉의 내러티브에 '은폐된 내레이터'의 초상인 것이고,[17] 이 은폐된 내레이터의 초상은, 감독 홍상수의 의식과 무의식의 통합 상태로서의 실로 독보적 '영화 정신'의 알레고리인 것이다.[18]

모든 존재의 근원으로서 시간은 과거-현재-미래가 수없는 상호작용을 끊임없이 한다. 시간의 근원성은 필연적이거나 인과적이거나 분석적이거나 이성적이거나 선적線的인 것이 아니다. 우연은 근원적 시간성의 표현이다. 은폐된 내레이터로서 성준은 홍상수의 근원적 시간을 통관하는 '정신'이 빚어낸 존재이다. 앞서 말했듯이, 은폐된 내레이터는 비존재적 존재로 활동하기 때문에 카메라로 존재를 가시화한다는 것은 자기모순임을 깨닫는 것이다. 그래서 은폐된 내레이터인 성준이 북촌 길에서 우연히 마주친 자신의 영화 팬의 카메라 앞에 서서 포즈를 취할 때, 현실

---

17 내러티브의 관점에서 보면, 〈북촌방향〉이 품고 있는 중요한 형식적 특성은 성준의 내레이터 안에 자연의 힘과 자연의 시간을 대리하고 주재하는 '창조적인 신통력을 가진 존재'로서 '은폐된 내레이터'가 존재한다는 사실이다. 관객들은 영화의 이야기를 따라가면서도 이야기 속에 은밀하게 은폐된 이야기를 찾아야 한다. 은폐된 내레이터를 찾고 만나는 것은 존재와 시간의 근원성을 찾고 만나는 일과 다르지 않다. 이야기의 내레이터는 지방에서 서울 북촌에 놀러 와 우연히 많은 사람들을 만나고 옛 애인 집을 찾아간 과거의 영화감독 성준이지만, 이야기에 은폐된 내레이터는 영화 속에서 또 하나의 영화를 찍고 있는 현재의 영화감독 성준이다. 거장 이창동 감독의 걸작 〈버닝〉에서, 내레이터인 주인공 종수이면서 '은폐된 내레이터'가 소설가 종수로서 내러티브 안에 또 하나의 소설적 내러티브를 착종 잉태했듯이, 홍상수의 〈북촌방향〉에서는 내러티브 안에 또 하나의 영화적 내러티브를 착종 잉태하고 또 '창조'하고 있다.

18 '정신'에 대해서는, 이 책 93쪽 각주 32, 107쪽 각주 3 참조.

적 존재로서 자기 실존이 흔들리며 불현듯 자신의 낯선 존재감에 압도당한 얼굴 표정을 지었던 것이다. 이 '은폐된 내레이터'의 초현실주의적인 초상肖像—라스트신에 이르러 홍상수 영화가 이룩한 스토리텔링의 전대미문한 경이로운 미장센을 만나게 된다.

5.

해와 달이 뜨고 지는 하루의 변화와 춘하추동 계절의 변화는 세속적 일상성을 낳는 자연의 근원적인 힘이다. 세속적 일상은 자연의 힘에서 태어나고 잠시도 벗어날 수 없다. 하지만 해와 달과 별이 뜨고 지는 일이 진부한 일상성일지라도, '정신'은 자연의 목적을 간파하고 터득하게 된다. 가령, 지구가 해 주위를 한 바퀴 도는 '해의 길[黃道]', '달의 길[白道]', 한 해 동안 약 열두 번에 걸쳐서 해와 달이 만나는 하늘의 구역 '12진辰', 이 천문도의 구역 하나씩을 십이지지十二地支로 나누어 이름 붙이고 나면, 자연의 힘은 어떤 목적성을 갖고 있다는 천지자연의 진실을 깨닫게 된다. 인간의 삶과 죽음은 궁극적으로 '자연의 힘과 목적'에 지배받는다.

동아시아 특유의 역易 사상은 천지자연 그대로를 반영한 것이다. 역 자체가 자연이라 해도 무방하다.[19] 위로 하늘을 그린 양효陽爻 아래로 땅을 그린 음효陰爻 그 사이 중간에 사람을 그린 획이 모인 천지인 삼재三才를 기본으로, 팔괘八卦가 생기고 괘상卦象이 세워진다.[20] 역은 이 상象을 통해 '자연의 숨은 이치'가 관철되는 삶의 현재를 알고, 길흉화복의 미래를 점占친다. 천지자연 속 음양의 원리와 오행의 원리를 사유하게 되면, 자연의 힘은 그 자체로 '목적'을 갖고 있음을 알게 된다. 지난 5천 년 동안 동아시아인의 정신의 바탕을 이룬 역 또는 점복占卜은 음양의 변화 이치를 통해 사람의 삶에 작용하는 자연의 힘과 숨은 목적을 캐는 유서 깊은 '정신적 기술'이다. 점치는 행위를 통해 사람들은 자연의 힘과 목적을 예감하고 적응한다. 하지만 자연의 상(卦象)은 언어로 이루 다 설명되지 않는다. 순수한 목적지향성을 내포한 '정신'과 '영혼'만이 자연의 상을 통관할 수 있다.

역이 그 자체로 자연의 힘이고 자연의 목적을 보여준다면, 홍상수 영화의 무의식은 역과 서로 통한다. 어쩌면 홍상수 영화의 무의식에 숨은 한 의미심장한 원형의 상징을 역에 기대어 어느 정도 설명할 수 있을지도 모른다. 홍상수 감독이 직접 쓰고 연출

---

19 역易을 해자解字하면, '변화' '낮[日]과 밤[夕]의 기록' 혹은 '날[日]과 달[月]'(날과 달의 기록)이란 뜻이 있다. 이 음양 기운의 변화에 대한 기록이란 뜻과 함께 '괘를 통해 점친 기록(占卜卦辭)'이란 뜻이 있다.

20 양효와 음효가 서로 만나 삼획괘(소성괘, 팔괘)를 이루고 또 육획괘(대성괘, 육십사괘)를 이룬다.

한 걸작 〈북촌방향〉에서 극 중 영화감독 성준이 진지하게 하는 대사 중, '우연'은 '창조한다'와 '신통하다'라는 말과 동일하다는 말은 이와 연관성이 있다. 이 심오한 연관성을 이해하게 될 때, 비로소 또 다른 뜻깊은 홍상수의 걸작 필름 〈생활의 발견〉(2002)과 〈밤의 해변에서 혼자〉(2016)의 무의식과 홍상수 영화의 '정신'을 알 수 있을 것이다.[21]

홍상수 감독의 필모그래피에서, 특히 〈생활의 발견〉, 〈밤의 해변에서 혼자〉는 영화사적으로 중요한 의의를 가진다. 이 두 영화 속에서 홍상수 영화의 의식과 무의식의 심층을 보여주는 희귀하고 의미심장한 명장면들이 줄지어 발견된다. 이 두 걸작을 통해 기대할 수 있는 것은 대안적 영화 정신과 생명의 에너지가 샘솟는 새로운 스토리텔링의 가능성을 더듬을 수 있을지 모른다. 두 필름이 제작된 시간 차는 약 15년이다. 오히려 이러한 시간 차이 속에서 홍상수 영화가 추구하는 테마의 일관성과 특별한 정체성을 찾을 수 있을 뿐 아니라, 더 진전된 '작가 정신'의 내용을 만나는 즐거움을 누리게 된다.

먼저 〈생활의 발견〉을 살펴보기로 하자. 〈생활의 발견〉에서 내러티브에 담긴 남녀 간의 연애 이야기와 소소한 세속적 일상

---

21 제한된 지면상 영화 스토리 분석은 가급적 배제하고, 홍상수의 영화 정신을 엿볼 수 있는 스토리텔링에서의 특징들을 중점적으로 살펴보기로 한다.

사 등 진부한 줄거리 소개나 내용 분석은 피하기로 하고, '유역문예론流域文藝論'*의 관점에서 감독의 철학적 사유가 내러티브 속에서 응결된 미학적 포인트를 주목하기로 한다. 내러티브의 전개 속에는 몇 개의 철학적 의미가 깃든 포인트가 있는데, 무엇보다도 그 지점은 또다시 '우연'의 철학이 내러티브 창작의 뿌리를 이루고 있음을 보여주는 곳이다. 가령, 주인공 경수(김상경)가 선술집에서 화장실을 가기 위해 출입문 쪽으로 가는 중 느닷없이 선반에 놓여 있는 쟁반이 바닥에 떨어지는 장면[14]이 대표적이다.

내러티브 전개상 아무런 인과관계가 없이 '우연히' 느닷없이 사건이 일어난다. 이 장면은 맥거핀macguffin 효과라고 말할 수도 있으나, 철학적 주제의식이 담긴 '일별一瞥'의 장면인 것은 확실하다. 그런데 이러한 일상 속에서 소소하게 벌어지는 '우연'은 후에 〈북촌방향〉(2011)에서 재론되며 설명되고 있다.

[14]

영호　어떤 사람을 하루에 우연히 세 번 만난 적이 있어.

보람　아, 그래요. (……) 아후, 근데 나는 모르겠어요. 왜 이런 일이 일어나는 건지…… 근데 정말 이상한 일인 거 같아요. 난 이유를 알고 싶어.

성준　이유가 없죠.

보람　응?

성준　그러니까 이렇게 이유 없이 일어나는 일들이 모여서 우리 삶을 이루는 건데, 그중에 우리가 일부러 몇 개만 취사선택해서 그걸 이유라고 이렇게 생각의 라인을 만드는 거잖아요.

보람　생각의 라인요?

성준　예, 그냥 몇 개의 점들로 이렇게 이루어져서 그걸 그냥 우리가 이유라고 하는 건데…… 내가 예를 들어볼게요. 만약에 제가 이 컵을 이렇게 밀어서 깨뜨렸다고 해요. (사람들이 호응한다) 근데 이 순간, 이 위치에 하필이면 왜 내 팔이 여기에 있었는지 그리고 그때 난 왜 몸을 이렇게 딱 움직였는지, 사실 대강 숫자만 잡아도 수없이 많은 우연들이 뒤에서 막 작용을 하고 있는 거거든요. 근데 우리는 이 깨진 컵이 아깝다고 그 행동의 주체가 나라고 왜 이렇게 덤벙대냐고

욕하고 말아버리잖아요. (잔을 탁 내려놓으며) 내가 이유가 되겠지만 사실은 내가 이유가 아닌 거죠.

보람   그렇죠. 그 전의 우연들을 다 추적할 수는 없는 거죠. 그리고 그 우연들이 또 전의 우연들이 있는 거잖아요. 그러니까 현실 속에서는 대강 접고 반응하고 갈 수밖에 없지만 실체에서는 우리가 포착할 수 없이 그 수많은 것들이 막 상호작용을 하고 있는 거거든요. 아마 그래서 우리가 판단하고 한 행동들이 뭔가 항상 완전하지 않고 가끔은 크게 한 번씩 삑사리를 내는 게 그런 이유가 아닌가…….　　　　　　　　(강조 필자)

홍상수 영화에서 우연은 천지자연의 '창조적 신통력'이 작용한 결과이다. 천지자연의 시간이 인위적 시간에 선행하듯이, 우연한 시간은 인과적 시간에 선행하고 우연한 사건은 인과적 사건에 선행한다. '우연'은 "내가 이유가 되겠지만 사실은 내가 이유가 아닌 것"이고, "현실 속에서는 대강 접고 반응하고 갈 수밖에 없지만 실체에서는 우리가 포착할 수 없이 그 수많은 것들이 막 상호작용을 하고 있는 것"이다. 이러한 우연의 시간관은 〈생활의 발견〉에서 실제로 연출된다. 위에서 예시한 바처럼, 주인공 경수가 경주의 재래시장 선술집에서 선영(추상미)과 대화를 나누다 화장실에 가려던 참에 출입구 선반 위에 있던 물컵이 '우연히' 바닥에 떨어져 깨지는 장면이 그것이다.

보이지 않는 세속적 일상성에서 생명의 섭리를 직관하고 생명 에너지를 '발견'하는 것이 제목 〈생활의 발견〉의 메타포이며 영화의 주제의식이라 할 수 있는데,[22] 홍상수 감독의 스토리텔링에서 늘 우연한 사건이 인과적 사건에 선행하는 것은 그 때문이다. 인물의 관계와 사건의 상황과 사물의 존재에는 음양의 '조화造化', 즉 '신통함'이 은밀하게 작용하고 있는 것이다. (이렇게 보면, 모든 역사적 대사건도 세속적 일상성에서 은밀하게 상호작용하는 우연의 소산인지도 모른다.)

이 은밀한 천지자연의 '신통'과 '조화'는 인간의 심안心眼에 의해 자연의 힘이 작용한 '기미幾微'*로서 파악되고, 이 '기미'는 영화의 스토리텔링에서 '일별' 같은 은미한 형식으로서 '발견'된다. 앞서 예시한 〈돼지가 우물에 빠진 날〉, 〈강원도의 힘〉의 '창문을 열어놓는' 라스트신에서 보았듯이, '은미'의 형식을 통해 홍

22 홍상수 감독의 문제작 〈생활의 발견〉이라는 제목은 세속적 일상 속에 은미하게 작동하는 신통력의 발견으로 해석될 수 있듯이, 〈지금은맞고그때는틀리다〉에서 주인공인 영화감독 함춘수(정재영)에게 익명의 여성 팬이 자신이 쓴 시집을 선사하면서 속표지에 자필로 남긴 "함춘수 감독님. 언제나 감독님 영화를 즐겨 보고 있습니다. 우리의 삶의 표현에 숨겨진 것들의 발견만이 우리들의 두려움을 이겨내는 길이라는 생각에 공감합니다."라는 글귀도 바로 이러한 홍상수 감독의 영화 철학을 뒷받침한다.(강조 필자)

상수 영화는 자연의 신통과 조화의 '기미'를 연출한다. 간단히 말해, 자연의 힘과 조화는 '은미하게' 드러난다는 것이다. 그러므로, 이미 〈생활의 발견〉에서 연출된 '우연히 팔이 컵을 밀어 깨뜨리는 신'이 앞에 인용된 〈북촌방향〉에서의 영화감독 성준의 대화 내용에서 반복적으로 강조되고 있는 것은 조금도 이상할 게 없다.

세속적 일상성을 옹호하는 영화 철학으로서 자연의 신통과 조화는 본성적으로 '삼막극三幕劇' 같은 할리우드식의 기존 인과적 내러티브 구성이나 전통적 플롯 위주의 영화 문법은 부정된다. 그렇다고 내러티브의 인과적 사건 자체가 근본적으로 부정되는 것은 아니다. 자연이 보여주는 정확한 인과론적 질서와 조화도 자연의 본질을 설명하는 근본 요소다. 그럼에도 홍상수 감독은 특별한 인과적 사건은 스토리텔링의 중심이기보다, 오히려 자잘하고 진부하고 흔한 일상성 속에 은폐되어야 한다고 생각하는 듯하다.

역사적으로 엄청난 사건도 세속적 일상성에서 벗어날 수는 없다. 물론 그 역도 가능하고 옳다. 또한 인과적 사건은 세속적 일상성을 지배하는 자연의 신통과 '조화'의 힘에서 자유로울 수 없다는 것. 이러한 영화 철학적 사유로 인해, 홍상수 영화의 스토리라인은 직선이든 곡선이든 선적 형식을 갖추지 못하고 두서없거나 단속적斷續的이거나 소산疏散한 형식성을 띠게 된다.

일상성은 흔하기 때문에 보이지 않고, 보이지 않기 때문에 보이지 않는 형식을 통해 일상성의 진실은 드러난다. 그러므로 세속적 일상성은 본성적으로 보이지 않는 은미함의 형식을 찾는다. 그래서 음양의 조화가 작용하는 세속적 일상성의 은미한 지점, 혹은 귀신의 작용력이 드러나는 잘 보이지 않는 곳을 '발견'하는 시각이 긴요하다. 홍상수 감독은 이 보이지 않는 은미한 자연의 작용력을 볼 수 있는 정신의 힘을 가리켜 '생활의 발견'이라 묘사한다. 여기에는 주역의 원리인 '생생지리生生之理로서 귀신鬼神'[23]을 일상생활 속에서 바로 본다는 뜻이 내포되어 있다. 이것이 홍상수 영화의 스토리텔링 원리의 핵심이라 할 수 있다.

이 은미하게 작용하는 생생지리 즉 음양이 조화로운 힘으로서 귀신의 원리가 〈생활의 발견〉의 '은폐된 내러티브'에 작용한다. '부적 신', '무당이 점치는 신' 그리고 '굳게 잠긴 대문을 길게 클로즈업한 라스트신'에서, 천지자연을 관통하는 신통과 조화의 힘, 귀신의 힘은 깊이 작용한다. 특히 모두 7막으로 구성된 〈생활의 발견〉의 제7막인 '경수가 회전문의 뱀을 떠올리다'를 깊이 살필 필요가 있다. 이 7막의 제목은 그 자체로 우로보로스의 순환성을 상징한다. 선영은 호텔 방에서 경수와 정사를 벌인 후 잠이

---

23 『주역易經』의 「계사전繫辭傳」. 『주역』의 근본원리는 '生生之理'로 집약된다. 북송의 대철학자 소강절은 생생지리로서 역을 설명한다. '생생지리'는 귀신의 존재를 가리킨다.

든 경수에게 쪽지를 남긴다. 그 쪽지에 쓰인 문장은 아래와 같다.

"자연 현상은 언제나 우리에게 무심한 듯이 보입니다.
하지만 지금, 당신의 자는 모습과 푸른 새벽 기운이 섞여서
세상이 하나가 된 느낌입니다. 당신 속의 나! 내 속의 당신!"

호텔 방 정사 신에 이어 선영은 잠든 경수에게 위 쪽지 글을 남긴다. 쪽지 글의 뜻은 7막의 제목 '경수가 회전문의 뱀을 떠올리다'의 메타포에 대한 설명이다. 그 글은 다름 아닌 홍상수 감독의 심층적 주제의식인 '자연의 힘과 목적성', '자연의 시간성'을 간접적으로 보여준다. 여기서 짚고 넘어가야 할 홍상수 영화의 스토리텔링에서 늘 기억해야 할 사실은, 리비도의 일상성 특히 리비도와 '자연의 섭리'가 함께 맞물린 채로 움직인다는 사실이다. 호텔 정사 신에 이어서 선영이 남긴 쪽지 글의 내용이나 부적 신, 점치는 신이 이어지는 것은 홍상수 영화의 테마인 세속적 일상성의 자연철학적 성격과 의미를 깊이 반추하게 한다는 사실. 치졸하고 비열하고 부도덕하고 위선적인 삼류 배우 경수의 세속적 일상성은 관객들을 몹시 불편하게 하지만, 그 세속적 일상성 속에 '불가사의'한 자연의 힘과 목적성이 작용한다면, 얘기는 달라진다.

[15] [16]

　선영이 남긴 쪽지 글 내용이 혐오스러운 세속성에 작용하는 '자연의 힘과 자연의 목적성'을 보여주는 메타포라는 것은, 이 쪽지 글 신은 의미론적으로 또는 주제의식적으로, 경수가 선술 집에서 부적에 깊은 관심을 보이는 신,[15] 역易을 통해 선영과 선 영의 남편과 경수의 앞날에 펼쳐질 운명을 무당이 점치는 신,[16] 굵은 장대비와 천둥 번개가 내리치는 속에서 '선영네 집의 굳게 잠긴 대문'이 긴 시간 클로즈업되는 라스트신으로 연결되어 있 음을 자연스레 이해할 수 있다.

　'부적 신'은 '보이지 않는 자연의 조짐' 또는 '기미'를 연출하 는 의미심장한 신으로서 홍상수 영화가 은닉한 무의식의 특별 한 내용을 엿보게 한다. 이 부적 신을 간과하기 쉬운 까닭은 관 객들이 습관적으로 젖어 있는 전통문화에 대한 모종의 선입견 이나 편견이 방해하는 탓도 있지만 근본적으로 홍상수 감독의 연출 스타일 즉 세속적 일상성 속의 깊은 의미와 가치는 '은미한 형식'으로 연출되기 때문이다. 부적은 사악한 악귀를 쫓는 벽사僻邪의 상징이다. 벽사의 상징인 부적의 존재에 주인공 경수가 큰 관심을 갖는다는 것은 그 자체로 돌발적이지만 바로 불가사의한 상징을 향한 주인공의 돌발적인 관심과 의외의 사건 전개는 영화의 무의식을 드러내는 주요 포인트로서 주목할 필요가 있다.

우연히 선술집에서 마주친 부적을 유심히 본다는 것은 무슨 의미인가. 우선 주인공이 우연히 술집 벽에 붙어 있는 '부적을 본다'는 것은 '알 수 없는 세계를 본다'는 것이다. 마치 점을 보듯이. 부적을 보는 장면에 이어 무당의 점집에서 점을 치는 장면이 이어지므로 이 부적을 보는 장면은 플롯상의 복선으로 볼 수 있다. 그럼에도 이 장면이 의미심장한 것은 이 '부적 신'이 홍상수의 '근원의 철학'과 깊이 관련되기 때문이다. 우연한 상황에서 부적을 물끄러미 보는 신을 연출하는 것은 세상만사의 운행에 동정動靜하는 신통한 기미를 본다는 것이다. 이는 '은폐된 스토리텔러'인 감독이 '신통한 기미'를 통관하고 있다는 뜻이다. 그것은 천지 간에 보이지는 않으나 천지 간에 어디에도 관통하거나 관철하지 않는 데가 없는 신통한 기운을 포착하여 카메라로 표현한 것이다.

여기서도 홍상수 감독은, 선술집에서 부적을 쳐다보는 주인공의 시선을 옆 테이블의 남자가 자기 여자 친구에게 엉큼한 눈길

[17]

을 보내는 것으로 오해하여 시비가 벌어지는 장면을 잠시 보여주는데, 이러한 선술집 벽에 걸린 부적의 신령스러운 아우라 속에서, 세속 잡사와의 일상적 뒤얽힘을 빠트리지 않는 특유의 스토리텔링이 전개된다. 그것은 세속적 일상성과 그 일상성을 관철하는 초월적 신통력이 서로 상관적이라는 감독의 철저한 세속적 일상성의 철학에서 나온 것이다.

'부적 신'에 이어서 불륜에 빠진 두 남녀가 무당에게 점치는 신이 나오고, 두 남녀는 점쟁이의 점괘에 따라 헤어짐이 암시되고, 이내 천둥 벼락이 내리치는 하늘 아래 굳게 잠긴 대문을 클로즈업해서 길게 보여주는 라스트신이 연출된다.[17] 그만큼 '부적 신'은 귀신의 조화가 일으키는 '기미'의 상징이며, 영화의 무의식을 '일별一瞥'하게 하는 신으로서 중요한 신이다.

특히 '부적 신'에 이어지는 '무당집 신', 선영이네 대문을 길게 찍은 라스트신은 〈생활의 발견〉의 영화미학에서 시간의 존재론이 가지는 심오한 사유를 감추고 있다. 불륜 관계에 놓인 두 남녀 주인공들이 무당에게 점을 친 후, 경수는 무당집 앞에서 집에 두고 나온 지갑을 가지러 잠깐 다녀오겠다는 선영을 기다리며 비를 쫄쫄 맞고 있는 장면에 이어서, 무당이 내려준 점괘에 따라 집에 들어간 애인 선영은 이별을 암시하고, 세속의 시간은 무당의 점괘에 따르는 '낯선 초월적 시간'과 서서히 겹쳐지게 된다. 그것은 세속의 시간에 은폐된 자연의 시간의 드러남이다. 이 세속의 시간에 은폐된 자연의 시간을 발견하는 것이 홍상수 감독의 '시간의 존재론'일 터인데, 제목 〈생활의 발견〉은 이러한 특이한 시간론의 표현이다. 바람을 피우던 유부녀 선영이 자기 집에 들어간 뒤의 굳게 닫힌 집 대문을 길게 롱테이크로 보여주는 신은 홍상수 영화의 미학이 보여주는, 세속적 시간 속에 흐르는 '보이지 않는' 초월적 시간을 '보여주는' 명장면이라 할 만하다. 그것은 절대자를 상징하는 하늘에서 내리치는 장대비와 천둥 번개를 속수무책으로 맞고 있는 주인공을 통해 누추하고 비루한 세속적 시간성에 비닉된 초월적이고 절대적 시간성을 표현하고 있는 것이다.

주인공 선영이 무당집에서 점을 보고 나서 집 안으로 들어간 후, 굳게 닫힌 선영의 집 대문을 롱테이크로 길게 보여주는 것은 '보이지 않는 것을 보라'는 연출 의도가 숨어 있다. 사물의 형체

속에 은폐된 보이지 않는 존재성을 '가만히 길게' 보라는 것.

　'사물을 길게 보여주는 것'은 사물의 존재를 '마음[心]으로 보는' 관물觀物의 경지를 품고 있다. 한낱 무생물에 불과한 집 대문에서 '보이지 않는 무엇이 보이도록' 카메라는 길게 닫힌 대문을 응시한다. 그리고 영화는 끝난다. 대문에서 무언가가 보인다면, 그것은 굳게 잠긴 집 대문의 '은폐된 존재'와 서로 '신통하다'는 뜻이다. 바꿔 말해, '대문'에 은폐된 물성物性이 보인다는 것은 '대문'과 신통하다는 것이고 자연의 조화 속에 합해졌다는 뜻이다. 〈북촌방향〉에서 영화감독 성준이 "우연은 창조한다, 신통하다와 같은 말"이고 "조화"라고 했듯이. 낯익은 대문이 보이지 않는 낯선 물성을 우연히, 즉 신통하게 드러낸다. 곧 음양 혹은 이기의 기운이 서로 조화 상태로서의 '귀신',[24] 또는 보이지 않는 신통한 기운이 상像 또는 상징象徵의 형식을 통해 드러난 것이다.
　자연의 힘이 서리고 뭉쳐 사물의 형체를 생성하는 근원이 되기 때문에, 자연의 조화 곧 귀신의 조화는 사물의 몸체가 형성되는 숨은 이치이다. 카메라는 그 귀신의 조화를 보여주기 위해 가능한 긴 호흡으로 '선영의 집 대문'을 보여준다. 시간의 지속은 공

24　『주역』의 「계사전」 5장에 나오는 '생생生生을 가리켜 역이라 한다(生生之謂易)', 훗날 송宋의 소강절(邵雍, 1011~1077)이 귀신鬼神을 일러 '생생지리 生生之理'로 표현한 것을 인용한 것이다. 간단히, 生生은 '음양의 조화造化'를 가리키고, '음양의 조화 원리'를 가리키는 '귀신'의 다른 표현으로 쓴다.

간-형체의 변화를 낳는다.[25] 사전적 정의로 형체形體는 '생김[生]'이고 '생김새'다. 관객의 시각에서 보면 시간의 지속은 형체를 가만히, 깊이 보고서 저마다 형체를 달리 보는 것이다. 형체를 달리 보면 형체는 아우라를 갖는다. 형체는 시각적으로 변화의 기운을 낳는 것이다. 정확히 말하면, 낳고 또 낳는다(生生). 사물을 '생생하게' 만드는 것이다. 공자 이래 주자학 또는 성리학에서는 모든 사물의 생생함을 귀신의 조화로서 설명한다. 귀신은 낳고 또 낳는 이치 곧 생생지리生生之理이다.

　클로즈업된 채 롱테이크로 촬영된 '굳게 잠긴 대문 신'을 기존 영화론의 시각, 가령 프로이트의 정신분석학에서의 '언캐니(uncanny, Unheimlich)' ─ 친근한 대상에게서 낯설고 두려운 감정을 느끼는 심리적 공포심 ─ 개념으로 해석하는 것은 피상적이고 제한적인 이해에 그치게 된다.

　〈생활의 발견〉의 '대문 신'을 통해, 내러티브의 분석과 해석의 지평을 너머, 영화감독의 존재론에 대한 또 하나의 새로운 해석을 마련해야 한다. 이 '대문 신'에 이르러 극 중 내러티브 안에서

25　가령 〈다른 나라에서〉(2011)는 바로 이러한 홍상수 영화가 가진 '시간의 존재론'에서 연출된 특유의 스토리텔링의 시공간을 보여준다. 동일한 인물이 벌이는 동일한 사건은 하나의 인과율적 사건이 아니라 다양한 존재론적 사건들로 변주되어 표현되는데, 이러한 특이한 스토리텔링은 시간의 차별성-상대성에 따라 공간도 상대성의 지평에서 다르게 현상될 수밖에 없다는, 영화의 '시간에 따른 존재론'에서 비롯된다.

'은폐된 내레이터'가 불쑥 자기 존재감을 드러낸다. 은폐된 내레이터로서 감독은 세속적 감정과 본능의 작용을 넘어서 '선영의 집 대문'을 자연의 섭리에 의한 통관—관물觀物의 시각으로 보여준다. 곧 감독은 사물을 사물로서 볼 수 있는 존재(以物觀物)—사물을 '천지자연의 힘과 목적'이 낳은 사물로서 볼 수 있는 존재임을 드러내는 것이다. 아마도 이러한 홍상수 감독의 무의식적 직관을 포괄하는 깊은 사유와 통관력은 한국인의 오래된 집단무의식의 원형—무의식의 깊은 뿌리인 '무巫'의 작용으로 해석될 수 있을 것이다.

그러므로 의식과 무의식을 통합하는 '정신'의 존재가 중요하다. 스토리텔링의 겉 내러티브가 감정과 리비도에 지배받는 세속적 인물들의 이야기임에도, 은폐된 내레이터의 존재는 그 속물들의 생활 세계를 움직이는, 보이지 않는 자연 질서와 이치가 작용하고 있음을 보여준다. 대학교수나 지식인, 예술가 특히 영화감독 등 '스토리텔링에서 드러난 내레이터'들이 자아에 집착하는 소아小我에 머물러 있는 세속적 존재들인 반면, 이러한 세속적 인간의 감정과 욕망과 의식에 작용하는, 또는 우연이나 운명을 움직이는 생활의 이치를 사심私心이나 꾸밈없이 통찰하는, 대아大我적 존재로서 '정신'을 보여주는 것이다.

6.

　〈밤의 해변에서 혼자〉의 주인공 영희(김민희)는 배우이다. 영희는 유부남인 영화감독(문성근)을 향한 사랑의 열병을 앓고 있다. 그러나 이러한 관계 설정은 세속적 일상성의 외피를 보여줄 뿐, 주제의식은 세속적 시간 속에 흐르는 자연의 시간에 관한 것이다. 〈밤의 해변에서 혼자〉에서 강릉의 한 호텔에 투숙하게 된 영희가 호텔 방에 들자 '보이지 않는' '검은 옷 입은 남자'(박홍열)가 바다 쪽으로 난 거실의 유리문을 닦고 있다. 검은 옷 입은 남자가 유리를 닦는 와중에 영희가 유리문을 여는 신이 이어진다.[18] 예의 바다로 상징되는 자연의 시간과 원활히 소통하는 이미지라 할 수 있다. 〈돼지가 우물에 빠진 날〉, 〈강원도의 힘〉에서의 라스트신이 '창문을 활짝 열어' 자연의 힘과 소통疏通하는 이미지이듯이. 〈밤의 해변에서 혼자〉의 1~2막에서 등장하는 '검

[드르륵, 탁]

[18]

은 옷 입은 남자'는 인간의 눈엔 보이지 않는 존재이면서, 유리문 안쪽 거실에 있는 인물들이 '바다와 서로 소통하고 교감할 수 있도록' 유리문을 깨끗이 닦는 존재라는 사실.

이는 1막에서 영희가 검은 옷의 남자를 처음 만나는 곳이 독일의 호숫가이듯이, 검은 옷 입은 남자는 호수나 바다와 같이 자연의 근원으로서 '물'의 영혼을 은유한다. 특히 '검은 옷 입은 남자'는 영화의 시간관 차원에서 보면 자연의 시간, 그중에서도 특히 광활하고 무한한 바다가 상징하는 '원시적 자연의 시간'을 세속 인간들에게 애써 전하는 자연의 전령傳令이자 정령精靈의 메타포다.

바다를 배경으로 영희가 이틀간 묵을 호텔 방의 거실 유리창을 열심히 닦고 있는 정체 불명의 '검은 옷의 남자'는 내러티브의 인과율적 서사와는 무관한 초월적 존재로서, 그 자체로 새로운 은폐된 내레이터의 존재를 '시각적으로' 드러내고 있다. 그 은폐된 내레이터로서 '누군가'의 존재는 영희가 묵을 호텔 방 안의 바다로 향해 난 유리문을 열심히 닦아줌으로써 대자연 바다와 영희의 심혼心魂은 하나로 통하게 되는 것이고, 초월적 존재로서 영매靈媒 역을 맡고 있는 것이다. 이는 홍상수 감독의 세속적 일상성의 철학 속에 든 무위자연의 철학을 명료하게 보여주는 특이한 신이다.[19]

164

[19]

　특히 해변에서 극 중 영화배우인 영희가 '해시계'를 비유하는 나무 막대기[26]를 모래사장에 꽂아놓고서 바닷가에서 누워 잠든 장면은 홍상수 영화의 '시간의 미학'을 보여주는 심오하고 아름다운 미장센이다.

　영희는 해변에서 '우연히' 과거에 함께 일하던 영화 제작 스텝을 만나고 애타게 사랑하는 유부남 감독 상원과 해후하여 영화를 화두 삼아 격한 대화를 나누는 꿈 장면이 이어진다. 이는 영희의 무의식에 흐르는 '자연의 시간'이 '영화의 시간'으로 연결되고 서로 소통되는 것을 보여준다. 스토리텔링에서 보면, 반복 순환하는 '시간의 원리'를 시사하는 시퀀스로서 해석될 수 있다.

---

26 영희는 해변에서 주운 나무 막대기로 모래 위에 그리운 사람의 얼굴 모습을 그리고 나서 막대기를 해변에 꽂아둔다. 막대기는 사랑하는 연인을 그리워하는 영희의 고독한 일상성의 시간을 표현하는 도구이면서, 원시적 대자연의 시간을 비유하는 해시계의 상징이다.

그렇기 때문에 엔딩 신에서 같은 장면이 반복적으로 연출되고, 꿈과 현실 즉 자연의 시간과 인위의 시간이 순환하듯이 반복된다. 바닷가에서 배우가 막대기 해시계를 꽂아두고 누워 잠든 아름다운 미장센에 영화예술에 대한 홍상수의 미학과 연출 원리가 암시되어 있는 것이다.

'배우' 영희가 해변에서 나무 막대기를 꽂아두고 잠이 든 장면은 홍상수 영화의 무의식을 아름다운 상징으로 드러낸다. 특히 그리운 연인의 얼굴을 모래사장에 그리던 막대기가 다름 아닌 해변에 꽂아놓은 해시계의 상징으로 변한 것이다. 막대기가 해시계로 변화하니, '자연의 시간'이 아름다운 상징으로 드러나는 것이다. 파도의 무한 반복 이미지와 꽂아놓은 나뭇가지의 해시계 이미지는 자연의 순환을 상징한다. 하지만 시계時計는 속세적 시간의 상징이다. 자연의 시간은 구체적으로 설명할 수 없는 상象과 수數로 추상되는 상징일 따름이다. 그러므로 바닷가의 '해시계'

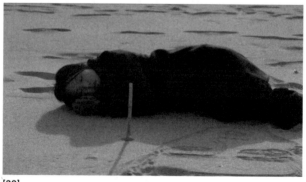

[20]

곁에 잠든 주인공의 이미지를 통해 '자연의 시간'에 안긴 세속적 인간의 이미지를 연출한다.[27] [20]

바다가 상징하는 시간성은 홍상수 영화의 주요 형식인 '반복과 순환'의 연원淵源인 것이다. 홍상수 영화에서 반복과 순환의 형식은 기법이 아니라 '보이지 않는' 자연의 형식에 속한다. 해시계를 꽂아두고 잠든 주인공을 찍은 카메라워크는 다름 아닌 감독 자신의 심층의식을 보여주는 시퀀스인 것이다. 심리학적으로 이 '해변 신'은 감독 홍상수의 은폐된 영혼 곧 아니마anima의 상징적 이미지로 볼 수 있다. 감독의 무의식 속에 은폐된 '바다' 같은 대자연의 여성성, 곧 '은폐된 내러이터'로서 감독의 무의식이 투영된 '정신psyche' 혹은 영혼Seele의 상像인 것이다.

여기서 우리는〈북촌방향〉의 라스트신에서 보여준 '은폐된 내레이터'로서 근원적 시간을 통관하는 홍상수 감독의 '정신의 초상'에 이어,〈밤의 해변에서 혼자〉의 주인공이 해변에 누워 꿈꾸는 신에서 '은폐된 내레이터'로서 감독의 아름다운 '영혼anima의 초상'을 보게 된다.

---

27 영화는 '시간의 예술'인 점을 전제할 때, 홍상수 영화 형식에서 내러티브의 '불합리한' '무위자연의 시간'에 대해 소위 삼막극 등 기존 내러티브의 '합리적인 시간성'을 비교하는 것은 그러한 의식 자체가 세속적 편견에서 벗어나지 못하는 의식의 한계에 불과하다.

고단한 세속적 일상을 살아가는 주인공 영희가 해변에서 잠든 이미지의 이 영상은 우주 자연의 시간과의 합일 상태를 은유한다. 홍상수 영화는 세속적 일상과 천지 간 자연과의 합일을 추구하는 것이다. 심리학적으로는, 의식의 뿌리인 무의식과 조화로운 경지에 이른 것이다. 무의식과 의식이 상호간 억압 관계에 놓인 신경병적 상태[28]가 아니라 의식의 근원이 무의식임을 자각하고 의식을 낳은 무의식과 서로 간 '한 마음[一心]'이 되는 경지. 그래서 〈밤의 해변에서 혼자〉의 주인공 영희가 바닷가에 누워 막대기를 해변에 꽂아놓고 잠이 든 아름답고 강렬한 시퀀스가 반복적으로 연출된다. 의식은 무의식의 바다 위에 떠 있는 섬으로 비유된다. 바다는 무의식의 상징이다. 아울러, 바다는 영원회귀永遠回歸하는 대자연의 상징이다. 그러므로 주인공이 저녁 어스름이 깔리는 해변에 혼자 누워 꿈꾸는 시퀀스는 의식의 무의식과의 대화이며, 의식의 모태인 무의식 또는 심원心源[29]으로의 의식의 회귀를 의미한다.

　　홍상수 영화의 공간을 이루는 바다는 위대한 '모성'의 상징으로서 무의식으로의 회귀 그리고 자연의 시간과의 합일을 상징한

---

28 정신분석학은 무의식이 주로 의식에 의해 억압된 내용으로 이루어지고 무의식과 의식이 억압적 관계에 있다고 본다. 기본적으로 무의식의 창조성이 무시된다.

29 심원心源은 대승불가적 개념으로서 '일심지원一心之源'. 원효 스님의 유식학唯識學의 중심 개념 중 하나이다.

다. 이런 관점에서 〈밤의 해변에서 혼자〉를 보면, 홍상수의 영화 철학이 대승大乘적 유식론에 닿아 있으며, 그가 의도했건 안 했건, '개벽開闢적 비전'을 보여준다. 특히 스토리텔링이 지닌 상징성으로 보건대, 모성의 상징인 바다의 곁에 누워 잠든 주인공 이미지는 음개벽陰開闢의 상징성을 가진다. 그것이 비의도적 상징성이라면, 오히려 그 비의도적 상징성은 감독 홍상수의 절실한 심리의 표현이랄 수 있다.

7.

홍상수 영화를 모사模寫한 여덟 폭 병풍 중 일곱째 화폭에 이르니, 첫눈에 번쇄煩瑣한 느낌이 든다. 방종한 주인공들의 자질구레한 세속성이 어수선한 채로 '사실 그대로' 그려진다. 세속적 일상성을 가능한 '자연 상태로' 보여주는 연출 방법, 이러한 스토리텔링은 필시 '리얼리즘'의 범주로는 포용되기 힘든 트리비얼리즘trivialism으로 흐를 수밖에 없다. 그럼에도 데뷔작 〈돼지가 우물에 빠진 날〉에서부터 홍상수 감독은 자신의 독특한 트리비얼리즘을 스토리텔링의 주요 원칙으로 선언하고 있었던 듯하다.

[21]

이 전화 받는 신[21]에서 주인공 보경의 전화 내용이 중요한 것이 아니라 그 배경 공간이 중요하게 다뤄지고 있음은 명약관화하다. 굳이 아름다운 주인공을 저러한 낙서투성이의 잡다하고 너절한 무대 배경 앞에 세울 까닭이 무엇인가. 그것은 이 신이 보여주는 공간 배경 자체가 홍상수 영화의 주요 스토리텔링 구성 방식이자 원리인 '세속적 트리비얼리즘'을 시각적 상징으로 드러내기 위한 것이다. 이 점에서 이 신은 홍상수 감독의 연출 의도가 담긴 의미심장한 미장센이라 할 수 있다.

그러나 중요한 것은 트리비얼리즘 자체가 아니라, 사소한 일상성이나 자질구레한 세속성을 연출하는 홍상수 감독의 스토리텔링이 어떠한 영화 철학적 사유에서 나오는가를 이해해야 한다는 점이다. 감독의 사유와 연출, 영화 철학과 스토리텔링이 서로 하나로 합일되는 실천적 내용을 이해할 때, 비로소 향후 '대안적 영화론'의 지평에서 홍상수 영화가 지니는 어떤 소중한 의미와 가치를 가늠할 수 있을 터이다.

　그러므로 홍상수 감독의 트리비얼리즘을 연출하는 특유의 스토리텔링을 먼저 주목할 필요가 있다. 앞서 예시한 〈생활의 발견〉의 '대문 신'에서 보여준 '롱테이크' 기법, 동일 공간이나 비슷한 사태를 병치와 대비[30] 또는 반복, 사소한 사물이나 사태들

---

30 가령, 홍상수의 다섯 번째 작품인 〈여자는 남자의 미래다〉(2004)에서 축구장에서 미대 강사인 문호(유지태)가 가르치는 남학생이 가져다준 머플러를 목에 두른 후, 상상 속에서 여학생이 붉은색 머플러를 둘러주는 신을 병치竝置하고 서로 대비한 것은 극히 미세한 일상성에 작용하는 미묘한 심리를 보여주는 트리비얼리즘적 연출로서 주목할 만하다. 이외에도 동시적이면서도 대동소이한 차이를 보여주는 '동일 공간의 장면'들의 병치와 대비는 영화 곳곳에서 보인다. 홍상수 영화의 스토리텔링은 '시간'의 존재 형식 속에서 사건이 벌어지는 장소 즉 '공간'의 존재 형식이 차이가 날 수밖에 없다는 철학적 사유의 산물이라 할 수 있다.
이러한 시간의 존재론 차원에서 보면, '기억의 차이'에 따른 '시간'의 상대성은 동일한 사건을 상대적 이질성의 지평에서 상상하게 만든다. 홍상수 영화에서, 가령 〈여자는 남자의 미래다〉에서 중국 식당 내부의 헌준(김태우)과 문호(유지태)가 앉은 테이블과 유리벽 너머 거리 장면을 동일한 구도로 되풀이하여 보여주는 시퀀스들, 〈클레어의 카메라〉에서는 해변 신과 레스토랑 바깥에 차려진 테이블과 의자 장면의 반복, 프랑스 여성 시인이자 포토그래퍼인 클레어가 소 감독(정진영)과 영화사 대표 양혜(장미희)를 대상으로 즉석에서 폴라로이드 사진을 찍고 나서, 그들에게 사진 속 인물과 현재의 그들 모습은 '서로 다르다'고 반복해서 설명하는 장면 등에서, 동일 공간 비슷한 사건의 반복을 통한 시간의 상대적 이질성 문제는 의미심장하게 제시된다. 사진에 찍힌 '인물을 중심으로 한 공간의 아우라'는, 존재의 지평에서 보면, '시간의 아우라'라고 할 수 있다. 시간의 변화를 감각적으로 경험하게 될 때, 사진은 사실의 공간적 재현이 아니라, 시간적 존재로서 삶의 새로운 지평이 열리게 한다. 영화 제목 〈클레어의 카메라〉에서 이미 암시되고 있듯이, 클레어의 답변처럼 "(무언가를 바꿀 수 있는 유일한 방법은) 모든 것을 아주 천천히 다시 쳐다보는" 카메라워크가

을 보여주는 트리비얼리즘적 카메라워크 등은 앞서 살핀 바와 같이, 일상성 속에서 미묘하게 작용하는 자연성을 드러내려는 연출 방법론의 일환이라 할 수 있다. 롱테이크, 병치와 대비, 트리비얼한 연출 시각은 일상적 세속성을 근원적 자연의 힘 또는 기氣와의 연관성 속에서 성찰하도록 관객들을 이끄는 홍상수 특유의 스토리텔링 방법론인 셈이다.

이들 스토리텔링의 형식이나 방법론은, 영화 〈클레어의 카메라〉(2016)에서 사진작가인 주인공(이사벨 위페르)의 말을 빌리면, "무언가를 바꿀 수 있는 유일한 방법은 모든 것을 아주 천천히 다시 쳐다보는 것입니다."라는 특별한 영화연출론을 함축적으로 대변한다. 무의미한 일상성을 의미 있는 '무언가'로 바꾸는 '유일한 방법'은 "아주 천천히 다시 쳐다보는 것"이라는 것이다. 그렇다면, 여기서 의문이 생긴다. 홍상수 감독의 입장에서 보면, 번쇄한 일상성에 작용하는 '자연의 힘'을 보여주는 것이 '무언가를 바꾸기' 위한 연출 방법론일 텐데, 과연 트리비얼리즘에 입각

중요하다.

클레어의 이러한 말은 홍상수 영화 특유의 스토리텔링을 이해하는 데 아주 긴요한 포인트이다. 이를테면, 홍상수의 영화에서 반복, 병치, 대비-대조, 클로즈업 혹은 롱테이크로 촬영된 특정 공간은 동일한 공간 속에 잠재된 시간의 이질성을 보여주기 위한 특유의 영화시간론에서 비롯된다. 이는 겉보기엔 동일한 공간의 표현이지만, 속으로는 동일 공간이 세속적 시간에 의해 은폐된 공간의 이질성 또는 초월성을 '탈脫은폐'하려는 연출 기법인 것이다.

한 연출 방법론이 '보이지 않는' 자연의 힘 또는 측정이 힘든 기氣의 조화造化를 파악할 수 있다는 충분한 근거가 있는가.

과학적 근거는 아닐지라도 홍상수 감독은 심리적 근거, 즉 마음[心]에서 충분한 근거를 찾아서 보여준다. 보이지 않는 자연의 힘 또는 기운을 파악할 수 있는 능력은 다름 아닌 '마음가짐'에 달려 있다. 이 '마음가짐'의 중요성을 깊이 사유하고 있기 때문에, 영화 곳곳에서 '착한 마음', '좋은 사람'은 반복적으로 강조된다. 등장인물들의 인과적 관계 속 인물들의 대사에서 '마음'의 중요성을 강조하는 여러 장면들 이외에도, 카메라워크 특유의 트리비얼리즘은 아무런 인과관계도 없이 독립된 장면을 통해 마음가짐의 소중한 의미와 가치를 강조한다. 초기작 〈강원도의 힘〉에서 가령, 대학교수이자 유부남인 주인공 상권(백종학)이 설악산 여행 중 속초 낙산사에서 '기와 불사器瓦佛事'를 하는 장면이 나온다. 상권은 '어머니 건강하세요 이지숙'이라고 쓴 기왓장을 우연히 발견하는데,[22] 이 신에서 밀애 관계에 있는 제자인

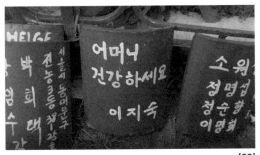

[22]

이지숙(오윤홍)이 조금 전에 '기와 불사'를 했다는 사실이 밝혀진다.

이 신은 감독의 연출의식의 심층을 잘 드러내 보이는데, 우선 이 '기와 불사 신'이 영화의 끝부분에서 후일담 형식으로 스치듯이 나온다는 것이다. 이는 인과적 상관성으로 사건을 전개하는 것이 아니라, 사소한 일상의 파편 속에 어떤 불행한 사건이 내밀하게 연결되어 있다는 관점과 긴밀한 연관성이 있다. 사건은 세속적 일상의 파편성 속에 내재화되는 것이다. 더 중요한 사실은 부처님 전에 올리는 간곡한 기도가 세속적 일상성 속에 '은폐된 형식으로' 연출된 장면이라는 점. 이는 세속적 일상성에 미치는 자연의 힘은 인과적 연결고리가 아닌 '우연'의 형식이나 일상성 속에 '은폐된 형식'을 통한 '마음'으로 표현된다는 사유를 반영한다.

기와 불사는 부처님의 가르침과 불심이 깃든 경배 행위이다. 사소한 듯이 연출되었으므로 관객들은 사소한 신으로 지나치기가 쉽다. 그러나 이 사소함에 홍상수 영화의 심층 테마가 은폐되어 있다. 소소하고 찰나적인 세속적 일상의 파편성은 그 자체에 웅숭깊은 사연들이 연결되어 있다는 사유의 표현인 것이다. 존재는 보이지 않는 수많은 힘에 의해 지탱된다는 연기緣起의 관점. 홍상수 영화에서 인과성을 상실한 파편화된 일상성의 장면이나 특정 형상들은 그 자체로 내밀한 인연이 작용하고 있는 장면이요 형상이라는 뜻이 내포되어 있다. 따라서 카메라의 트리비얼

[23]   [24]

리즘은 홍상수의 영화 철학의 산물이다. 인과적 연결이 없이 낙산사의 기와 불사 신이 나오고, 서울의 동네 사찰에 모신 거대한 불상이 반복해서 나오는 것은 그 화면과 불상 자체가, 인과론적 인과관계와는 무관한 자연의 근원으로서 '마음'의 상징임을 보여준다. 그래서 마음이 자연의 본원이기 때문에 홍상수 영화에서 '마음가짐'이 반복해서 강조되는 것이다.

특히 〈지금은맞고그때는틀리다〉에 나오는 야밤에 딸 희정(김민희)의 귀가를 기다리던 엄마 덕수(윤여정)가 집 앞의 동네 사찰 마당의 대불상을 향해 기도하는 장면[23] [24]은 홍상수 감독 특유의 트리비얼리즘이 빛나는 미장센으로 주목되어야 한다.

홍상수 영화에서 시시각각 변하는 주인공들의 감정은 갈피를 잡을 수 없다. 그럼에도 스토리텔링은 줄곧 알 수 없는 감정을 따라간다. 중요한 사실은, 일상적 감정은 갈피를 잡을 수 없이 변화하는 것이지만, 곳곳에서 스치듯 지나가는 비근한 일상성에 불심의 '마음', 경건한 '마음가짐'이 은폐되어 있다는 것이다.

〈지금은맞고그때는틀리다〉에서, 늦은 밤에 딸의 무사 귀가를 기다리던 엄마는 마침 딸이 귀가하자 딸과 함께 대문 안에 들어가다가, 깜박 잊었다는 듯이, 곧장 대문 밖으로 도로 나와 집 앞에 있는 동네 사찰의 대불상大佛像을 향해 두 손 모아 경배敬拜하는 신은, 한국인의 전통적 삶 속에서 면면히 이어져온 이러한 일상성 속의 비근한 종교의식이 '일별一瞥의 형식'으로 표현된다. 그리고 또한 주목할 것은 집 안에 들어갔다가 깜박 잊었다는 듯이 다시 밖으로 나와 불상을 향해 경배하는 엄마의 모습이다. 이엄마의 사소한 세속적 일상성이 홍상수 감독의 트리비얼리즘의 본질을 보여준다는 점이다. 엄마의 흔해빠진 일상적 경배 행동 속에 미묘하게도 불심이 진심으로 전달되는 것이다. 엄마의 독실한 마음이 느껴지는 경배 장면에 뒤 이어서, 카메라워크는 희정이 사는 서울의 평범한 주택가에 위치한 '사찰 대불상 신'을 장엄한 범종梵鐘 소리와 밝고 맑은 배경음악과 더불어 롱테이크 신으로 연결한다. 홍상수 영화 연출의 트리비얼리즘의 목적이 뚜렷이 표현된 특출한 명장면이라고 하지 않을 수 없다. 다시 말하건대, 이 장면은 관념적인 종교심이나 고담준론이 만들어낸 마음이 아닌, 일상화되고 육화된 마음을 보여주는, 홍상수 특유의 트리비얼리즘의 진실과 본질을 드러낸다고 할 수 있다. 이러한 홍상수 특유의 연출 장면은 우리가 흔히 저급하고 부정적으로만 여겨오던 일상성의 트리비얼리즘을 새로운 심오함의 미학으로 변신하게 한다. 트리비얼리즘의 역설 혹은 아이러니. 영화미학 차원에서 보더라도, 이 장면은 세속적이면서도 대승적인 정신이 낳은 특출한 미장센으로서 한국영화사는 오래 기억해둘 만하다.[31]

　　경건한 종교심이나 '착한 마음'이 작용하는 세속적 일상성의 소중한 가치를 인정한다고 하더라도, 과연 경건한 마음이나 '착한 마음'이 자연의 힘을 움직일 수 있는가. '기와 불사 신'과 '어머니가 불상을 향해 경배하는 신'이 보여주는 일상화된 정성 어린 마음 혹은 소소한 착한 마음들이 어떻게 거대한 '자연의 힘'을 바로 보고 자연의 힘에 능히 통하는 주체가 될 수 있는가? 아마도 이 의문이 홍상수 영화에 대한 마지막 철학적 질문이 될 듯싶다.

　　홍상수 영화가 말하는 바대로, 진부하고 번쇄한 세속적 일상성 속에서 신실信實한 '착한 마음'을 '발견'한다는 것은 곧 자연의 힘

---

31 〈강원도의 힘〉에서, 낙산사에서의 '기와 불사' 장면과 〈지금은맞고그때는틀리다〉에서, 깊은 밤에 집 앞에서 희정을 기다리던 어머니는 마침 딸이 귀가하자 함께 대문 안으로 들어갔다가 곧바로 다시 나와 집 앞의 사찰에 모셔진 거대한 불상을 향해 경건하게 합장하고 다시 들어가는 신. 이 불상을 향해 절하는 신은 인과적-합리적 스토리텔링과는 아무런 상관이 없이, 그저 '세속적 일상성'으로서 佛心의 표현일 뿐이다. 하지만 '은폐된 내레이터'의 시각에서 보면, 홍상수 감독의 眞俗一如의 '一心' 사상 그리고 의식과 무의식을 통합하는 '心源'의 심리학-유식학唯識學을 '일별'의 형식으로 엿보게 하는 특별하고 심오한 미장센이라 할 수 있다.

과 신통했다는 뜻이다. 자연의 힘과 신통하다는 것은, 종교 차원에서 말하면, 내 마음이 '한울'의 힘과 신통하다는 뜻이다. 시천주조화정侍天主 造化定.[32] 동학의 2대 교주이신 해월 최시형 선생은 자연의 힘[氣]과 인간의 마음[心]과 '귀신鬼神'의 상관관계를 이렇게 논설한다.

> 움직이는 것은 기운이요 움직이고자 하는 것은 마음이요 능히 구부리고 펴고 변하고 화化하는 것은 귀신이니라
> (動者 氣也 欲動者 心也 能屈能伸 能變能化者 鬼神也).

> 기운을 바르게 하여 마음을 편안히 하고 마음을 편안히 하여 기운을 바르게 하라. 기운이 바르지 못하면 마음이 편안치 못하고 마음이 편안치 못하면 기운이 또한 바르지 못하니 그 실인즉 마음도 또한 기운에서 나는 것이니라(正氣安心 安心正氣 氣不正則 心不安 心不安則 氣不正 其實則 心亦生於氣也).[33]

자연의 힘 곧 기氣가 마음을 낳고 움직이는 것이다. 홍상수 영화의 주인공들은 비속한 일상성 속에서 방황하지만, 그 방종하는 일상성은 설악산으로 표상되는 '강원도의 힘'이나 동해 바닷가로

---

32 홍상수 감독이 말하는 '造化'의 깊은 의미는 동학사상에서 찾아진다. '용어 해설' 247쪽 참조.
33 해월 최시형 「법설」에서 인용; 『동경대전』 참조.

상징되는 '자연의 힘' 속에 존재한다.[34] 그것은 자연의 품 안에서 변화하는 '마음'의 가능성 문제이다. 홍상수 영화의 대표적인 미 장센은 보이지 않는 자연의 힘을 귀신의 작용 즉 조화의 '기미'로 서 드러낸다. 불상 같은 종교적 상 또는 상징은 궁극적으로 자연 의 근원적 힘을 표상한다. 그러므로, 홍상수 영화가 추구하는 '마 음'의 논리는 해월 선생의 법설 속에서 그 훌륭한 설명을 찾을 수 있을 것이다. 홍상수의 후기작 가운데 〈그 후〉(2017)에서 이 자 연의 힘과 한 몸이 된 '착한 마음(侍天主)'을 '하느님'에 빗대서 표 현하는 장면이 나온다.

주인공 아름(김민희)은 첫 출근한 날 느닷없이 불륜녀로 오해 받고 봉변을 당하고 나서 출판사 사장의 나약하고 비열한 수작 에 결국 출근 당일 억울하게 해고된다. 직장을 잃은 아름은 늦은 밤 택시를 타고 귀가하는 중, 택시 기사와 대화를 나눈다. 마음이 착한 아름이 귀가하는 택시 안 장면은 홍상수의 영화가 깊숙이 품고 있는 맑고 그윽한 '자연의 기운'이 어려 있다. 영화 속 출판 사 사장에게서 받은 혼탁한 세속적 기운-우울한 감정이 아름과 택시 기사 간의 소소한 대화 속에서 상서로운 기운-밝은 감정으 로 변한다. 이때 타락한 도시의 밤하늘에 갑자기 쏟아지는 눈은 상서로운 '자연의 기운'을 상징한다 해도 좋다. 홍상수 감독은

---

34 정확히 말하면, 홍상수 영화의 세속적 일상성은 '자연의 힘의 발견 가능성' 속에 있다.

모든 것은 하나님이시고

[25]

이 '택시 신'에서 주인공 아름의 착한 마음을 통해 '자연의 힘' 그 자체인 '하느님'을 호명하고 간절한 기도를 올리도록 한다.[25]

> **택시 기사** 책 읽으면 사는 데 도움이 됩니까?
>
> **아름** 조금은 되겠죠…….
>
> **택시 기사** 네. 아, 책을 안 읽어서.
>
> **아름** 책을 안 읽으세요?
>
> **택시 기사** 네. (……) 어유. 이거 갑자기 눈이 꽤 오네요!
>
> **아름** 네, 눈이 많이 오네요. (아름이 차 창문을 내리며) 예쁘다. 정말 아름답죠, 눈이라는 거. 밤눈이 참 예쁘죠. 네, 너무 고맙죠. (……) **하느님 기도드립니다/모든 것은 하느님이시고/그러니 하느님 뜻대로 되옵소서/하느님 마음대로 그대로 되옵소서**
>
> (강조 필자)

'지극한 마음'의 기도는, 홍상수 특유의 트리비얼리즘적 연출 스타일답게, 교회나 절간이 아니라 욕망이 번쇄히 들끓는 서울 시내를 달리는 택시 안에서 이루어진다. "모든 것은 하느님이시니/모든 게 영원히 하느님 품 안입니다." 창조하는 하느님은 '모든 것' 곧 천지자연의 힘이다. "하느님 뜻대로 되옵소서/하느님 마음대로 그대로 되옵소서" 하는 간절한 기도는 '마음을 바르게 하기' 위해 '하느님'으로 상징된 자연의 창조적 기운에 합습하기를(正氣安心) 원망願望하는 의식儀式이다. 홍상수 감독이 말한 '조화'에 합하는 기도이다. 그러므로, 이 아름의 기도 속에는 '侍天主造化定'의 뜻이 담겨 있다.

　'내 안에 한울을 모셨으니 나의 일상적 언행은 그 자체로 창조적이다.' 이것이 홍상수 감독이 〈북촌방향〉에서 말한 바, 천지자연의 조화에 합하는, 즉 '창조하고 신통하는' 일상심日常心이 지닌 심원한 의미가 아닐까.

8.

　홍상수의 영화 줄거리를 그린 풍속화 병풍의 마지막 화폭에 '영화감독 홍상수' 낙관落款이 찍혀 있다. 홍상수의 영화가 담은 스토리텔링을 한 폭씩 차례로 완상玩賞하다 마지막 화폭에 이르러 천지자연의 산수山水 속에 펼쳐진 풍속화의 깊이에서 숨겨진 역사의식이 발견된다. 과연 홍상수의 스토리텔링답게 역사의식은 '보이지 않게' 표현된다. 혹자는 이 '보이지 않는 역사의식'을 두고서, 홍상수 영화의 역사의식의 결여 혹은 사회의식의 부조리를 지적하고 비판할 것이다. 그러나 이미 익히 보았듯이, 역사주의적 예술관은 대부분 이미 오랫동안 관습처럼 굳어진 예술비평적 태도, 리얼리즘/모더니즘, 심하게는 소시민적·부르주아적 예술/민중적·진보적 예술이라는 낡고 습관화된 이분법적 비평의식일 가능성이 높다.

정치 민주화는 한 사회에 참여하는 수많은 시민들의 삶에 궁극적인 변화를 이끌어낼 소중한 사회적 가치이다. 사회의식이나 역사의식도 마찬가지다. 홍상수의 영화를 옹호하는 쪽에서 보면, 홍상수 영화의 정치의식과 역사의식은 진솔하고 또 진실하다고 말할 수 있다. 세속적 일상성을 도외시한 역사의식은 반민중적 허위의식으로 둔갑하는 예를 적잖이 경험해본 바다. 더구나 기나긴 피압박·피착취의 민중사 속에서 민중들의 정치적 무의식은 여전히 깊은 심연의 어둠 속에 묻혀 있다. 그렇다 해도 민중들의 정치적 무의식 또는 집단무의식에는 해방을 위한 간절한 염원들이 콤플렉스 형식으로 은밀히 작용한다. 그래서 정치적 무의식을 살펴보는 비평적 관점이 필요하다.

아마도 홍상수 감독의 역사 사회의식을 살필 수 있는 텍스트로서 〈생활의 발견〉을 떠올려도 좋을 것이다. 〈생활의 발견〉에서 바람난 유부녀 선영의 남편은 이른바 운동권 출신으로 대학 교수 임용 과정에서 차별을 받다가 늦은 나이에 대학교수가 된 캐릭터이지만, 스토리텔링상 사회적 혹은 역사적 부조리 문제는 타락한 일상성 속에 감추어진다. 오히려 스토리텔링에서 역사의식은 찾아보기 힘들고 오로지 주인공 지식인의 치졸하고 타락한 일상성이 노골화된다. 하지만 이렇게 운동권 출신 남편의 존재는 마냥 잊혀지는 것이 아니다. 관객들은 저마다 나름대로 선영의 남편이라는 존재에 연민이든 안타까움이든 감정을 갖게 마련이다.

즉 홍상수 감독은 타락한 세속성의 외연外延을 연출하는 것이다. 다시 말해, 홍상수 감독은 역사적 사실을 은폐하려는 것이 아니라 세속적 일상성에 연결된 혹은 내재하는 사회 역사의식을 깊이 유념하면서 관찰하는 것이다. 세속의 시간은 역사의 시간에 선행한다는 것. 적어도 홍상수의 스토리텔링에서의 시간관으로 본다면 그렇다. 오히려 만약 운동권 문제를 스토리의 전면에 드러냈다면, 영화는 진부했을 수도 있다. 또한 역사성을 세속성과 분리하고 구별하는 것은 역사성을 다시 관념화하고 이데올로기화한다. 탈-근대성의 문학을 염두에 둔다면 예술에서 이념적혹은 역사적 총체성Totalität이란 말이 쉽지 간단한 일이 아니다.

세속적인 진부함이라 하여 역사적으로 사회적으로 무의미하다고 비판할 것이 아니라, 진부함에도 불구하고 진부함 속에서 작동하는 역사적 시간이 관계하는 역사성의 존재 방식을 관찰하는 것이다. 이러한 타락한 '세속적 시간성' 속에 작용하는 '역사적 시간성' 문제를 예술론적 의미 맥락에서 살피려거든, 역사 유적지인 수원 화성 또는 임진왜란 당시 왜적을 무찌르고 위난에 처한 나라를 살린 이순신 장군의 활동 거점인 통영 등을 무대 공간으로 삼은 〈지금은맞고그때는틀리다〉, 〈하하하〉(2009) 등을 깊이 고찰할 필요가 있다.

〈하하하〉에서도 홍상수 감독의 관점은 세속적 일상성에 철저하다. 하지만 그 세속적 일상성에서 내면화된 역사의식은 이중적이고 동시에 반어적이다. 이를 드러내기 위해 카메라워크 역시 이중적이고 반어적이다. 쉬운 예시를 들자면, 한국인의 일상적 통념에서 굳어버린 이순신 장군의 영정은 부정된다. 이당 김은호가 그린 충무공 이순신 장군의 영정은 또 하나의 새로운 영정에 비교되면서 아이러니한 관계에 놓인다.[26][27]

이 아이러니한 관계는 세속적 일상성의 관점에서 해석되어야 한다. 왜냐하면 충무공의 공식 영정은 역사의식을 왜곡하고 있기 때문이다. 홍상수 감독은 '통영 향토역사박물관 관장'(기주봉)의 말을 통해 영화에서 이순신 장군 초상에 대한 입장을 밝힌다.

[매미울음]

[26]   [27]

> "이게 좀 토속적인 그림인 거 같아도 공식 영정보다 이게
> 더 맘에 들어요. 살아 있는 듯한 장군의 영혼이 잘 표현되어
> 있어요."

　우리 민족을 위난에서 구한 위대한 영웅인 이순신 장군의 공식
영정은 따지고 보면 지극히 잘못된 초상화다. 이당以堂 김은호[35]
화백이 그린 이순신 장군의 공식 영정은 아무런 근거 없이 조선
사람의 얼굴 모습과는 전혀 맞지도 않는 그저 '잘생긴 얼굴'의 초
상으로 충무공의 눈빛이나 존재감에서도 '살아 있는 혼'이 느껴
지질 않는다. 위에서 말한 홍상수 감독의 영화 철학으로 보면 자
연의 힘이 느껴지지 않는 초상이다. 하지만 "토속적인 그림"인
비공식적인 영정을 보면, 충무공의 산 영혼이 느껴질 정도로 '토

35　김은호(金殷鎬, 1892~1979)는 일제 강점기에 서양화 기법을 배워 역사적
　　으로 유명한 인물을 그린 화가로 유명하다.

속적인-무巫적인 생생함'이 '신통하듯' 신기神氣가 어려 있다. 홍상수 감독은 이순신 장군이 수군통제사로 왜적을 무찌르던 역사적 현장인 통영을 무대로 삼아 이순신 장군에 관한 역사적 내러티브를 만들지만 사실 공식적인 역사의식은 해설사 성옥(문소리)의 교과서적인 판에 박힌 해설이 있을 뿐이다.

이순신 장군의 비공식 영정을 선호하는 것은 공식적인 영정이 가진 거짓 혹은 허위의식에 반대하는 것이지만, 그보다 역사의식은 공식성이나 어떤 이론적 도그마에서 탈피해야 한다는 것이다. 그것은 세속적 일상성으로서 역사의식을 갖는 태도와 연결된다. 바꿔 말하면, 세속적 일상성을 왜곡하는 공식적인 통념이나 이론에 반대하는 것이다. 공식적이고 이론적인 역사의식에 대한 반문과 반어 속에서 홍상수 영화의 역사의식이 내재하는 것이다. 이는 세속적 일상성이 공식성의 통념성 또는 이론에 굳어지는 것을 반대하는 홍상수 감독의 예술관의 표현이기도 하다.

홍상수의 카메라는 속물기가 다분한 주인공 조문경(김상경)과 충무공의 새 초상화를 더불어 바라보고 제시한다.[28] 세속적 일상성 속에 살아 있는 역사의식을 찾기 때문에, 영화에서 대학 교수를 하다가 파면당한 영화감독 지망생이자 속물인 조문경의 얼굴 모습이 이순신 장군을 그린 새 영정 속 초상과 "정말 비슷"하다며 충무공의 유품을 전시하고 있는 통영 향토역사박물관 관장은 말한다. 물론 이러한 대사는 역사적으로 아무런 의미도 없

(관장)
아니요, 정말 비슷하네요.

[28]

는 허튼 말에 불과하다. 하지만 세속적 역사의식이 무의미하다
할지라도 무의미한 세속적 역사성은 현실을 왜곡하는 공식적 역
사성보다는 삶에 더 유익한 것이다.

이러한 충무공 영정을 찍는 홍상수 감독의 카메라워크엔 역사
의식에 대한 관점이 고스란히 묻어난다. '드러난' 공식적 역사의
식이 아니라 '감추어진' 비공식적 역사의식에 더 주목하는 것이
다. 이러한 비공식적 역사의식은 세속적 일상성 속에 깊이 숨을
수밖에 없다. 역사의 시간은 세속의 시간 속에 은폐될 수밖에 없
기 때문이다. 역사의식은 원경에서 흐릿하고, 충무공과 관련된
진지한 역사성 대신에 오히려 부박한 세속성이 스토리텔링의 전
경을 채운다.

조문경은 충무공 유적지인 세병관洗兵館에서 어린 학생들을
상대로 충무공 유적을 해설하는 중인 문화재 해설자인 왕성옥의
뒤태를 보고서 "종아리가 예쁘다"라고 혼잣말을 한다. 이 말은

조문경이 하는 혼잣소리-방백인데, 이 음탕한 조문경의 마음과 시선은 충무공의 경건한 유적지와는 전혀 어울리지 않는 저속한 대사이다(문경은 중국 4대 기서 중 금서였던『금병매』의 서문경과 이름이 같다).

영화감독 지망생인 조문경의 대사는 거의 다 유치하고 범속하다. 관객들은 홍상수 영화의 지식인 주인공들이 별 의미 없이 내뱉는 세속적 일상어들을 통해 지식인들의 속물근성을 고스란히 엿보는 듯 씁쓸한 웃음을 내보이면서도, 지식인들의 은밀한 속물근성이란 과연 무엇인가 하는 의문에 마주치게 된다. 미리 답을 찾는다면, 지식인들의 일상성도 실상은 세속적이고 때로는 저속하기가 매일반이라는 것이다. 그러므로, 영화 제목이〈하하하〉인 웃음소리인 것은 냉소적인 웃음소리를 차용한 것이 아니다. 부정적인 세속 속에서 다 함께 웃게 되는, 긍정적인 즉 '반어적인 웃음소리'이다. 다시 말해, 영화〈하하하〉가 반어적이라는 것은, 지식인들의 위선이나 부도덕을 고발하려는 것이 아니라, 오히려 지식인들도 인민 대중들의 내면이나 본능 혹은 욕망과 별반 차이가 없다는 사실을 보여주는 것이다. 단, 특별한 것이 있다면, 홍상수의 영화에서 지식인이란 존재는 지극히 세속적이면서도, 이기적 탐욕적인 인물이 아니라, 솔직한 범박성凡朴性의 범주 안에서 자기에 충실한 존재들이라는 점이다.

역사의식을 가진 지식인 일반도 '특별할 것이 없는 범박한 세

188

[29]

속인'이라는 지식인 관이 홍상수 영화를 어떤 기존의 역사관 혹은 사회적 이념에서 비켜서 있게 한다. 홍상수 영화의 플롯들이 역사의식과는 무관한 트리비얼리즘에 흐른다는 느낌을 받는 것은 이 때문인데, 그렇다고 감독의 시각을 사소한 일상에 매몰된 것으로 몰아가는 비판적 견해는 단견에 불과하다. 홍상수 필름이 지향하는 꾸밈없는 범박성을 옹호하는 이유 중 하나는 감독의 시선이 대승적 스케일을 감추고 있기 때문이다. 〈하하하〉의 제목도 대승적 스케일을 시사하는 바이지만, 그보다 스토리텔링에서 조문경이 낮잠에 빠진 가운데 꿈속에서 이충무공을 만나 나눈 대화에서 감독의 너른 대승적 시야와 맑은 심층심리를 엿볼 수 있다.[29]

이순신   너 조문경이지?
조문경   예! 아유 장군님. 저에게 힘이 되어주십쇼. 저

아무것도 모르겠습니다. 맨날 거짓말만 하고요. 다 너무 어리석고요. 전 너무 힘이 없습니다.

이순신 견뎌라! 아무것도 몰라도 힘이 없어도 견뎌라.

조문경 (울먹이며) 아이고 어떻게 견딥니까? 전 너무 힘든데요.

이순신 문경아 너 눈 있지?

조문경 네. 눈 있습니다.

이순신 그 눈으로 보아라. 그러면 힘이 저절로 날 것이다. 네 머릿속에 남의 생각으로 보지 말고 네 눈을 믿고 네 눈으로 보아라. (나뭇잎을 들어 보이며) 이게 보이니?

조문경 ······예 나뭇잎입니다.

이순신 아니야, 나뭇잎. 이게 뭐니?

조문경 예, 나뭇잎 아니라니까 멍해지네요, 그······ 이름도 없어지고요. 좀 딴생각이 나네요.

이순신 똑똑하다. 그렇게 똑똑한데, 비겁해서 안 똑똑하게 사는거야.

조문경 네 하여튼 조금 새로운 게 보이는데요. 저 근데 그게 뭔지 모르겠는데요?

이순신 원래 모르는 거야. 그냥 다르게 좀 느끼고, 그리고 감사하면 그게 끝이야. 훈련하는 셈치고 매일 시를 써봐라. 예쁜 시를 매일 한 편씩 써봐.

조문경 아, 그러면 뭐, 있는 그대로를 보게 되는 거? 그런 겁니까?

이순신 아니지, 있는 그대로 보는 게 아니지. 그런 게 어디 있냐? 생각을 해봐.

조문경 네, 네, 그렇, 그렇습니다. 아, 그럼 장군님은 (나뭇잎을 가리키며) 지금 뭘 보십니까? 이 나뭇잎에서 구체적으로 뭘 보고 계십니까?

이순신 난 좋은 것만 본다. 항상 좋은 것만 보고 아름다운 것만 보지.

조문경 아, 좋은 것만요?

(문경의 놀란 숨소리)

이순신 사람들에게서도 좋은 점만 본다.

조문경 네, 좋은 점.

(장군의 인자한 웃음)

이순신 내가 보라는 게 아니라 네 눈으로 보라구. 원래 그런 거니까.

조문경 아, 예. 알겠습니다. (……)

이순신 어둡고 슬픈 것을 조심해라. 그 속에 제일 나쁜 것이 있단다.

조문경 아, 예, 알겠습니다. 예, 장군님, 수고하세요.

(강조 필자)

삽화로 들어간 '충무공 꿈 신'은 홍상수 감독의 영화 철학의 일단을 보여준다. 세속성 속에서 범박함의 의미와 가치를 보고, 나아가 〈생활의 발견〉, 〈밤의 해변에서 혼자〉에서 보듯이 범박함 속에서 자연적 존재 혹은 영혼의 존재를 '발견'하는 것이다. 그러기 위해 홍상수는 세속적 일상성 속에서 '좋은' 의미를 찾는다. 그 좋은 의미와 가치를 발견하는 관념적 도구가 시詩 곧 예술이다. 홍상수의 주인공들이 한결같이 영화인이거나 문인인 것은 예술이 가지는 특별한 기능 즉 자연의 힘 혹은 영혼의 존재를 발견하는 가장 신뢰할 방식이기 때문일 것이다. 그래서 범속한 존재들인 영화감독 지망생 문경도 결국 시를 쓰고 시인 정호(김강우)와 중식(유준상)도 시를 쓴다. 젊은 남녀들은 저마다 상처가 많은 세속적 삶을 살면서도 저속한 연애를 하고 헤어지면서도, 시를 놓지 않는다. 시 쓰기를 통해 저마다 범속함이 타락하지 않도록 범속함 속에서 삶의 소박한 의미와 가치를 찾아가는 것이다.

이 대목에서 이순신 장군이 주인공의 꿈에 등장하여 시를 쓰라 조언하는 것은 희극적이지만, 홍상수의 영화 철학이 지닌 백미에 해당한다. 이순신 장군의 '캐릭터'를 재해석했다고 해도 과언이 아니다. 그 역사의식에서 벗어나 세속적 일상에 깊은 관심을 쏟는 충무공은 역사적 존재가 아니라 일상적 존재이다. 세속화된 충무공이란 캐릭터가 영화감독 문경의 좌절된 처지에 성찰의 새 기운을 불어넣는다. 공식적 역사가 지식이나 이론의 옷을 벗고 세속적 생활로 변하는 것이다. 이때 역사와 세속적 일상은 서로 반어적이다. '매일 시 한 편씩을 써보라'고 권하는 이순신 장군의 충고에는 영화 혹은 예술 일반에 대한 홍상수 감독의 관점이 스며 있는데, 그것은 세속적 일상성 속에서의 예술의 의미를 곱씹어 보자는 것이다. 예술은 세속적 일상성과 유리된 특별한 존재가 아니라 매일매일 시 한 편을 쓰듯이 범박한 일상성 속에서 찾는 것이란 예술관. 자연성이 세속성에, 세속성이 역사성에 선행한다는 홍상수의 철학과 연출 원리의 관점에서 보면, 자연스러운 장면이랄 수 있다.

그러니 범속한 일상을 사랑할 수밖에 없을뿐더러 비록 저속한 존재들일지라도 사람과 뭇 존재들을 유심히 살피고 '좋아하지' 않을 수 없다. 〈하하하〉에서 등장하는 통영 항만에서 떠돌고 있는 실성한 거지를 두고서 시인 정호와 중수의 애인(예지원)이 함께 거지에 대해 갑론을박하는 것도, 그 속내를 보면, 거지의 존재를 깊이 이해하는 인간애를 보여주려는 연출 의도와 관련이 깊다. '나쁜 사랑'은 형용모순일 뿐이다. 나쁜 연애도 없다. 연애는 그 자체로 좋은 것이다. 연애는 그 자체로 음양의 조화, 자연의 표현이기 때문이다.

　연애가 잘 안 풀려 고민하는, 통영에 사는 후배 시인 정호가 사소한 일로 헤어진 전 애인에게 전화를 받자 기뻐하는 모습을 보고서, 시인 중식이 통영을 떠나면서 회상하는 말, "불쌍한 놈인데 웃고 있는 모습을 보고 떠나니까 좋더라. 잘됐으면 좋겠더라. 통영을 비가 올 때 떠나서 좋더라."는 대사는 홍상수 영화의 주제, 세속적 일상성의 속깊은 테마 의식을 함축적으로 드러낸다.

　충무공 유적지를 무대로 삼아 벌이는 영화 〈하하하〉는 당대 속물 지식인들의 경연장이라 해도 무방할 정도다. 충무공 유적 해설사인 성옥은 세병관에 모인 젊은 관광객들 앞에서 이순신 장군을 성웅이라 칭하면서 충무공의 위대함을 설명하느라 애를 쓴다. "우리가 얼마나 이기적이고 또 얼마나 속이 좁습니까?" 일반인들과는 대조적인 인물로서 충무공의 위대한 인간 정신은 강조된다. "정말 (충무공의) 인생 자체가 위대한 정신의 구현이라고 말할 수 있고, ……숭고한, 목표가 강한 실천력 거기다가 천재적인 능력까지 겸비한 분이었어요." 하고 관광객들에게 해설을 하면서도, 성옥은 자신이 행하는 충무공 해설에 대해 확신을 갖지 못한다. 충무공에 대한 해설은 역사책에서 지식으로 외운 내용에 따른 것이다. 그러니 해설을 하는 성옥이나 해설을 듣는 문경이나 해설이 끝나자 어색하고 멋쩍을 수밖에 없던 것이다. 문

194

경이 해설을 마친 성옥에게 염주를 선물하자 이내 둘은 가까워진다. 이는 충무공 해설을 하는 동안에는 성옥은 역사의식을 보여주나 해설이 끝나면 이내 세속적 욕망이 들끓는 일상성으로 되돌아온다는 걸 보여준다. 그러므로 충무공에 연관된 역사적 이야기들은 장식적인 소재에 지나지 않는다. 이는 역사는 공식적인 관념성에서가 아니라 오히려 비공식적인 세속성에서 이해되어야 한다는 감독의 관점을 보여준다. 역사의식은 이념적 역사성의 지평이 아니라 세속적 일상성의 지평에서 반추되어야 한다는 것.

한국인들은 대체로 정치적 민주화를 염원하는 어떤 유토피아적 무의식을 깊이 간직하고 있다. 굳이 일제와 싸운 반제민족운동·독립운동의 기억들을 소환하지 않더라도, 4·19혁명, 5·18광주민중항쟁, 6·10시민항쟁 등 지난 민주화운동의 기억들을 소환하지 않더라도, 2016년 11월부터 시작된 촛불혁명은 한국인들의 삶과 관습적 의식들이 크게 동요하고 마침내 견고한 자기의식의 껍질을 깨고 일시에 한꺼번에 정치적 무의식이 소환되는, 섬광같이 폭발하는 역사의 시간을 경험하게 한다. 역사는 일종의 '유토피아적' 무의식이 의식으로부터 해방되는 순간을 새로이 내면화하기 시작한 것이다.

진정한 역사의식은 바로 이처럼 세속적 일상성 속에서 켜켜이

쌓이다가 때가 되면 나타나는 역사적 무의식의 섬광 같은 폭발인지도 모른다. 삶에서나 예술에서나 세속적 일상성으로서의 역사의식이 중요한 것은 참다운 역사의식은 세속성의 무의식이기 때문이다. 반대로 세속적 일상성은 역사의 무의식이기도 하다. 세속성과 역사성은 무의식적으로 서로를 감추는 한편 서로 드러내기를 반복하여 진행한다. 이 세속적 일상성과 역사성 간의 관계는 서로 반어적 관계이고, 미처 '알 수 없는' 섬광으로 드러나는 아이러니의 관계이다.

세속적 일상성에 감추어진 역사의식은 그것이 절망적이든 희망적이든 무의식의 기억 속에서 섬광처럼 삶 속에 나타난다. 세속은 지옥도地獄圖와도 같지만, 벤야민W. Benjamin이 『역사철학 테제』에서 통찰했듯이, "유토피아는 위기의 순간, 섬광처럼 번쩍이는 기억 속에 있다." 기억 속의 정치적 무의식은 자연의 시간과 세속의 시간 속에서 어우러진 채, 밤하늘을 가로지르는 혜성의 한 줄기 섬광처럼 드러난다.

3
영화 〈기생충〉이 지닌 창조성의 원천

'유역문예론'으로 본 봉준호 영화

1.

　'지금, 하나의 유령이 세계를 배회하고 있다.' '코로나19 바이러스'라는 보이지 않는 은미隱微한 유령이 인류를 공포에 떨게 하고 세계를 변화시킨다. 이 은미한 존재 앞에서 인간의 합리적 이성이 이룩한 최첨단 과학 문명은 그야말로 속수무책이다. 이 경천동지驚天動地할 사태를 어떻게 해석하고 이해할 것인가. 현대 과학은 은미한 존재들이 일으키는 대재앙으로부터 인류를 지킬 수 있을까? 그러나 이기적 인간 중심주의를 극복하지 못하는 한 대재앙은 반복될 것이 자명하다. 설령 과학이 그때그때 해결책을 찾는다 해도, 그것은 미봉책에 불과할 뿐, 더욱더 내성이 강해진 은미한 유령들의 출현은 반복될 것이고, 과학적 이성은 늘

---

*　이 평론은 에세이 형식으로 이창동 감독, 홍상수 감독의 영화에 대한 비평 형식과는 사뭇 다르다.

자기 한계의 벽에 부딪치게 될 것이다. 보이지 않는 은미한 존재들이 이성을 압도하고 세계를 움직이고 급변시키다니, '귀신의 조화로다!'

1990년대 즈음부터 한국영화 붐이 거세게 일어, 먹물들이 모였다 하면 빠지지 않는 게 영화 애기였다. 영화가 아니면 대화가 안 될 지경으로 주변에 많은 영화광들이 때와 곳을 가리지 않고 어슬렁거렸다. 하지만 그처럼 먹물들의 영화로의 쏠림 현상에도 아랑곳하지 않고 오히려 나는 영화 열기에 찬물을 끼얹듯 영화관에 가본 기억이 거의 없다. 대중들만이 아니라 특히 먹물들의 영화로의 과도한 쏠림 현상은 한국 사회의 고질병인 냄비 근성쯤으로 치부하였고 지금도 이 같은 나의 '편견 혹은 선입견'은 크게 바뀌지 않았다. 영화 붐이 전 세계적 문화 현상이지만 유독 한국 사회에서 맹위를 떨치게 된 사연을 굳이 신자유주의니 세계화니 따지기 전에, 오늘의 한국 문화를 이끄는 먹물들의 의식세계에 자주적 정신의 뿌리가 없음을 탄식해왔다. 뿌리 깊은 나무 바람에 아니 흔들리듯, 뿌리가 부실한 문화는 특정 장르로 쏠림 현상을 피할 수 없다.

이러한 고질적인 문화적 편식증을 늘 한심하게 여겨온 터에, 벌어먹고 살기에 늘 쫓기며 살아서인지, 지난날 동안 영화관을 찾아가 볼 생각을 좀체 하지 못했다. 그렇기에, 영화에 대한 글들도 읽은 바가 많지 않다. 해서 지난 2월 초 아카데미상 시상식에 한국영화가 노미네이트되었는지 하는 소식 따위에 아무런 관심이 없었다. 하지만 가진 눈은 보이게 마련이고, 가진 귀는 들리게 마련이니, 우연히 봉준호 감독의 〈기생충〉(2019)이 올해 아카데미 작품상, 감독상, 각본상 등 4개 부문을 수상하는 쾌거를 거뒀다는 티브이 뉴스를 접하는 순간, 무심결에 "장하다 봉준호!" 하는 탄성과 함께 박수를 마구 쳐댔다. 그런데, 뒤이어 생각해보니, 지난날 영화에 무지하고 무식한 채 먹물들의 영화 쏠림증을 비웃던 내 지난 내력이 새삼 한심하달까, 알 수 없는 자괴감이 스멀스멀 들기 시작했다. 뒤늦게나마 만사 제쳐놓고, 올해 아카데미상 수상작 〈기생충〉을 위시한 봉준호 감독의 영화 〈마더〉(2009), 〈살인의 추억〉(2003), 〈괴물〉(2006), 〈옥자〉(2017) 등 다섯 편을 내리 보게 되었다. 홀로 '한국영화 아카데미상 4개 부문 수상 축하연'을 치른 것이다.

2.

언론이나 페이스북을 통해 접하는 영화 〈기생충〉에 대한 영화 비평가, 인문학 교수, 문인 등 많은 지식인들의 평가들을 보면 대체로 계급론의 관점에서 〈기생충〉의 계급 관계와 인물들 간의 관계들을 비평 대상으로 삼고 평가한다. 주로 오늘의 한국 자본주의 사회에서 소외된 계층인 반지하에 사는 가난한 사람들과 자본가 간의 '기생 관계'를 앞세워 영화 비평이 이루어진다. 그러나 지배-피지배 계급 간의 상호 기생 관계라던가, 계급의식과 심리의 아이러니한 관계 등에 대한 갑론을박은 이미 비평적으로 충분히 예상되는 것들이다.

개중에는 영화의 연출적 요소 또는 내러티브로서 미학적 요소들을 함께 논의하는 글도 있지만, 이러한 미학적 글들도 대체로 그 미학적 논의가 다분히 도식적이고 상투적이다. '냄새'를 계급의 정체성과 계급 갈등의 메타포로 삼는다거나 계급적 위계를 건축학적, 기하학적 비유로서 표현한다거나, 〈기생충〉이 지닌 미학적 요소들은 ― 시각, 청각, 후각 등 감각적 요소들 ― 거의 계급론적 분석을 바탕으로 조명된다. 이러한 계급론에 입각한 비평관이나 분석 방식은 새로울 게 없이 '재래적인 사회론적 비평'에 속하는 것이다.

사회학적 비평 방식이 영화 비평의 중요한 전통인 사실을 적극 수용하더라도, 정체된 일반론 수준에 머물러 있어선 안 된다. 영화는 한 시대와 사회의 내면을 민감하게 보여주는 사회학적 비평의 적절한 텍스트이다. 하지만 영화가 사회학의 대상으로 머물러 있을 때, 영화가 관객들의 삶과 교감하고 교류하는 감성적이고 나아가 초월적인, 예술의 근원적 힘의 세계는 소외되고 밀려나기 쉽다. 〈기생충〉에 대한 비평이 대개 계급 갈등 문제 같은 사회학적 관점에 쏠려 있는 현상을 염려하는 이유는 무엇보다도 여기에 있다. 영화는 사회학적 텍스트이기 이전에 감독의 미학적 관점, 특히 미학적 연출력은 좋은 영화의 탄생에 필수 요건이다.

영화론에서 귀신론은 아마도 낯선 관점일 것이다. 이번 아카데미상 수상을 기회로 내가 처음으로 봉준호 감독의 영화 다섯 편을 내리 보면서 즉각적이고 직관적으로 감지한 것은, 이른바 '귀신의 조화'에 밀접하게 관련된 어떤 은미한 것과 거대한 것(드러난 것) 간의 역동적인 교류 혹은 교통이었다! 다시 말해 봉준호의 영화에는 은밀한 곳에서 귀신의 존재가 감지되었고, 그 은미한 귀신의 작용이 가령 〈옥자〉, 〈괴물〉 같은 거대한(드러난) 미학적 존재를 만들고 있었던 것이다. 또한 귀신론은 민감한 사회적 주제의식을 예술적 구성력과 별개로 분리하지 않고 서로 긴밀한 역동적인 상호 관계로서 영화를 '유기체적인 예술 형식'으로서 이해할 수 있도록 이끈다. 알다시피 귀신은 샤머니즘에서는 죽은 이의 혼령을 가리키기도 하지만, 근본적으로 '음양의 조화造化'를 가리킨다. 먼저, 귀신의 존재를 이해하는 데에 필자가 쓴 아래 글을 공유할 필요가 있다.

귀신이라는 존재의 음양론적 해석에는 공자孔子의 아래 인용문 이래 한자 문화권에서는 유서 깊은 인문학적 맥락이 있습니다.

"귀신의 덕은 성대하고나. 보려고 해도 보이지 않고 들으려 해도 들을 수 없고, 구체적 사물이 되어 남김이 없다. 천하 사람들로 하여금 재계하고 깨끗이 하며 의복을 잘 차려입고 제사를 지내게 하니, 넓고도 넓어서 그 위에 있는 듯하고 그 옆에 있는 듯하다. 시詩에도, '神의 이르름은 헤아릴 수가 없다. 하물며 신을 싫어할 수 있겠는가'라고 했다. 무릇 미세한 것일수록 더욱 드러나니(또는 '아무리 은미한 것이라도 드러나니'), 그 성실함을 가릴 수 없음이 이와 같다"(『中庸』 제16장).

공자는 귀신이란 인간 활동에 있어 평소에 의식하지 못할 뿐 늘 현세적 삶과 함께하는 존재라는 점을 분명히 하고 있습니다. 공자는 귀신의 덕행을 찬양합니다. "귀신은 사물의 본체(體物)"라는 것, "미세한 것일수록(혹은 '은미한 것에서') 더욱 드러난다."는 것, "귀신은 성실함(誠)과 같다."라는 것입니다. 송대 신유학에 와서도, 소강절(邵雍)은 귀신을 만물이 "생겨나고 생겨나는 이치(生生之理)", 정이천

(程伊川. 程頤)은 "천지의 功用이고 조화의 자취", 주자(朱熹)
는 "귀鬼를 음陰의 영靈 신을 양陽의 영靈"으로, 장횡거張橫
渠는 귀신은 "음양이라는 두 기氣의 양능良能"이라는 겁니
다. 그러니까 신유학의 귀신론을 종합하면 대강, 귀신은 만
물의 생성에 관계하는 신령한 존재인데, 형체는 없지만 쓰
임(功用)이 있고, 그 쓰임은 음양의 이치理致라는 것입니다.
한마디로, 귀신은 음양의 생성론(이치)인 것입니다(임우기,
「유역문학론1」).

3.

이 글의 첫머리에서 '코로나19' 바이러스가 전 세계를 격렬하
게 움직이는 지금의 사태를 빗대어, '은미한 존재가 전체를 움
직인다.'고 했는데 이 말은 다름 아닌 '귀신'의 존재와 운동 방식
을 가리키는 말이다. 귀신론은 아마도 한국의 영화감독들 중 봉
준호의 연출력을 분석하고 비평하는 데에 가장 잘 부합하는 것
으로 보인다. 이 사실을 밝히기 위해, 영화〈기생충〉을 분석하기
에 앞서, 잠시 봉 감독의 다른 주요 작품들이 보여주는 내러티브
들을 대강 살펴볼 필요가 있다. 매우 뛰어난 영화인〈마더〉는 '마
더'(김혜자)가 생활고를 못 이겨 동반자살을 기도하려고 다섯 살

된 어린 아들 도준(원빈)에게 '농약 박카스'를 먹였지만, 결국 그 후유증만 남아 아들은 지적장애인이 되고, 성인이 된 아들이 살인 사건의 범인으로 지목되어 수감되는 사건이 발생하면서, 아들의 무죄를 입증하려는 마더의 절절하고도 기막힌 모성애를 다룬다. 귀신론의 관점에서 봉준호 감독의 연출 세계를 이해하기 전에 페이스북에서 최근에 접한 아래 글을 먼저 읽어볼 필요가 있다.

영화〈마더〉를 봤는데…… 무시무시한 영화다.

'모성'이라는 성스러운 말 뒤에 숨어 있는 동물적 본능, 모성의 어두운 이면을 파헤친 영화다.

'모성'은 '조건 없는 사랑이란' 견고한 신화를 처절하게 깨부순 영화다.

'모성'이라는 신성한 단어 안에는 '조건 없는 사랑'뿐 아니라 약육강식, 욕망, 이기심, 질투, 잔인함, 종족 보존 본능, 죄의식…… 등등.

온갖 모순적인 가치들이 중첩되어 있다는 것을 드러낸 영화다.

또 하나…… 약자의 도덕을 드러낸 영화다. 김혜자는 짐승의 본능적인 모성을 보여줬고, 원빈은 '약자의 도덕', 약자가 약육강식의 세계에서 살아남기 위한 방법을 가장 교

활한 방식으로 보여줬다. 약자의 교활함이라니…… 니체가
떠오른다.(페이스북facebook / Youngjung An, 2020. 2. 19)

인용한 글은 영화 〈마더〉의 내러티브가 품고 있는 심층적 의
미를 매우 날카롭게 드러내고 있다. '모성의 어두운 이면'과 '약
자의 교활함'을 분석해내고, 니체를 연상하는 것은 그 자체로 글
쓴이의 명민한 지적 능력을 보여주면서, 영화 〈마더〉의 내러티
브가 매우 뛰어남을 우회적으로 증명한다. 이처럼 '이성의 과학'
으로 분석된 영화 〈마더〉의 의미론적 내용들은 그 자체로 비평
적 의미를 충분히 가지고 있다. 그럼에도 귀신론의 관점에 설 때,
학문적 이성이 분석한 갖가지 의미들은 역동적인 운동 속에서
새로이 분석되고 새로운 의미 차원으로 옮겨가게 된다. 이를 위
해서 예술 작품에 있어서 귀신이 거처하고 활동하는 지점을 통
찰할 수 있어야 하는데, 그곳은 위에서 공자께서 말씀한 바, 보이
지 않는 은미한 곳이다!

영화 〈마더〉의 내러티브에는 귀신이 존재를 알리는 '은미한'
지점이 여럿인데, 대표적인 지점으로, 가령 마더인 배우 김혜자
가 바람에 출렁이는 들판을 배경으로 홀로 탈혼망아脫魂忘我 상
태로 춤추는 오프닝 신이나 달리는 버스 안에서 망연자실한 모
습으로 자신의 허벅지에 스스로 침을 놓고 망각 상태가 되어 늙
은 어머니들과 춤을 추는 엔딩 신은 표면적 주제의식에 귀신이

[1]   [2]

작용하여 어떤 새로운 이면裏面의 주제의식을 낳게 되는, 득의의 특별한 신이라고 할 수 있다. 이 외에도 〈마더〉에는 또 하나의 의미심장한, 은미한 지점이 숨어 있다. 봉준호의 담대한 연출력에 따라 귀신의 역동적인 존재감이 지각되는, 전통 무속의 알레고리로서의 시퀀스!

영화 〈마더〉에서 원조교제를 하는 가난한 고등학생인 문아정(문희라)이 살해되고 나서 치러지는 장례식에서 치매에 걸린 듯한 그녀의 할머니(김진구)가 살인 혐의로 구속 수감 중인 윤도준의 엄마, 마더가 문상차 들르자 일대 소동이 벌어지는 와중에 막걸리를 냅다 뿌리는 신[1]이나 막걸리 통을 장례식장 옥상에서 멀리 내던지는 '롱숏'으로 촬영된 신[2] 등은 봉 감독이 의뭉스럽고 능청스럽게 연출한 일종의 '장례 퍼포먼스'로서, 영화의 '은폐된 주제'를 연출하기 위한 의미심장한 미장센이라 할 수 있다. 또한 이어지는 신에서는, 마더가 아들의 무죄를 증명하기 위해 죽은 아정의 핸드폰을 찾으려 온갖 노력을 기울이던 끝에, 마더와 죽은 손녀의 핸드폰을 양은 쌀독 속에 감추어둔 치매에 걸린 할머니 사이에서 실로 놀라운 대화가 벌어진다. 밤에 찾아와 죽은 손녀 아정의 핸드폰을 애써 찾는 마더에게 아정이 할머니가 하는 말,

"아정이가 보내서 왔군! 돈은?"

하고 말하자, '마더'는,

"아정이 (핸드폰을) 가져오라는데⋯⋯."

라고 대답하면서 꼬깃 접힌 돈을 건네니, 바로 그때, 클로즈업 기법으로 연출돼 '쌀독' 속에 숨겨놓은 아정의 핸드폰을 할머니가 꺼내어 '마더'에게 건네는 신![3] 할머니는 치매 상태인 듯 아닌 듯

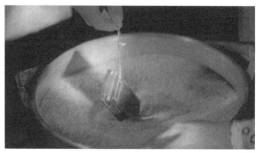

[3]

트랜스(trans, extasy) 상태의 비유로서 연출되는데, 이 신에서 '마더'는 죽은 아정의 혼령이 보낸 사령使令이 된다. 적어도 이 장면과 더불어 오프닝 신과 엔딩 신에서 '마더'가 추는 망아경忘我境의 춤사위, 굿판 분위기를 떠올리는 '장례 퍼포먼스', 마치 무구巫具인 듯한 '쌀독'을 매개로 하여 죽은 혼령의 뜻을 내담자來談者 역인 '마더'와 할머니가 서로 소통하는 신 등은 〈마더〉의 내러티브 안에 은밀하게 잠재하는 무당의 알레고리를 드러내는 의미심장한 신들로서 이해될 수 있다.

무당은 사령死靈들과 접신接神하여 고통의 현세를 떠나 내세의 안식처로 인도하는 역할을 맡는 존재이다. 그런데, 봉준호는 이를 뒤집어 현세를 내세로 전복시킨다. 봉 감독의 연출력이 놀라운 것은 이처럼 무당의 접신을 알되 이를 역동적으로 뒤집어서 '접신의 아이러니'를 보여준 데에 있다. 현실에서 초월로 달아나지 않고 현실 속에 초월을 펼쳐놓은 것이다. 이승이야말로 저승의 지옥인 것이다! 그러니, '마더'는 인간의 이성을 넘어, 마침내는 악귀들이 지배하는 지옥도地獄圖인 현세에 내세의 뜻을 전하는 큰 만신萬神의 혼을 이미 깊이 품고 있는 것이 된다. 영화의 첫 신과 마지막 신이 대자연과 어우러진 원시성의 막춤에 방불한 미친 엄마의 춤인 것은 바로 접신의 모티프로서 '귀신의 작용'에서 연유한다고 볼 수 있다. 봉준호 감독이 '엄마'라는 보통명사를 대신해서 '마더'라는 다소 이질감이 드는 제목을 붙인 것도

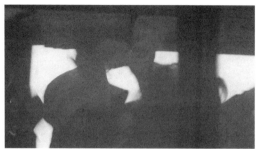

[4]

이질성을 적극 수용하려는 특유의 '무당기'와도 내적 연관성이
충분히 있을 듯하다. 그러므로 우리 전통 무당들의 춤이 그렇듯
이, '마더'의 춤은 타락한 이승에서 벌어지는 죄악의 굴레로부터
해방을 위한 춤으로 이해될 수가 있게 된다.[4]

　〈마더〉에서 우리는 과학적 이성으로 분석되는 의미 내용의 차
원을 넘어서 봉준호 영화가 지닌 고유한 '대안적 내러티브'의 진
경珍景을 엿보게 된다. 다시 말해, 봉준호 영화의 내러티브가 지
닌 생명력은 과학 혹은 인간 이성으로는 파악하기 힘든 신묘한
상상력에 있다. 그의 영화가 보여주는 이질성들의 결합에서 나
오는 그로테스크한 세계, 삶과 죽음의 이차원성異次元性을 하나
로 융합하는 상상력 등은 음양의 조화로서 귀신의 신묘한 작용
을 '온몸으로' 터득한 데에서 나온 것으로 볼 수 있다. 여기서 중
요한 점은, 봉준호 감독은 그 신묘한 상상력의 연원을 자기 바깥

에서 찾지 않고 '자기 안'에서 찾아야 한다는 진리를 깨달았다는 사실이다. 이 심오한 진리를 봉 감독은 아카데미상 트로피를 한 손에 거머쥔 채 수상 소감에서 자신이 사숙해온 세계적 감독 마틴 스콜세지의 말을 인용, 이렇게 말한다.

　　"가장 개인적인 것이 가장 창의적인 것이다."

　귀신론의 입장에서 이 말을 재번역할 필요성이 있다. 새로 번역하면, '자재연원自在淵源이 창조적인 것이다.' '자재연원'은 '가장 개인적인 것' 곧 고유한 '나' 속에서 진리를 구해야 한다는 뜻이니, '나'를 갈고 닦아야 하는 것이다. 여기서 '창의'를 '창조'로 바꾼 까닭이 있다. '자재연원'의 뜻은, 저마다 '개인 안'에 무궁무진한 조화造化의 주체로서의 '한울님'이 모셔져 있다는 동학의 '시천주侍天主'의 뜻과 같기 때문이다. '한울님'을 모신 각자의 '개인'이므로, '가장 개인적인 것'은 '창조적'이다.

4.

　영화 〈살인의 추억〉에서, 연쇄살인범을 잡지 못하자 해당 지역 경찰서 형사인 두만(송강호)과 용구(김뢰하)가 무당을 만나는 신은, 영화에서 흔히 쓰는 진부한 소재, 스토리텔링과는 별 상관이 없이 잠깐 스쳐가는 일과성의 소재가 아니다. 이 무당이 등장하는 신의 연출 목적은 비교적 분명하게 드러난다. 우선 '과학수사'를 포기하고 무당이 지시하는 대로 미신을 좇는 이 신은 당대의 공권력을 웃음거리로 만든다. 미궁에 빠진 연쇄살인 사건을 해결하려면 응당 '과학수사'가 필수적인데도, '과학'을 대신해서 '무당'이 등장한 것은 무속이 지닌 미신적 성향을 통해 1986년 당시 전두환 군사정권 시절에 미만한 한국 사회의 반민주적 폭력적 상황을 풍자한 것으로 풀이될 수 있다. 그러나 이 '무당 신'들은 영화의 심층의식 또는 스토리텔링의 심리학적 차원에서 분석되고 이해될 필요가 있다.

형사 두만은 범인이 잡히지 않자 답답한 나머지 무당을 찾아가고 무당이 시키는 대로 비 오는 밤에 살인 사건이 일어났던 현장에서 부적을 만드는 행위를 시행하는데,[5] 형사가 무속인을 찾아가 범인의 행방을 묻는 것 자체가 무능하고 혹세무민하는 공권력

자. 부적이나 팔려고 그러지 말고

[5]

을 풍자하는 신으로 해석되지만, 이 '무당 신'과 이어지는 '부적 신'에는 전체 내러티브의 구성과 연관하여 의미심장한 원심력을 가진 것으로 풀이할 수 있다. 그것은 플롯의 전개에서 보면, 비 오는 야밤에 살인 현장에 찾아가서 무당이 시키는 대로 부적을 쓰자마자 사건 현장 인근에서 훗날 범인으로 오인된 변태성욕자가 살인 혐의자로 검거되기 때문이다. 그러니까 무속인의 말은 미신에 지나지 않음을 드러내면서도 무속은 단지 진부한 클리셰로 떨어지는 게 아니라 사건 전개에 있어서 반전反轉과 함께 사건의 연장, 의미의 확산을 야기하는 주요 모티프의 구실을 하고 있는 것이다. 이는 무속을 대하는 감독의 시각이 단순한 소재주의 수준이 아니라 자기Selbst 무의식 바탕에 잠재하는 창조적 생명력을 감독 특유의 자유분방한 '영화 정신'의 수준으로 끌어올려 승화하고 있음을 여실히 보여준다. 더구나 전통 무巫는 적어도 고조선 이래 반만년이 넘는 장구한 역사를 거치면서 한국인의 근본적 집단무의식을 형성하였고 이 땅에 고유한 정신 문화의 깊고도 우람한 뿌리를 이루며 면면히 이어져온 사실을 감안하면, 봉준호 감독의 영화가 은닉한 무巫의 창조적 생명력은 한국인 누구나에게 공통적으로 감추어진 '오래된 무巫적 감수성'을 자극한다고 볼 수 있다.

야밤에 살인 사건 현장을 찾은 두만이 뜻밖에 서울시경에서 파견된 형사 태윤(김상경)과 마주치자, 역설적이게도 "씨바 과학수사를 해야지!"라고 힐난하면서도, 두만 자신은 무당을 찾아가면서도 이를 은폐하고 '과학수사'를 내세우는 이중인격을 드러낸다. 이처럼 주인공 두만의 캐릭터가 시사하고 있듯이 영화 〈살인의 추억〉의 내러티브는 시종일관 '과학수사'와 '미신迷信' 사이에서 아이러니한 관계를 견지하며 진행되는데, 바로 여기서 무당 신이 단순한 소재가 아니라 내러티브의 역동적인 전개를 위한 연출의 기본 전략 차원에서 나온 것이라는 점이 이해될 수 있다. 이는 봉준호 영화에서 무속의 장면들이 내러티브의 의미심장한 요소로 작용하고 있을 가능성을 암시하는 것이다. 중요한 점은 영화에서 무속을 혹세무민의 미신으로서 플롯에 사용하는 것과, 오묘한 무속의 원리를 봉 감독이 간파하고 자신의 상상력에 응용하고 있느냐 하는 문제는, 서로 별개의 문제라는 것이다. 이 '무당 신'을 '스토리'로 보면 흔하고 진부한 신에 지나지 않지만, '귀신론'의 시각에서 보면, 봉준호 감독 특유의 '귀신이 작용하는 연출력'의 메타포로서 역동적이고 무궁무진한 내러티브의 창조력의 표현인 것이다. 봉준호 감독의 비범한 연출력과 세계관의 깊이는 이러한 창조력의 원천으로서 '무巫의 특유한 생명력의 의식화意識化'와 깊은 연관성이 있어 보인다.

봉준호의 영화에서 스치듯이 연출된 '무당 신'과 그와 연결된 귀신(또는 接神)의 상상력은 감독의 분방하고 비상한 연출력에 의해 영화 안팎으로 오묘하게 변주되어 나타난다. 영화 〈괴물〉

[6]

에서도, 어린 딸이 괴물에 끌려가 생사조차 알 수 없는 순간에 가난한 온 가족이 우울하게 비좁은 식탁에 모여 앉아 컵라면을 먹는 신에서, 아무런 논리적 매개 없이, 느닷없이 어린 딸 현서(고아성)가 나타나서 함께 김밥을 먹자 아빠 강두(송강호)와 삼촌(박해일)이 삶은 계란과 소시지를 현서에게 건네주는 화목한 가정의 모습을 보여주는 신이 오버랩된다거나,[6] 영화 〈마더〉에서 살해된 아정의 할머니와 마더 간의 '접신의 대화', 〈살인의 추억〉에서 무당 신은 그 자체로 봉준호 감독의 심층의식을 밝히는 상징적 신들이라 할 수 있다. 그 심층의식에 역동적인 귀신의 조화력造化力처럼 무당의 존재가 잠재되어 있다.

일반 관객들과 합리주의적 이성에 갇힌 비평가들이 눈치채기 힘든, 합리적으로 진행되는 내러티브의 은미한 지점에 '귀신'이 잠복해 있다. 중요한 사실은 봉준호 감독의 영화에서 보이지 않는 은미한 곳(그늘, 陰)에서 잠복하고 작동하는 '무당 혹은 귀신의 알레고리'들은 스토리텔링을 꾸미기 위한 형식적이고 기술적인 삽입 혹은 에피소드가 아니라, 영화미학의 역동적인 근본 원리 차원에서 이해되어야 한다는 것이다. 씻나락 까먹는 귀신 같은 미신 이야기가 아니라, 역학易學에서 말하는 바, 천지간에 두루 편재하고 만물을 '낳고 또 낳는(生生)' 역동적인 생생지리生生之理로서의 귀신 즉 '귀신의 조화造化'는 봉 감독이 알게 모르게 각성한 그 자신만의 고유한 영화 연출에 있어서 '역동성'의 원리가 되고 있는 것으로 보인다.

그 무궁무진한 창조성의 생명 원리를 내장한 심층의식이 인간주의의 한계를 넘어 우주 자연과의 역동적 교감과 함께 '새로운 리얼리즘 정신'과 만나게 되었을 때, 이성 중심주의를 넘어서 '슈퍼 돼지 옥자'의 등장과 함께 '동물해방전선ALF'의 내러티브가 나오게 되고, 영화〈괴물〉에서 보듯이, 용산 주둔 미군이 방류한 독극물에서 비롯된 돌연변이 '괴물'과 사투를 벌이는 판타지 신들은 '반제국주의 투쟁'의 메타포로 읽히면서도, 그 '반제 투쟁'의 영화적 상상력은 과학적 이념이나 이성적인 수단을 통해서가 아니라 어린 현서의 맑은 동심童心과 가난하면서도 순박한 아빠의 마음 그리고 조선의 신궁神弓, 남주(배두나)의 올곧은 마음, 의로운 외톨이 삼촌의 마음 등과 같이, '사람들 저마다의 고유한 소박하고 순수한 마음들'을 존경하는 특이한 '비과학적 세계관'을 통해서 이루어지는 점. 이는 '저마다 개인적인' 마음의 순수한 역동성을 중시하는 봉준호 감독의 연출 철학으로 보면 조금도 이상할 것이 없이 충분히 이해될 수 있는 것이다.

5.

영화 〈기생충〉의 대강 줄거리는, 사업하다 망해서 반지하 셋집에 사는 가장 김기택(송강호)과 처, 아들 딸 네 식구가 IT 글로벌 기업의 CEO 박동익(이선균)의 풍광 좋은 대저택에서 저마다 '기생'하게 되면서 벌어지는 이야기다. 〈기생충〉은 영화의 주요 무대인 대저택-반지하-지하실은 각각 사회적·경제적 위계를 비유하듯, 기본적으로 사회과학 혹은 정치경제학적으로 계급론적 문제들을 제기한다. 내러티브에서의 계급론적 관점은 건축학적 위계로, 또는 광학적 밝기, 가령 빛과 어둠의 차별에 따라, 또 계급 차별에 대한 강력한 후각적 비유인 '냄새들'로서 기발하고도 역동적으로 연출된다.

이러한 자유분방하고 독특한 연출력이 내러티브의 전개를 사건의 직선적 논리적 진행에서 이탈하도록 만든다. 다시 말해, 인과론적 스토리 진행은 연출의 감성적 또는 초감성적인 힘의 운동에 의해 끊임없이 간섭받고 중지된다. 합리적 이성과 초이성

간의 인정투쟁에 있어서 이성은 감성적인 또는 초감성적인 요소들이 만들어내는 '잠재된 또 다른 내러티브' 앞에서 번번이 힘을 잃는 사태가 벌어진다. 봉준호의 영화가 논리적 해석이 쉽지 않은 것은 근본적으로 그의 영화에서 논리적이거나 이성적인 것도 감성적인 것 또는 초감성적인 것의 영향을 받기 때문이다.

　귀신론적 관점에서 말하면 그의 연출력에 귀신이 작용하는 것이다. 영화 〈기생충〉에서 부잣집 어린 아들 다송(정현준)이 본 사람 형상을 한 귀신은, 미신에서 비롯된 현상이긴 하나, 경우에 따라서는 미신이 아닐 수 있다는 말이기도 하다. 왜냐하면, 다송이 본 귀신은 영화에서는 실존하는 인물이기 때문이다. 그러니까 이 말은 봉 감독에게 귀신의 존재는 미신이 아니라 영화 연출의 '본능'이자 작용력으로서 이해된다는 의미일 수 있다. 앞서 말한 바, '괴물'에 잡혀간 어린 딸 현서가 가족의 가난한 만찬에 느닷없이 나타나 가족끼리의 정겨운 저녁 식사를 하는 판타지 신이나, 〈살인의 추억〉의 형사 두만이 고민 끝에 찾아간 무당의 부적이 스토리텔링의 주요 모티프로 기능한다거나, 〈마더〉의 여러 초이성적 연출의 신 등을 떠올리면, 봉준호의 영화에서 '생생지리生生之理'로서의 '은미한 귀신'의 존재와 그 자유분방하고 역동적인 작용 원리에 대해 어느 정도 이해될 수가 있을 것이다. 봉준호 감독은 귀신의 신통한 존재 원리를 자신의 영화 연출의 역동적인 원리로 활용하는 데에 능통한 것이다.

영화 〈기생충〉에서 봉준호 감독의 역동적 연출력이 '보이지 않는' 구심력으로 작용하는 '은미한' 지점은, 대저택에 사는 대부르주아지 동익의 아들 다송이 한밤중에 저택의 지하실에 숨어 사는 근세(박명훈)가 거실로 몰래 올라온 모습을 우연히 보고 나서 엄마인 연교(조여정)에게 '귀신'을 봤다고 말하고, 다송의 이 '귀신' 체험을 연교가 기택의 아내 충숙(장혜진)에게 전하는 대목이다.

> "언니도 귀신 믿죠? 다송이가 1학년 때 귀신을 봤잖아요,
> 집에서. (……) 귀신 나오는 집에서 살면 사업 번창하고 돈
> 잘 번대나. 실제로 사업이 잘되긴 해요. 요 몇 년간."

아마도 이 대사는 '불난 집에선 사업이 번창하고 잘된다'는 속언의 변용일 텐데, 중요한 것은, 봉 감독은 왜 이 '불난 집'을 바꾸어 '귀신'을 불러들였느냐 하는 문제이다.

여기서 '귀신'은 일반인들은 죽은 이의 사령을 가리키는 것으로 알겠지만, 사령으로 인식되는 귀신도 음양의 조화를 내포한다는 점에서 크게 다를 게 없다. 시대의 변화에 따라 '귀신'의 표현도 그 내용과 형식이 변하는 것은 자연스러운 일이다. 우선, 이 대사에서 '귀신'의 패러디는 자본주의적 가치 체계에 의해 변질된 사회의식을 보여준다. 그러나 영화 〈기생충〉이 은닉하고 있

는 깊은 속내를 밝히기 위해서는, '귀신'으로 표현된 존재가 그저 한낱 에피소드 수준에 그치는가, 아니면 귀신 자체가 영화〈기생충〉의 내러티브에서 하나의 '숨은 존재'로서 봉준호 영화의 내러티브 특유의 역동성을 반영하는가 하는 질문이 해결되어야 한다.

앞에서 본 귀신 대사는 영화의 플롯에서 의미가 크다. 왜냐하면 '귀신'이란 음양의 변화와 은미한 상호 운동을 가리키며, 귀신은 그늘진 은미한 곳에서 움직이기 때문이다. 이 대사를 전후해서 귀신이, 빈자/부자, 지상/지하 같은 대립적이고 도식적인 플롯 구성이나, 선적인 인과성이나 합리성을 중시하는 플롯의 기본적 개념들을 전격적으로 해체하는 역동적인 '은폐된 존재' 임을 드러낸다. 귀신은 대사 속의 미신적 존재로서 귀신이 아니라, 스토리텔링의 심층에서 활동하며 창작 충동을 자극하는 '은폐된 모티프'인 것이다. 바꿔 말하면, 지하 생활자가 지하실의 어둠에서 기생하다가 지상의 햇빛 속에 은폐된 존재를 드러내기 시작한 것은 본래 귀신이란 음양의 조화造化 원리를 가리키듯이 귀신의 드러남 즉 귀신의 존재 방식과의 상동相同관계 속에서 볼 수 있다. 곧 귀신은 봉준호 감독의 스토리텔링이 은폐한 역동성의 원리로 작용하는 것이다. 이 말은, 귀신의 존재와 활동에 의해 영화〈기생충〉의 내러티브는 위계적이거나 대립적인 개념들에 의한 사회과학적 분석과 해석으로부터 계속 달아나게 된다는 뜻

을 내포한다.[1]

　그러므로 부잣집 어린 아들 다송이 '귀신을 보았다'는 엄마 연교의 대사는 그냥 지나치거나 웃어넘길 허튼 말이 아니다. 앞서 보았듯이 '귀신'은 봉준호 영화의 무의식적 원형들 중 하나이자 연출의 구심력을 이루는 중요 요소로 볼 수 있는 것이다. 영화 〈기생충〉의 플롯(이야기 구성)에서 부잣집 지하실에 기생하는 가난한 사람이 부자 가족들에게 '귀신'으로 '출몰'하게 되었다는 사실은 그 자체로 향후 플롯의 역동적이고 복합적인 전개를 암시하는 것이다. 플롯에서 가장 극적인 대립은 결국 어둠 속에 살아

1　제목 〈기생충〉의 비유 혹은 상징은 하나로 단정할 수 없고 여러 시각에서 다양하게 규정할 수 있다. 귀신론의 관점에서 보면, 연교가 우스개처럼 말하는 '귀신'(여기서는 死靈으로서의 귀신)의 존재와 깊은 연관성 속에서 새로운 상징적 의미를 찾을 수 있을 듯하다. 가령, 반지하에 사는 도시 빈민인 기택의 가족이 조직적인 모사 끝에 한 명씩 부르주아지 동익 가족에게 기생하여 사기 행각을 벌이고, 사업에 실패하고 도망 중인 근세는 자신의 아내(이정은)가 가정부로 일하던 동익의 호화 저택 지하실에서 4년째 숨어 산다는 플롯의 기본 구도는 정치경제학적인 계급의식을 보여준다. 하지만 근세가 기택의 가족에게 발각되어 결국 충숙에게 죽임을 당하게 되는 전개를 보면, 빈자/부자, 지하/지상에 대한 계급의식적 관점이나 정치경제학적 해석이 내러티브에 충분히 부합하는 것은 아니다. 한 가지 분명한 것은 기택-동익-근세 이 세 등장인물이 대변하는 계급의식은 누가 기생충인지, 또는 누가 숙주인지 모른 채 서로 이용하면서 살아가는 '기생 관계'로서의 자본주의 체제에 대한 비판으로 해석될 수 있다. 기생충적인 존재들은 숙주와의 기생 관계, 상대적 관계가 필연적인데, 죽은 이의 혼령으로서의 '귀신'은 아마도 알 수 없는 존재들을 상대해야 하는 타락한 자본의 상황, 즉 '기생충적 상황'의 알레고리일 수 있다. 이렇듯, 귀신(死靈)의 알레고리는 비윤리적이고 추악한 '자본주의적 상황'을 가리키기도 하는 것이다.

가는 지하 생활자와 지상의 빛을 맘껏 누리며 생활하는 부자들 사이의 대립인데, 귀신이 출몰함으로써 스릴 넘치는 대립과 갈등은 비로소 본격화된다.

이는 〈기생충〉의 내러티브에서 가난한 자와 부자 간의 대립이라는 표면적 스토리 외에 지상과 지하를 오가며 시각·청각·후각·촉각 등 감성적 이미지들이 민감하고도 긴밀한 의미의 증식 작용을 일으키며 기묘한 의미망을 엮어가는, 보이지 않던 '은폐된 내러티브'가 마침내 '드러나게' 되었다는 의미이다. 그 '새로운 내러티브'는 선적인, 인과론적인 스토리가 아니라 감성적이거나 이성적인 의미들이 역동적으로 움직이며 생생하고 풍부한 의미망을 엮듯이, 어떤 '창조적인 유기체'로서의 내러티브를 만들어간다고 할 수 있다. 계급적 관점을 포함하여 감추어진 역동적인 내러티브가 새로이 활동하기 시작하는 동력은 바로 귀신의 작용력이라 할 수 있다. 예술 창작에 있어서 보이지 않는 '귀신' 존재의 각성과 이에 따르는 '귀신'의 변용과 변주는 그 자체로 예술의 생생함을 보장한다.

그러므로 〈기생충〉에서 '귀신'의 존재는 연출의 원리로서 '역동적 고유성'의 비유로 이해될 수 있다. 이렇게, 영화 〈기생충〉은 선적이고 논리적인 이야기로서의 내러티브를 벗어던지고 합리적 이성의 감시와 구속으로부터 감성과 상상력의 해방을 요구하게 되었을 뿐 아니라, 자본주의 타락상을 비판하는 수준을 넘어 새로운 초감성 혹은 통通감성의 비전을 제시하는 '대안적 내러티브'를 창조하게 된 것이다.

6.

　서로 어울리기 어려운 두 개념인 '살인'과 '추억'을 하나로 연결 짓는 것, 〈기생충〉에서 '짜파구리'라던가, 이탈리아, 스페인, 미국 등등 세계 각 나라의 이질적인 언어와 문화 현상들이 섞이는 것, '괴물'이라는 이질적이고 이異차원적 존재……. 이질적인 것들과 이차원적 것들이 서로 뒤섞이는 것은 〈옥자〉, 〈기생충〉, 〈괴물〉 등 봉 감독의 영화에서 어렵지 않게 만나게 된다.[7]

　이러한 사실은 이질성이나 이차원성들 간의 연결과 융합이 봉준호 영화의 내러티브를 만드는 상상력의 주요 내용이라는 점을 시사한다. 이는 감독이 내러티브를 창조하는 데 있어서 모든 이

[7]

질성들이나 이異차원성들을 포용, 융합을 꾀하는 역동적인 세계관과 그에 준하는 상상력이 없이는 결코 나올 수 없는 것이다. 영화〈옥자〉나〈괴물〉에서 보이는 기발하고 기괴한 상상력은 근본적으로 인간 존재의 본래성을 천지간 자연과 만물과의 역동적인 교류와 순환 속에서 이해하는 드넓은 생명론적 사유와 감수성에서 나오는 것이다. 인간의 본래적 존재감은 우주 자연의 연장감延長感의 회복 여부와 그 정도에 따르게 되는데, 그래서 귀신에 능통한 무巫의 존재를 주목하고 새로이 이해하지 않을 수 없게 된다. 바로 무 혹은 샤먼이야말로 우주 자연과의 교감에 마음과 온몸으로 능통한 존재인 것이다.

특히 영화〈마더〉에서의 마더가 홀로 춤추는 오프닝 신은 삶의 근원인 천지간 자연과의 합일을 청원하는 춤이고, 달리는 버스 안에서 굿판처럼 벌이는 군무群舞의 클로징 신은 속계에서의 비극적인 인생을 정화하고 고통을 승화하는 신명神明 어린 춤이라 할 수 있는데, 이들 춤 신은 봉준호 영화의 심층세계를 엿보게하는 인상 깊은 대목이라 할 수 있다. 그 춤 신엔 영락없이 이 땅에서 오래되고 유서 깊은 무당의 혼이 서려 있는 것이다. 대자연을 배경으로 '마더'가 마치 탈혼망아의 엑스터시에 든 듯이 추는 춤과 이 땅의 가난한 여인네들과 더불어 추는 눈물겹고 감동적인 춤을 공감하고 깊이 이해하지 못하는 한, 〈마더〉는 '이성'의 한계 내에서 해석되는 데에 그치게 될 것이다. 그 춤이 품고 있는 우주자연적-귀신론적인 의미를 이해해야 하는 것이다. 영화 〈마더〉의 내러티브 이면에는 샤먼-무당의 존재가 그늘처럼 어른거린다. 그러므로, 〈마더〉의 내러티브가 춤과 노래와 퍼포먼스와 사설이 한껏 어우러져 빚은 무당의 내러티브에 비견될 수 있는데, 이때 비로소, 영화 〈마더〉를 비롯한 봉준호의 영화는 '대안적 내러티브'의 차원에서 새로이 재조명될 수 있을 것이다.

들판에서 농부가 땀 흘려 수확한 보리 한 톨은 곡물 창고에 저장되어 생명계에서 순환되는 때를 기다린다. 언젠가 보리 한 톨이 적당한 온도와 습도를 만나게 되면 자기 안에 저장되어 있는 햇빛과 바람과 물과 흙의 무기물들을 불러내어 새로이 생기를 머금고 마침내 새싹을 틔우며 맥아麥芽가 되고 이내 효모酵母가 된다. 무기물이 은미한 유기체로 변화하여 잘 익은 술을 빚는 것이다. 작가 또는 예술 작품의 존재 원리는 보리 한 톨이 유기체로 변화하는 존재 원리에 비유될 수 있다.

작가는 천지간 자연 만물의 무상한 변화 운동을 자기 자신과 합일화하고 이 역동적인 합일화 과정을 통해 예술 작품이 창조된다는 점에서, 진정한 예술가와 작품은 그 자체가 '창조적 유기체'로 이해될 수 있다. 그러므로, 귀신의 작용이 빚어내는 천변만화하는 조화造化의 과정이 곧 예술 창작의 과정이다. 예술 창작의 원리로서 귀신은 눈에 보이지 않으나 작가 개인의 고유한 감성과 창조적 상상력이 주어지면 역동적인 유기체적 존재*로 변하는 것이다. 이러한 오묘한 진리를 봉준호 감독은 삼라만상의 운행 속에서 온몸으로 자득自得한 것으로 보인다. 봉준호의 영화는 이 사실을 자명하게 입증한다.

사람은 보리 한 톨과 연대하는 유기체이면서 만물의 영장으로서 '창조적인 유기체'이다(예술 작품도 그 자체로 '창조적 유기체'이다). 동학을 창도한 수운 선생의 말씀을 따르면, 사람은 이성적 존재에 머무는 게 아니라, '가장 신령한 존재(最靈者)'이다. 동학사상운동은 반봉건 평등사상 운동이요, 척양척왜斥洋斥倭를 내세워 반제국주의 투쟁을 전개해온 사실은 모두 다 아는 바와 같다.

때마침, 미국의 '대자본가' 대통령 도널드 트럼프가 영화〈기생충〉을 이틀간에 걸쳐 맹비난하고 혹평했다는 뉴스를 접했는데, 이 뉴스 하나만으로도〈기생충〉이 신자유주의 세계 체제를 신랄하게 비판하고 세계 자본주의의 맹주로서 미국 역사의 치부를 드러낸 매우 실효성이 큰 예술 작품임이 증명되었다. 우리의 명배우 송강호가 아메리카 인디언 족장 차림을 하고 글로벌 기업 사장인 박동익을 칼로 찔러 죽이는 신[8]은 여러 '과학적 해석'이 가능한데, 그중 특별한 비평적 해석의 가능성을 트럼프 덕분에 끌어낼 수 있게 되었다. 그것은 신자유주의와 세계 자본주의의 본거지인 미국이 개척 시대 이래 아메리카 원주민들을 '대학

[8]

살'하고 원주민들의 고유한 토착 문화를 미개한 것으로 내몰아 짓밟고 삶의 터전을 강탈해온 서구 제국주의 세력의 만행과 미제국주의의 '흑역사'를 고발하고 허구적인 '세계화'의 악령에 들씌운 신자유주의를 비판하는 풍자로서 송강호의 인디언 족장 연기 신을 해석할 수 있는 비평적 개연성을 활짝 열어놓은 것이다. 이 인상적인 '인디언 족장 신'이, 영화 〈괴물〉에서 보듯 감독 봉준호의 반제국주의와 자주적이고 주체적인 예술 정신, 그 연장선 위에 있음은 물론이다.

용어 해설 및 補遺

- 이 책의 영화예술론에 대한 이해를 돕는 '유역문예론'의 용어 해설 및 補遺
(페이스북facebook/imwoogi 글에서 발췌)를 실었다.

- 용어 해설은 『영화가 있는 문학의오늘』 32·33호의 「유역문학론 1」, 「유역
문학론 2」, 34·35·36호에 실린 봉준호, 이창동, 홍상수 감독론, 『네오 샤먼
으로서의 작가』 등에서 편집자가 발췌·정리했다.

유역문예론流域文藝論

　오늘과 같이 시시각각 전 지구적, 전 인류적으로 수많은 문화들의 상호 교류가 실시간으로 이루어질 수 있는 첨단 네트워크 시대에, 각 유역의 고유한 문화들을 기본으로 다른 유역의 문화와의 평등하고 우애로운 교류를 해가자는 것이 유역문화의 소박한 뜻이었다. 아직 유역문화라는 개념은 여전히 관념적이고 엉성한 용어에 머물고 있지만, 2000년 초 당시에 모든 유역이 저마다 평등한 중심이 되어 새로운 네트워크를 이루어가는 유역문화(유역문학)를 머릿속으로나마 진지하게 상상하게 되었고, 그것의 현실화 가능성은 지금 같이 급변하는 네트워크 시대에 와서 중요한 시험대에 오른 것이다.

　돌이켜보면, 지식인 사회에서는 2000년대에 들어서서조차 세계적 차원에서 보면 '지역성'인 '민족' 개념도 진보를 가로막는 반동적 이데올로기의 표현으로 비판당하는 분위기가 지배적이었다. 2007년 신자유주의가 점령한 '세계화 시대'에 발맞추어

'민족문학작가회의'의 명칭을 '한국작가회의'로 개명하는 문제로 작가회의가 내홍을 톡톡히 겪은 사실도 창비사를 중심으로 한 진보주의적 문학 권력들의 의식 내용과 수준을 충분히 가늠하게 한다.

사실 민족 개념은 역사적으로 자기 모순적이고 역사 발전에 저해되는 부조리한 내용을 가진 개념으로 인식되어 왔다.

칼 마르크스조차도 '아시아적 생산양식'이란 개념을 만들어내면서 동양의 제 민족 혹은 부족들을 미개하거나 '역사 발전'에 있어서 정태적인 것으로 소외시키는 이론적 한계 또는 자기 시대적 한계를 드러낸다. 마르크스에게 '민족'은 계급에 입각한 부르주아지의 이데올로기에 불과한 것이었고 노동자 계급의 국제적 연대를 강조하다 보니 노동자 계급의 국제주의 속에서 민족은 설 자리를 잃고 말았다. 그러다 보니 식민지 쟁탈 전쟁을 벌인 유럽의 악마적 제국주의, 곧 '침략적 민족주의'에 저항하고 투쟁하는 아시아, 아프리카, 아메리카의 제민족 해방을 위한 '저항적 민족주의' 이념은 간과되었고, 소련/중국, 중국/베트남, 몽골 등등 사회주의 민족 국가 간의 영토 분쟁 등등 많은 '저항적이고 자주적인 민족'의 존재는 은폐되곤 했던 것이다. 동양 사회는 국가가 토지를 독점하면서 군사력을 통해 정치 권력을 유지하여 전제자를 제외한 사람은 노예와 같고 동양의 부족 공동체들은 서로 차이가 없이 전횡적이며 자급자족적 폐쇄경제를 구축한다거나, 동양 사회는 정태적으로 역동성이 없다고 하는 마르크스의 판단은 어떤 그릇된 인식과 함께 분명한 한계를 가진다. 이는 인도를 식민지 지배한 영국 제국주의가 오히려 인도를 문명화시켰다는 마르크스의 사고에서도 드러난다.

이러한 역사적 민족 개념을 성찰하면서, 유역문학은 서울/지방, 중앙/지역, 서구/비서구(아시아, 아프리카, 라틴아메리카), 침략적 제국주의(민족주의)/저항적 민족주의라는 이항대립적인 기존 인식론을 극복하는 과정에서, 민족 개념의 내포와 외연을 넓혀야 할 현실적 당위성을 깨닫게 되었다. 더욱이 새로운 문예운동론의 차원에서 제시된 '유역문화'는 유역 개념 내부에서 민족 개념을 새로이 발전시켜야 하는 자기 임무를 가지고 있다. 정치적 독립성뿐만 아니라 문화적 고유성의 지평에서 새로이 파악된 민족 개념을 구체적인 현실과 이론을 통해 발전시켜야 하는 임무를 수행해야 하는 것이다. 유역 개념은 민족 개념을 유동적으로 수용하면서 앞으로 자기 안의 빈틈들 혹은 오류들을 채우고 수정하며 정립해가는 '자기반성적인 개념'이라고 할 수 있다. 그러므로 유역 개념은 민족 개념과 상대적, 상관적, 상보적 관계로서 향후 하나둘씩 채워지고 갖춰지고 마침내 찾아지는 과정過程적이고 유기체적인 '열린 개념'인 것이다.

그렇다고 열린 유역 개념에 의해 기존의 저항적 민족주의가 희석되거나 약화되어서는 안 된다. 거꾸로 유역 개념은 저항적 민족 개념에 의해 역사적 존재로서 자기 존재를 부여받게 된다. 그러니까, 반제反帝 민족해방 차원의 민족문학은 역사적·사회적·경제적·문화적·정신적으로 심각한 불구성이 지금도 제대로 치유되지 않은 나라에서는 여전히 유효하고, 오히려 더욱 확대 발전시켜야 한다고 본다. 그러기 위해서는 서울 중심으로 이루어지고 있는 시장 만능주의적 물신주의 문화, 제국주의적 세계 자본이 획일적으로 점령하는 미국 등 서구의 외래문화를 어떻게 선택적으로 지혜롭게 자주적으로 수용하는가, 하는 문제는 유역문화가 당면한 중요한 문예론적 과제이다.

오늘의 한국문학에서 유역문학이 가지는 의미와 추구하는 바는 첫 번째로, 유역문학은 '방언문학'으로 수렴되는 동시에 '세계문학'으로 확장된다는 것이다.

대개 방언문학이라 하면, 소설가 이문구의 소설처럼 사투리나 지역 방언을 주로 쓰는 문학을 떠올리는데 이는 오해이고 옳지 않다. 유역문학이 제기하는 방언문학은 지방 언어나 사투리를 쓰는 문학이 아니라, 기본적으로 작가마다 고유한 '개인 방언'을 쓰는 문학을 가리킨다. 탁월한 작가들인 이문구, 김성동 선생의 작품이 충청남도 보령 지방 방언을 일일이 찾아 기록하고 문학 작품으로 되살렸다거나 하는 것만이 방언문학에 부합하는 것은 아니다. 엄밀히 말하면, 이문구, 김성동의 문학 언어는 충청도 방언이라는 '지역 방언'에 충실한, 독자적인 '개인 방언'이다. 오히려 이문구, 김성동 선생이야말로, 이러한 개인 방언으로서 방언문학의 깊은 뜻을 온몸으로 치열한 삶을 통해 정확히 깨달은 작가이기 때문에, 유역문학의 모범으로 내세울 만한 탁월한 작가라고 평가할 수 있다. 이문구 선생은 자신의 작가적 존재를 "방언적 존재로서의 작가"라고 정의한 바 있다. 4·19 세대 문학으로부터 소외된 자기 존재를 스스로 풍자적으로 규정한 '방언적 작가' 이문구의 자기 고백은 자재연원과 원시반본의 관점에서 보면, 아이러니하게도 '새로운 시대의 작가'에 대한 매우 적확한 정의라고 할 수 있다. 곧 "방언적 존재로서의 작가"는 유역문학의 관점에서 추구하는 작가 개념에 정확히 부합하는 것이다.

유역문화에서 기본적인 것은 언어의 원시반본이다. 음양의 기운이 깊이 어울려 조화를 이루는 깊은 울안이면서, 존재론적으로, '존재의 집'이기 때문이다.

유역문화의 생성과 정착을 위해, 일본 제국주의와 서구 추종 세력들이 구축해놓은 중앙집권적 표준어주의를 반대하고 청산하기 위해 '지역 방언'도 가능한 되살려야 하고, 무엇보다 유역문화의 개별성과 고유성을 되살리기 위해 일제에 의해 사라진 각 유역마다의 고유 지명을 비롯한 동식물 같은 자연물 및 사물 등이 본래 가지고 있던 오래된 우리말 이름들 등 우리말 고유어 살리기가 선결적이고 선도적으로 중요하다. 아울러, 유역문학의 작가들은 '언어의 원시반본'과 '개인 방언'의 체득을 함께 추구해야 한다. 즉, 각 유역의 고유어와 우리말 방언의 살림이 중요하다.

두 번째로, 유역문화는 상생相生의 문화를 추구한다.

이는 지역에서 자기 삶의 터전을 아끼고 중시하는 만큼 타 지역·타자의 삶과도 평등하고 우애롭게 교류하는 마음을 전제로 한다. 자기 삶의 터전을 아끼면서 타자와 상생하는 '교류의 문화'를 지향하는 유역문화는, 고유한 지역 방언을 기반으로 한 언어권, 고유한 풍속과 생활방식과 전통문화 등을 공유하는 문화권들로 나뉠 수 있다. 가령, 현 단계에서 한반도 곧 한국이라는 유역에서 보면, 금강 유역, 낙동강 유역, 영산강 및 섬진강 유역, 한강 유역 그리고 강원도 유역, 제주도 유역, '북한 유역'(과도기적 관점으로 하나의 유역권으로 보고서) 등으로 나뉠 수 있다. 이러한 유역적 관점에는, 서구 중심/탈서구, 서울/지방, 중심부/주변부라는 기존의 제국주의 혹은 근대주의적 지배와 종속의 관점을 해체하며 극복하는 머나먼 문화사적 여정이 기다리고 있다.

유역문화 속에는 저마다 독특한 자연, 지리, 환경, 풍속, 역사 및 지역 농산·특산 그리고 고유한 방언, 지명 등 오래된 고유한 언어 습관 등 각 유역의 독자적인 내용들이 있기 때문에, 각 유역에 살고 있는 주민들의 토착 삶과 문화 전통을 존중하는 문화와 문예의 정신을 찾아야 하는 것이고, 바로 여기서 자재연원과 원시반본의 관점이 필요하다. 이제 인류는 포노 사피엔스phono sapiens 라는 용어가 등장할 만큼 새로운 환경에 놓이게 되었지만, 지금 같은 가상현실 시대를 불안해하고 우려하고만 있을 수는 없다. 포노 사피엔스의 부정적이고 비관적인 전망에 대응하여 문화적 으로 사상적으로 적극 극복하는 노력이 훨씬 긍정적이고 생산적 일 텐데, 여기서 '원시반본'과 '자재연원'의 사상과 문화가 필요 하다. 특히 새로운 애니미즘 혹은 새로운 샤머니즘이 포노 사피 엔스의 미래에 어떤 영감 어린 상상력과 활력을 주는 새로운 문 화적 요소가 되어줄 소지가 많다.

또한 유역문화는 미시적으로는 지역적이면서 독립적인 문화 형이면서도 거시적으로는 전 지구적 네트워크의 소통과 교류의 문화형으로서, 미시적 관점 속에 거시적 관점이, 또 그 반대로 서 로를 내포하고 있다.

세 번째로, 유역문학의 정신적 터전은 '인민들의 죽음의 역사' 를 기억하는 것이다. 인민들의 역사 속에서 억울한 죽음에 대한 추념과 추도를 통해서 죽음조차 삶과 서로 영성적으로 교류하고 마침내 상생하는 살림의 문화를 추구한다. 보이지 않는 죽음의 존재를 '접신'하는 것이 음 개벽의 문화가 맡아야 할 시대적 소 명이라고 한다면, 서구 제국주의 침략의 역사 속에서 소위 제3세 계의 인민들의 무수한 죽음에 대한 기억은 유역문화의 깊은 뿌 리를 이룬다. 제국주의적 죽임의 문화, 탐욕적 자본주의적 문화는 지금도 아시아, 아프리카, 라틴아메리카 등 세계 인민들의 삶과 의식을 점령·지배하고 있다 해도 과언이 아니다. 제국주의에 의해 죽임을 당한 영혼들을 진혼하는 문화 행위는 반제국주의를 표방하는 유역문화 정신의 자연스러운 발로이다. 가령, 노벨문학상을 받은 가브리엘 마르케스Gabriel Garcia Marquez의 소설에서 훌륭한 유역문화의 정신을 볼 수 있다. 서구 제국주의 침략과 농간에 스러진 수많은 라틴아메리카 인민들의 삶과 죽음을 대신하는 소설 속 인물들, 샤먼의 상상력과 연결된 신화적 상상력은 마르케스의 위대한 작가정신을 보여주는 것이기도 하지만, 유역문학의 관점에서 보면 서구 제국주의에 희생당한 선량하고 무고한 제3세계 인민들의 억울한 죽음과 그 죽음을 기억하고 진혼하는 문학 형식으로서 환상적이고 신화적인 상상력 혹은 네오샤먼적 상상력의 문학 정신은 소중하고 의미심장한 모델이요 문학적 모범이다.

원시반본原始返本 · 최령자最靈者

　　원시반본元始返本의 관점에서 문예란, 원시반본이 '가장 신령한 존재(최령자)'로서 인간 존재를 추구하는 것이라면, 옛 원시시대로 돌아가자는 게 아니라, 지금-여기서 시공을 초월한 접령 상태를 체험하는 것이라 할 수 있다. 아득한 옛날부터 무당의 춤과 노래는 바로 이러한 일상적 접령의 방편이었다. 오늘날 문예 활동이 중요한 것은, 문예를 통해 잃어버린 일상의 영성적 존재를 찾을 수 있다는 것, 곧 문예는 원시반본의 방편이 될 수 있기 때문이다.

　　유역문예론은 인간을 서구 근대이성주의를 탈피하고 극복하는 사상 문제에 직결되어 있다. 그러므로 존재론적으로 보아, 서구 제국주의의 침략으로 점철된 근대 이후 인류를 지배한 '합리적 이성의 존재'에서 '가장 신령한 존재(최령자)'로의 지성과 감성의 전환이 함께 이루어져야 하는 것이다.

수운 동학의 이른바 '후천개벽' 사상은 그 자체가 옛 사상들을 창조적으로 회통하여 인류사적인 새로운 큰 사상을 세웠다는 뜻에서, '원시반본'에 기초하고 있다고 할 수 있다. 동학의 원시반본 개념을 이해하기 위해서는 동학이 인간 존재를 어떻게 해석하는가를 먼저 살펴야 한다. 그 가운데 특히 북송 때 수리철학을 펼쳐 선천역先天易을 완성하였고, 남송의 주자학 성립에 영향을 끼친 인물인 소강절邵康節(이름은 옹擁, 1011~1077)이 완성했다고 하는 선천역학先天易學을 조선 말 위난의 시기에 독창적으로 재해석하여 '다시 개벽'('후천개벽') 사상을 정립한 것이다.

소강절의 선천개벽은 오전(양)에서 오후(음)로 넘어가는 중간 (11~13시: 오회午會)에 음양의 교체가 일어난다고 보았는데, 이를 수운 선생이 '개벽'의 관점에서 설명하였다. 우주가 처음 열리는 때를 선천개벽이라 한 소강절과 달리, 수운 선생은 소강절이 말한 오전과 오후의 그 중간(오회)에 일어나는 변화를 '다시 개벽' 즉 후천개벽으로 이해하였다. 이렇듯 '개벽론'은 수운 선생에 의해 비로소 '후천개벽론'으로 정립되었던 것이다. 소강절은 하늘과 땅이 처음으로 열리는 것을 개벽으로 설명했다면, 수운 선생은 인간이 새로 태어나는 것을 '다시 개벽'으로 설명했다. 후천개벽을 주도하는 인간은 바로 '가장 신령한 존재(최령자最靈者)'다. 여기서 중요한 것은 수운 선생은 후천개벽에서 '최령자'라는 인간 존재에 주안점을 두었다는 점, 곧 그 개벽적인 인간 존재를 접령(접신)하는 '최령자'로 정의하였다는 사실이다.

동학에서의 인간 존재 해석은 서양의 근대철학에서 보듯이 '이성의, 이성에 의한 존재'거나 '자유의지'를 지닌 존재, 실존적 존재 같은 해석 차원과는 근본적으로 다르다. 물론 한국과 중국은 근본적으로 음양론적 전통 혹은 음양이기론 등의 전통 사유에서 나온 인간관이라는 점에서 서양의 인간관과는 사유의 바탕을 달리한다. 동학의 인간관은 인간은 본래적으로 만물 중 '가장 신령한 존재(최령자)'라는 것이다.

> "음과 양이 서로 균형을 이루어 비록 백천만물이 그중에서 화化해 나지마는 오직 사람만이 가장 신령한 존재이니라 (陰陽相均 雖百千萬物 化出於其中 獨惟人最靈者也)."

> "侍者 內有神靈 外有氣化 一世之人 各知不移者也(侍라는 것은 안에 신령이 있고 밖에 기화가 있어 온 세상 사람이 각각 알아서 옮기지 않는 것)"(수운, 「논학문論學文」).

수운 선생의 위 말씀은 원시반본으로서의 개벽사상을 깊이 이해하고 이 땅에서 자재연원으로서의 전통적 인간관을 지금 여기에 바로 세우는 데에 있어서 특별히 중요하다. "陰陽相均 雖百千萬物 化出於其中 獨惟人最靈者也"라는 말씀은 천지와 한 기운 한 몸으로 연결된 모든 존재들 중 오직 인간만이 '가장 신령한 존재' 됨을 가리킨다. 그래서 저 유명한 "外有接靈之氣 內有降話之敎(밖으로 접령하는 기운이 있고 안으로는 강화의 가르침이 있다)"(「논학문」)라는 수운 선생의 말씀이 이어진다. 곧 '가장 신령한 존재(최령자)'로서 인간 존재는 자기 안에 본래 신령함이 있고 그 신령함이 밖에 기氣로 화化하는 존재라는 것이다. 이러한 '가장 신령한 존재'인 인간 존재는 천지인天地人의 합일을 주도하는 존재이다.

여기서 수운 선생의 음양상균陰陽相均이라는 독특한 음양론이 가지는 원시반본의 철학을 조금 깊이 들여다볼 필요가 있다. 음양상균론에서 '가장 신령한 존재'로서 인간 존재는 음양이기陰陽二氣의 균형과 조화에 들게 하는 기운(화기和氣, 중화기中和氣, 충기沖氣) 속에서 나오는 존재이다. 이를 주역으로 비유하면 지천태地天泰괘가 조화로운 기운을 상징하는데, 형상으로 보면, 하늘괘[乾卦]가 아래에 내려가고 땅괘[坤卦]가 위로 올라가 중간에서 음양이 만날 때를 지천태괘로 하고, 역학으로 보면, 천지가 교합을 이룬다는 것이고, 동학으로 보면, 음양이 상균하는 것이고, 노자老子로 보면, 충기沖氣 또는 화기和氣라 하는 것이다. 이러한 음양의 기운이 조화를 이룬 상태를 후천의 조화로운 이상세계로 보고, 후천의 이상적 인간상을 '최령자'로 본 것이다. 이는 천지인 삼재를 조화롭게 합일하는 주체가 '최령자'로서 인간 존재라는 뜻이다.

주자학 이래 성리학에서 만물의 생성을 이기理氣의 운동으로 설명하였으나, 동학에서는 이기로서가 아니라(즉, 이기를 넘어) 지기至氣로서 설명하는데, 이는 지기 안에 이기를 포용하거나 지기가 이기를 초월한다는 것을 뜻한다. 이 이기를 지기로서 설명한다는 말엔, 성리학에서 이理를 절대화한 태극을 비워두고 그 빈자리에 지기를 대체한다는 뜻이 내포되어 있다. 태극이 아니라, 음양의 지극한 조화로서 지기를 중시하는 것이다. 이는 동학의 '생성론'으로서, 음양상균과 지기至氣론은, 음양의 대립성이나 절대성(태극)에서가 아니라 서로 의존하는 음양의 상보성과 상생성에 기반을 두고 있음을 의미한다.

동학은 지기론으로 성리학의 이기론을 넘어서는 것이다. 동학에서 그 지기는 '허령虛靈'으로 표현되고 있는데 허령은 가짜 영靈이 아니라, 비어 있어 맑고 고요하며 순진무구한 영을 가리킨다. 영靈은 이理를 타고 오는 것이 아니라 기氣를 타고 오며, 영은 기가 매개하므로 신령이 충만한 상태가 지기인 것이다. 따라서 접령接靈을 통해서 지기를 알게 되고, 지기를 통해서 접령을 알게 되는 존재가 원시반본이 체현體現된 존재라고도 말할 수 있다.

하지만 수운 선생의 득도 체험에서 보듯이 한울님 육성에 의

한 강화降話는 접령의 형식으로 나타난다. 이 말은, 수운 선생의 득도 과정에서 유비類比되듯이, 동학의 21자 주문呪文은 수심정기守心正氣를 기본으로 하여 접령(접신)에 이르기 위한 방편이라는 것을 의미한다. 즉, 주문은 원시반본(또는 '원시반본적 존재')의 중요한 방편인 것이다.

'최령자(가장 신령한 존재)'라는 인간 존재 개념은, 인류사적으로 서구 제국주의 열강의 강압과 침략에 의한 식민지 지배와 서세동점西勢東占의 근대 역사 속에서 물질적인 수탈만이 아니라 정신적인 면에서도 엄청난 파괴와 피해와 함께 강제적인 이식移植을 강요당한 우리나라를 비롯한 아시아, 아프리카, 라틴아메리카 등 피식민지의 사회에 오늘날까지 널리 퍼져 있는 인간 존재 규정, 즉 서양의 철학 사상이 일방으로 주입해온 소위 이성적 존재로서의 '자유인'이라는 근대적 인간 존재 개념을 깊이 반성하도록 촉구한다. '최령자'는 서양 근대의 개인주의적 자유를 보장받은 이성인보다 더 높은, 근원적인 차원의 인간 존재 개념이라할 수 있다.

비유적으로 말하자면, 이성적 존재와 신령한 존재 사이의 관계를 용기用器에 비유하곤 하는데, 소박하되 넉넉한 옹기甕器를 신령한 존재에 비유한다면, 이성적 존재는 옹기 안에다 담아두는 세공된 유리그릇에 비유될 수 있다. 하지만, 옹기는 땅속에서도 자연적 유기물有機物로 빚어져서 안팎으로 숨 쉬는 자연을 닮은 기화氣化하는 항아리이다('내유신령 외유기화'의 비유로서 옹기!).
이에 반해, 유리그릇은 숨을 못 쉬어 기화가 안 되는 인공의 그릇
이다. "천하는 신묘한 그릇과 같아 인위로 다스릴 수 없다(天下神
器 不可爲也)"(『老子』 29장)라는 노자의 말처럼, 항아리 같은 신령
한 존재가 넉넉한 자기 안에 이성적 존재를 품어 새로운 용도로
쓸 수는 있어도, 유리그릇이 항아리를 담아낼 수는 없다. 신령한
존재는 노자가 설파했듯이 천지를 담아내는 항아리 같은 존재이
기 때문이다.

한편, 이 '시천주'한 인간 존재인 '최령자'의 존재 개념에는 계
급 차별이나 남녀, 노소, 빈부, 귀천, 직위 고하 등 온갖 사회 문화
적 차별을 근본적으로 부정하는 만인 평등사상이 깃들어 있음
은 물론이고, 생명체를 비롯해 만물을 존중하는 만물공경萬物恭敬
사상이 담겨 있다. 그 도저한 생명 사상 속에서도 오로지 인간 존
재만이 천지간 공사公事를 목적의식적으로 수행할 '창조적이고
주체적인' 존재로서 인간 존재론이 들어 있다. 음양론의 시각에
서 보면, 인간은 음양오행에 따른 갈등과 상극相克의 기운을 조
화調和와 상생相生의 기운으로 바꿀 '정기精氣(中和氣)'로서 창조
적 주체라는 심오한 뜻이 들어 있다. 전통적으로 천지인 삼재三才
사상에서 인간이 능동적으로 천지 공사를 수행하는 주체이므
로, 서양의 휴머니즘과는 다른 차원에서 '한울님을 모신 창조적
인본주의'라고 할 수 있을 것이다.

결국, 원시반본이란 '가장 신령한 존재(최령자)'로서 인간 존재를 추구하는 것이다. 또한 원시반본은 이와 같은 신령한 인간 존재론의 지평에서 지금-여기서의 삶의 세계를 깊고 넓게 성찰하는 열린 정신에서 이루어진다.

시천주 조화정侍天主 造化定 · 창조적 유기체
[유기체적 존재 · 유기체로서의 내러티브]

동학 주문 21자인 강령주문降靈呪文 '至氣今至 願爲大降' 8자에 이어진 본주문本呪文 13자 '侍天主 造化定 永世不忘萬事至'에는 한울님이 손수 내리신 말씀으로, 동학의 핵심 말씀인 '시천주 조화정侍天主 造化定' 여섯 글자가 포함되어 있다. 동학 주문 21자는 8자로 된 강령주문과 13자로 된 본주문 간에 내용과 형식에서 서로 분리될 수 없는 긴밀한 관계에 놓여 있다. 수운 선생이 강령지교降靈之敎를 통해 얻은 주문 21자 '至氣今至願爲大降 侍天主造化定 永世不忘萬事知'는, 수운 선생이 직접 이 주문을 늘 간직하여 외우라는 가르침을 내리고 있고 이 주문만 외우고 음송하면 누구나 한울님이 될 수 있다고 하는 아주 특별한 주문이다. 수운 선생은 『동경대전』의 「논학문」에서 친히 이 주문 21자에 대해 자세한 주석을 달아놓았다. 수운 선생의 동학 주문 21자에 대한 주석은 경전經典의 내용을 이루고 있으므로 그 자체로 완전무결한 내용이라 할 것이다. 경經에 나오는 21자 주문의 주석은 다음과 같다.

묻기를 주문의 뜻은 무엇입니까?

대답하기를 지극히 한울님을 위하는 글이므로 주문이라 이르는 것이니, 지금 글에도 있고 옛글에도 있느니라.

묻기를 강령의 글은 어찌하여 그렇게 됩니까?

대답하기를 '지至'라는 것은 지극한 것이요,

'기氣'라는 것은 허령이 창창하여 일에 간섭하지 아니함이 없고 일에 명령하지 아니함이 없으나, 그러나 모양이 있는 것 같으나 형상하기가 어렵고 들리는 듯하나 보기는 어려우니, 이것을 또한 혼원渾元한 한 기운이요,

'금지今至'라는 것은 도에 들어 처음으로 지기에 접함을 안다는 것이요,

'원위願爲'라는 것은 청하여 비는 뜻이요,

'대강大降'이라는 것은 기화氣化를 원하는 것이니라.

'시侍'라는 것은 안에 신령함이 있고 밖에 기화가 있어 온 세상 사람이 각각 알아서 옮기지 않는 것이요,

'주主'라는 것은 존칭해서 부모와 같이 섬긴다는 것이요,

'조화造化'라는 것은 무위이화無爲而化요,

'정定'이라는 것은 그 덕에 합하고 그 마음을 정한다는 것이요,

'영세永世'라는 것은 사람의 평생이요,

'불망不忘'이라는 것은 생각을 보존한다는 뜻이요,

'만사萬事'라는 것은 수가 많은 것이요,

'지知'라는 것은 그 도를 알아서 그 지혜를 받는 것이니라.

그러므로 그 덕을 밝고 밝게 하여 늘 생각하며 잊지 아니
하면 지극히 지기에 화하여 지극한 성인에 이르느니라.

"曰呪……文之意는 何也니까

曰至爲天主之字故로 以呪……言之니 今文有古文有니라

曰降靈之文은 何爲其然也니까

曰至者는 極焉之爲至요 氣者는 虛靈蒼蒼하여 無事不涉하고
無事不命이나 然而如形而難狀이요 如聞而難見이니 是亦渾元之
一氣也요

今至者는 於斯入道하여 知其氣接者也요

願爲者는 請祝之意也요 大降者는 氣化之願也니라

侍字는 內有神靈하고 外有氣化하여 一世之人이 各知不移者
也요 主자는 稱其尊而如父母同事者也요 造化者는 無爲而化也요
定者는 合其德定其心也요 永世者는 人之平生也요 不忘者는 存想
之意也요 萬事者는 數之多也요 知者는 知其道而受其知也라 故
로 明明其德하여 念念不忘則 至化至氣至於至聖이니라"

득도 후 포교를 시작한 수운 선생을 어느 선비가 찾아와
서 동학 주문의 뜻을 묻자 이에 선생은 인용문과 같이 동학
주문 21자에 대해 일일이 주석을 달아놓았다. (강조 필자)

'시천주 조화정'에서 '조화정'에 대해, 수운 선생은 다음과 같
은 주석을 달았다.

> '조화造化'라는 것은 무위이화無爲而化요,
> '정定'이라는 것은 그 덕에 합하고 그 마음을 정한다는
> 것이요,

'조화정'의 뜻은 사람의 힘으로는 어찌할 도리가 없는 우주 자
연이 저절로 생성·소멸하는 과정과 이치 즉 '무위이화無爲而化'
의 덕德에 사람의 마음을 맞추어 정定한다는 것이다. 그러니까,
'무위이화'는 자연의 순리順理에 따라 저절로 되어지는[化] 것으
로 그 속엔 한울님의 섭리가 작용(창조력)한다는 뜻이니, 그 한
울님의 창조적 섭리의 덕德에 사람들 저마다 마음을 정하는 것이
'조화정'이라는 것이다.

'유역문학론'의 관점에서, '조화정'의 뜻에서 새로운 개념의
도출 가능성을 찾으면, 여기서 유기체론의 가능성을 엿볼 수 있

다. 무위자연, 혹은 천지, 우주자연을 하나의 '유기체' 개념으로 이해하고 그 유기체가 한울님의 창조적 섭리에 의해 변화한다는 점에서 '창조적 유기체론Creative Organism'이란 개념을 창출할 수 있을 것이다. 이 유기체 개념을 사용하여 '무위이화'를 거칠게 번역하면, '저절로 변화하는 능동적인 유기체' 정도가 될 터인데, 이 유기체론의 관점으로, '조화정造化定'을 번역해보면, '무위이화'의 섭리로서 한울님의 덕에 마음을 합하는 것, 곧 '시천주 존재' 즉 신령한 존재로서 인간이 유기체적 세계의 변화를 주도하는 것이라 할 수 있다. 앞서 말했듯이, 천지인 삼재 중에서 인간은 중화기中和氣로서 주체적이고 능동적인 지위와 역할을 맡는다는, 인간 존재의 깊은 뜻을 품고 있기에 '조화정'인 것이다.

그러니까, 모든 인간은 각자 '한울님 모심(侍天主)'의 존재로서, 무위자연無爲自然 즉 유기체적 세계를 '창조적'(한울님 모심의 존재로서의 '창조성')으로 변화시키는 능동적 존재라고 해석할 수 있을 것이다.

가령, 우리 몸도 하나의 유기체적 존재 형식이다. 간장(木), 심장(火), 비장(土), 폐장(金), 신장(水) 등 오장육부가 저마다 기능을 가지고 조화롭게 작용하는 유기적인 관계를 맺음으로써 인간이라는 '창조적 유기체'가 존재하듯이, 생명계를 이루는 만물의 운행 질서는 그 자체가 '造化'로서 유기체적인 것이다. 이 창조적 유기체란 개념의 바탕엔 이미(선결적으로!) 무기물-유기물의 상호작용 과정이 내포돼 있고, 이 유기체적 우주자연 속에서 인간은 그저 피동적 존재에 머무는 데에 그치지 않고 '造化'에 능동적이고 창조적으로 작용함으로써 '無爲而化'의 공덕에 합일되는 존재라는 것이다. 그러므로 인간 존재에게는 스스로 자율의지自律意志로서 생명계의 긍정적인 변화('무위이화')를 꾀하는 '신령한 존재됨'이 요청된다. 그 새로운 인간 존재가 '후천시대'를 이끌어갈 '개벽적 존재'로서 '侍天主' 또는 '最靈者'인 것이다.

하지만, 동학에서는 사람만이 아니라 천지간 만물이 '시천주'로서의 존재 즉 신령한 존재이다. 단지 사람은 만물 중 '가장 신령한 존재'라는 것이다. 수운 선생의 제자이며 동학의 2대 교조인 해월(海月, 崔時亨) 선생은 사람만이 아니라 온갖 생물, 나아가 사물조차도 공경하라는 경물敬物사상을 설했다. 해월 사상은 동학이 지닌 심오한 생명 사상의 경지를 잘 보여주는 것으로, 존재론적으로 지금-여기 '온 삶'의 과정 자체, 생명의 모든 과정 전체를 공경하라는 뜻이다. 해월 선생이 조정의 체포령을 피해 강원도 원주 인근에 동학교인 집에 피신하고 있던 중, 어느 날 아침에 설한 다음과 같은 말씀은 동학이 지닌 생명관이 잘 드러나 있다.

우리 사람이 태어난 것은 한울님의 영기를 모시고 태어난 것이요, 우리 사람이 사는 것도 또한 한울님의 영기를 모시고 사는 것이니, 어찌 반드시 사람만이 홀로 한울님을 모셨다 이르리오. 천지만물이 다 한울님을 모시지 않은 것이 없느니라. 저 새소리도 또한 시천주의 소리니라.(彼鳥聲 亦 是 侍天主之聲也)

우리 도의 뜻은 한울로써 한울을 먹고(以天食天) ― 한울로써 한울을 화(以天化天)할 뿐이니라. 만물이 낳고 나는 것은 이 마음과 이 기운을 받는 뒤에라야 그 생성을 얻나니, 우주 만물이 모두 한 기운과 한마음으로 꿰뚫어졌느니라(『천도교 경전』, 294~298쪽).　　　　　　　(강조 필자)

　　인용문에서 "한울님의 영기를 모시고 사는 것이니…… 저 새소리도 또한 시천주의 소리니라", "우주 만물이 모두 한 기운과 한마음으로 꿰뚫어졌느니라"는 해월 선생의 말씀은, 인간 존재란 우주 만물의 생성 변화하는 과정 속에서 성실히 살아가는 현존재이며, 인간과 마찬가지로 모든 동식물 그리고 무생물에 이르는 일체 만물이 "한울님의 영기靈氣를 모시고" "한 기운과 한마음으로 꿰뚫어져 있음"을 밝히고 있다. "저 새소리도 또한 시천주의 소리니라" 나무에서 지저귀는 '저 새소리도 한울님의 소리'라는 말씀은 창조주와 피조물을 철저히 분리하는 서구의 이원론과는 확연히 다르다. 깊은 '신인神人' 사상과 시천주 사상을 합치시키는 철저한 실천 행行의 경지에서 나올 수 있는 말씀임을 어림해볼 수 있을 뿐이다. 또한 위 인용문에서, '한울로서 한울을 먹는다(以天食天)', '한울로서 한울을 화한다(以天化天)'는 말씀도 한국문학이 처한 암담한 현실 속에서 문예 이론적으로 깊이 재해석될 필요가 있다. '以天食天 以天化天'은 '侍天主 造化定'의 알레고리이기도 하지만, 이 '시천주 조화정'의 재해석은 유역문학론의 사상적 기초를 제공한다.

해월 선생의 말씀처럼, 동학에서의 존재는 '시천주' 즉 자기의 근원으로서 한울님과 함께 동귀일체同歸一體하는 현존재인 동시에, 가령 '경물敬物'은 일용행사日用行事와 함께 동학의 생활철학 또는 실천철학적 내용을 보여주는 깊은 뜻을 지니고 있다. 모든 존재들은 서로 유기적으로 연결되어 있으므로, 사람끼리만 아니라 만물을 공경하라는 것이다. 이와 관련하여, 해월 선생은, "날짐승 三千도 각각 그 종류가 있고 털벌레 三千도 각각 그 목숨이 있으니 물건을 공경하면 덕이 만방에 떨치리라"고 하여 만물에 대한 '공경'의 중요성을 거듭 강조한다(해월 선생 법설 중 「待人接物」에 나오는데, 원문은 "羽族三千 各有其類 毛虫三千 各有其命 敬物則德及萬邦矣"이다).

'만물은 한울님의 성품을 가지고 있으니(萬物 莫非侍天主)', '저 새소리도 시천주의 소리(彼鳥聲 亦是 侍天主之聲也)'라는 말뜻은, 인간을 비롯한 만물이 저마다 고유한 개별성을 지닌 채로 '시천주

254

의 존재'라는 것이다. 동학의 철학 또는 유가철학으로 환언하면, 일기一氣로 귀환하는(同歸一體) 근원적 존재론과, 동일성同一性으로 환원할 수 없는 저마다의 개별적 차이를 존중하는 존재론이 서로 이율배반인 듯 하나로 합일되어 있는 것이다. 이처럼 겉으로는 이율배반으로 보이는 존재론의 모순을 극복하는 동학의 논리가 바로 '불연기연不然其然의 논리'라 할 수 있다.

'불연기연'의 논리학으로 보면, 모든 사물의 현상에 있어서 '그렇지 않은 것(不然)' 즉 '보이지 않는 질서'를 그 근원에까지 궁구하여 '그러한 것(其然)' 즉 '보이는 질서'로 돌려놓는 연원淵源의 사유가 필요하다. 인간 이성의 관점에서 보면, 확실히 아는 것을 '그렇다(기연)'고 하고, 알지 못하는 것을 '그렇지 않다(불연)'고 판단한다. 하지만 동학의 관점에서 보면, 이러한 이성의 관점 또한 모순이다. 만물이 생기기 전에는 '그렇지 않다'이지만, 생기고 난 후에는 '그러하다'가 되기 때문이다. 즉 만물의 생성 변화의 원리에 따른 거시적이고 근원적인 안목으로 보면, 음양이 서로 상반되어 반복하는 조화造化의 이치를 알 수 있기 때문이다. 동학 주문의 '永世不忘萬事知'에서 '知'의 뜻, 즉 수운 선생의 '知'에 대한 주석은, "도를 알아서 그 지혜를 받는 것"이다. 동학의 논리학이랄 수 있는 것이다. 우주 만물에 편재遍在하는 초월자 유일신인 한울님의 끊임없는 자기 분화-생성 과정의 체계가 곧 생명계 그 자체이다. 그런데, 그 분화-생성 과정에서 필히 발생하는 이율배반과 모순율을 해결해야 하는 바, 그 배반율과 모순율을 자기 동일률로 해소시키는 조화調和의 원리가 바로 '불연기연'인 것이다. 이는 동학의 사유체계에는 한울님의 기화 즉 생명계의 생성·진화 과정에서 일어나는 모순성과 불연속성(불연)을 자기 동일성과 연속성(기연)으로 돌려놓음으로써 불연속적 연속성과 이율배반적 동일성이라는 생명 사상의 조화의 원리와 논리가 갖추어져 있음을 보여준다. 이러한 차원에서 보면 동학에서의 음양 이기의 '조화造化' 원리, 곧 생성론적 사유와 만물의 근원으로서의 '한울님' 즉 신적 존재의 통일은 '불연기연'에 의해 심오한 학적學的 명증성을 마련하게 된 것으로 볼 수 있다.

동학에서의 '존재'는 '자재연원의 이치가 함께 하는 현존재'라고 할 수 있다. 자재연원은 앞서 말한 바같이 자기의 존재 근거를 자기 자신에게서 찾는 것이다. 혹자는 이를 두고 자기 동일성의 원리에 집착하는 것으로 오해할 수 있다. 자기에게 갇힌, 개별적으로 고립되고 배타적인 주체의 동일성이 아니라, 도를 자기 안에서 궁구하는 것으로서 나와 너 우리가 모두 "무궁한 한울안에서 무궁한 나" 또, "(……) 不然其然 살펴내어 賦也興也 比해 보면/글도 역시 무궁하고 말도 역시 무궁이라/무궁히 살펴내어 무궁히 알았으면/무궁한 이 울 속에 무궁한 내가 아닌가"(『용담유사』중「흥비가」)를 자각하고 "그 도를 알아서 그 지혜를 받는

(各知)"주체가 동학에서의 주체이다.

자기 동일성으로의 환원이 아니라 무궁한 한울님[道]과 함께 생성 변화하는 일기一氣의 근원으로 동귀일체同歸一體하는 것이 바로 자재연원自在淵源의 깊은 뜻인 것이다. 이와 연관된 이야기가 동학의 역사에 전해 내려오고 있다.

'동학'이 조정朝廷에 의해 이단異端으로 몰린 뒤 수운 선생은 어명御命으로 체포되어, 대구 감영으로 이송되는 중, 동학 접주接主 이필제 등 동학교도들이 무력으로 선생을 구출하려 하였다. 하지만, 수운 선생은 교인들에게 이른바 '암상설법岩上說法'을 남기고 스스로 순도殉道를 택한다. 전해진 바, '바위 위에서의 설법' 중 일부는 다음과 같다.

> (……) 하물며 天命은 生死를 초월한 것이니 무엇을 걱정하리요. 내가 항상 말하기를 '無窮한 이 울 속에 無窮한 나'라고 말하지 않았는가. 나는 결코 죽지 않나니 그대들도 이 죽지 않은 理致를 진실로 깨달으라. 그리고 이 말을 널리 세상에 전하라(조기주 편저, 『동학의 원류』, 68쪽).　　(강조 필자)

불가의 『화엄경』에서, 생명계의 모든 존재들이 안팎으로 유기적으로 무궁무진하게 연결된 인드라망網의 비유(因陀羅網, 華嚴學에서 현상계의 모든 존재는 별개가 아니라 서로 無碍로써 연결되어 있음을 논증하기 위해 곧잘 쓰는 비유. 帝釋天 곧 인드라의 궁전에 헤아릴 수 없이 많은 구슬들을 엮어 만든 그물망이 있는데, 구슬 하나하나가 서로 因, 果과 되어 무한히 반복하여 서로를 투영하고 있으니, 모든 구슬 저마다 투영된 우주 삼라만상의 형상도 중중무진重重無盡하게 상호 투영하게 된다는 것으로, 우주의 모든 존재는 무한히 얽혀 있어 분리가 불가능한 일체임을 보여주는 비유)에서도 그렇듯이, '無窮한 이 울 속에 無窮한 나'를 '창조적 유기체로서의 존재'로 바꿔 부를 수 있을 것이다.

'시천주' 존재 즉 '가장 신령한 존재'의 궁극 상태를 가리키는 '無窮한 이 울 속에 無窮한 나'는 유기체적 존재로서 '나'의 존재론적 본성이다.

들판에서 농부가 땀 흘려 수확한 보리 한 톨은 곡물 창고에 저장되어 생명계에서 순환되는 때를 기다린다. 언젠가 보리 한 톨이 적당한 온도와 습도를 만나게 되면 자기 안에 저장되어 있는 햇빛과 바람과 물과 흙의 무기물들을 불러내어 새로이 생기를 머금고 마침내 새싹을 틔우며 맥아麥芽가 되고 이내 효모酵母가 된다. 무기물이 은미한 유기체로 변화하여 잘 익은 술을 빚는 것이다. 작가 또는 예술 작품의 존재 원리는 보리 한 톨이 유기체로 변화하는 존재 원리에 비유될 수 있다. 작가는 천지간 자연 만물의 무상한 변화 운동을 자기 자신과 합일화하고 이 역동적인 합일화 과정을 통해 예술 작품이 창조된다는 점에서, 진정한 예술가와 작품은 그 자체가 '창조적 유기체'로 이해될 수 있다. 그러므로, 귀신의 작용이 빚어내는 천변만화하는 조화造化의 과정이 곧 예술 창작의 과정이다. 예술 창작의 원리로서 귀신은 눈에 보이지 않으나 작가 개인의 고유한 감성과 창조적 상상력이 주어지면 역동적인 유기체적 존재로 변하는 것이다. 사람은 보리 한 톨과 연대하는 유기체이면서 동시에 만물의 영장으로서 '창조적인 유기체'이다(예술 작품도 그 자체로 '창조적 유기체'이다).

여기서 새겨둘 것은, 문예 창작 과정과 문예 작품 탄생은 이러한 '무궁한 이 울 속에 무궁한 나'의 활동의 과정과 결과로서 인지할 수 있어야 한다는 것이다. 물론 그 인지는 저마다의 '시공간'과 각자의 삶에 따라 천차만별이겠으나, 진정한 예술가는 자기 의식과 무의식에 걸쳐진 무궁한 한울[道] 속의 '정신'을 자각할 수 있어야 한다. 시인 또는 작가도 저마다 '無窮한 이 울 속에 無窮한 나'('侍天主' 또는 '최령자')라는 자기 근원根源을 자각하고 자기 고유의 언어로 능히 통通할 때에, 그 속에서 태어난 문학 예술 작품은 그 자체로 무궁한 창조적 유기체로서의 문학적 존재가 될 수 있다.

유기체적 존재를 밝히는 과학으로서, 양자역학을 중심으로 현대 물리학과 생물학 생태학 등이 있고, 철학적으로는 특히 '과정 철학'을 비롯한 현대 철학의 주요 사유들에서 응용 가능한 '유기체론'들을 찾을 수 있다. 하지만 아인슈타인의 '상대성相對性 이론', 닐스 보어의 '상보성相補性 이론'이나 하이젠베르크의 '불확정성의 원리' 등에서 중요한 과학적 진전이 있었음에도 아직은 서양의 자연과학이나 철학이 가지고 있는 이성 중심적 사유의 한계는 여전한 듯하다. 이는 아마 동서양 간의 학문적 전통과 기본 사유 틀이 그 뿌리부터가 서로 다른 데에 따른 결과일 것이다. 동양에서는 구체적 확실성을 추구하는 합리적 이성보다는, 가령 음양오행론 등에서 알 수 있듯이, 직관에 따른 지혜를 중시하는 전통이 강했다. 이미 오래전부터 선각들이 말씀해왔듯이, 자재연원의 눈을 크게 뜨고서 서양의 근대과학이나 철학에서부터 동방의 전통적 사유로 사유의 전환을 꾀해야 한다. 물론 서구의 긍정적이고 유익한 이론들과의 회통, 화쟁의 정신은 기본적으로 필요하다.

창조적 유기체론적 사유를 생활 현장과 문예 창작의 실제에 응용함에 있어서 동양의 전통 논리학들 중 역사적으로 검증을 거친 훌륭한 선례를 찾는 것이 중요하다. 서구의 이성이 낳은 학문적 또는 과학적 전통 속에서 생명계의 본질과 궁극적 진리를 찾아가는 모험적이고 진실성이 있는 사유 논리들을 한껏 품을 수 있는 '현묘한 옹기'가 필요하다. 그러한 생명계와 함께 숨 쉬는 현묘한 사유의 그릇으로, 가령 유가儒家 전통의 음양론陰陽論, 도가道家의 세계관과 서로 습합 회통을 이룬 대승불가에서의 중관론中觀論(般若中道論) 등을 꼽을 수 있다. 원융회통圓融會通의 정신에 입각하여, 음양론, 불가의 중관론(또는 般若中道論)에서의 '공'의 논리, 노장老莊의 중현학重玄學에서 무無와 현玄(玄之又玄)의 사유 논리 등, 유서 깊은 유불도儒佛道의 사유와 논법들 각각에서 긍정적인 부분을 취하면서 저마다 회통, '유기체적 존재론의 논리'로서 '근원의 논리'를 찾는 것이 필요하다.

여기서 공空이나, 무無는 그냥 텅 빈, 없음을 가리키는 것이 아니라 공·무에 이미 공공空空, 비유비무非有非無, 즉 존재 저마다에 대 긍정의 세계상을 생생하게 드러내기 위한 사유 방법으로서의 공이요 무라는 점을 놓쳐서는 안 된다. 음양이기론 혹은 동학으로 말하면, 지기至氣요 '허령창창虛靈蒼蒼' 즉 생명력이 가득한 허무이기에 삼라만상을 낳아 기르는 현묘玄妙 그 자체가 된다. 무無·공空·현玄의 논리는 무위자연의 존재 논리(無爲而化)이자 우주 자연의 생성논리이다. 가령, 儒佛에서 空·玄의 논리와 유학의 一氣, 동학의 虛靈蒼蒼(至氣) 같은 개념을 설명하고 이해하는 데에 있어서, 이러한 동양적 사유 논리와 개념들에 비하면, 서양의 카오스Chaos이론은 인용하는 것이 부적절해 보이나, 空·無가 텅 빈 '없음'이 아니라 혼원混元의 기운이 가득한 '없음', 즉 '至氣로서의 허령창창'이라는 점을 강조하기 위해 프리고진Prigogine의 다음 언급을 상기할 만하다. "에너지가 흩어지면서 무질서한 상태인 혼돈(카오스) 속에서 질서(물질, 생명)가 생성된다. 요동을 통해 질서(order through fluctuations)가 창조된다." 아울러, 이들 현묘한 논리와 이치는 천지를 품은 숨 쉬는 자연의 옹기와 같기 때문에, 현玄이나 무無, 공공空空, 음양陰陽의 추구가 이성의 변증법 등 서양의 온갖 논리들과 사유방식을 부정하거나 거부하는 것을 뜻하는 게 아니라, 무위이화無爲而化하는 존재의 '근원' 즉 도道(진리)를 체득하기 위한 방편이라는 점을 이해해야 한다.

귀신론[접신接神]

시천주侍天主의 핵심 개념인 '내유신령 외유기화內有神靈 外有氣化'
는 인간은 지기 곧 신령함이 지극한 상태에 이르러 음양의 조화
로운 기운으로 화생化生하는 존재라는 뜻이다. 즉, 영기화생靈氣
化生을 하는 존재인 것이다. 이를 문예학적으로 환언하면, 예술
작품은 신령한 인간 존재의 내적 신령(영)과 외적 기화(기)의 통
일적 활동으로서 영기화생의 산물이다.

다시 말해, 문예 작품이란 '신령한 인간 존재'에 의한 '영기화
생'의 산물이다. 문예활동은 영기화생의 과정이다.

귀신론은 내 안에 신령함이 밖으로 기화(외유기화)하는 계기
(侍), 즉 '모심'을 통한 음양이기의 조화造化(至氣)를 이루는 계기
는 바로 강화降話에 의한다는 점에서 문예학과 연결된다.

수운 동학이 창도하게 되는 직접적인 계기인 한울님과의 '접
신'에서, "내 마음이 네 마음이니라. 사람이 어찌 이를 알리오. 천
지는 알아도 귀신은 모르니 귀신이라는 것도 나니라(吾心卽汝心也

人何知之 知天地而無知鬼神 鬼神者吾也)."라는 한울님 말씀은 귀신론에서 중요하다. 한울님은 '지기至氣'와 동격이므로 '귀신' 또한 '지기'이다. 따라서 '시侍'의 풀이, 곧 '內有神靈 外有氣化 一世之人 各知不移'와 '귀신'론, '지기'론과 '음양 조화의 원리'와 '생생지리生生之理'는 같은 의미 맥락에서 이해되고 서로 호환되며 여러 개념으로 변주될 수 있다.

영기화생은 사람에게 귀신이 내림, 곧 강화를 통해서 이루게 된다. 사람에게 강화를 내리는 조화를 우리는 귀신이라 하는 것이다. 영기화생은 귀신이 내림하듯이 한울님 말씀의 내림, 즉 강화지교降話之敎가 선결적이다. 여기서 동학에서의 한울님[至氣] 말씀은 이러한 '신내림'으로서의 말씀, 즉 '강화降話'의 뜻을 품고 있음을 알 수 있고, 이를 문예학적으로 바꾸어 말하면, 문예의 언어(기호)는 근본적으로 '강화의 환유換喩' 또는 '강화의 알레고리'(여기서 알레고리 개념은, 어떤 초월적 관념을 드러내기 위해 구체적인 사상事象에 비유하는 표현 방법을 가리키며, 발터 벤야민의 알레고리 개념에 가깝다. 이에 대해서는 『네오 샤먼으로서의 작가』, 658~662쪽 참고)라는 문예학적 명제가 나오게 된다. 즉 지기至氣에 이르는 접신의 환유들이 영기화생으로서의 문예작품에 깊이 관계한다는 문예학적 대전제에 이르게 된다. 그러므로 문학의 영역에서 보면 가령 행간行間, 언어가 지닌 내면의 소리,

음운, 들리지 않는 리듬이나 가락 등과 같이 '보이지 않는' '고요한' 문학 언어, 또는 존재론적 문학 언어가 '접신의 언어'라는 언어학적 가설이 나올 수 있게 된다. 이 또한 일종의 '언어의 원시반본'이라고 할 수 있다.

　'다시 개벽'의 관점에서 보면, '언어의 원시반본'은 내 안의 신령이 음양이기의 조화로서 마침내 영기화생外有氣化을 이룬 언어, 또는 '강화의 환유', '강화의 알레고리'로서의 '내 안의 신령이 기화氣化한 언어'이다.

　이른바 '다시 개벽' 시대는 음양상균 혹은 음양조화 속에서 음기운이 양 기운을 앞서 주도한다. 음 개벽인 것이다. 음 기운은 양 기운의 그늘 속에서 은미隱微한 존재로서 작용한다. 보이지 않는 귀신의 작용처럼 음의 작용력은 은미한 존재로서 감지된다는 것이다. 보이지 않고 들리지도 않는 귀신의 자취로서 사물의 진실 혹은 진리가 드러나니, 해독이나 해석이 쉽지 않은 것은 당연하다. 음 개벽 시대는, 포용적인 여성성(음)이 공격적인 남성성(양)을 껴안고서 이끌어가는 시대이고 음기가 양기를 이김에도, 음기는 본래 성질이 고요[靜]하여 보이지도 들리지도 않는 은미隱微함으로 그늘 속에서 존재하며 작용력을 행사한다. 아무리 은미한 존재라 하더라도 거기에 귀신의 덕德이 없을 수는 없으므로, 음기는 보이지 않고 들리지 않는 은미함으로 작용하는 것이다. 공자가 말했듯이 '귀신'은 "무릇 은미한(미세한) 것일수록 더욱 드러나니" (또는, '아무리 은미한 것이라도 드러나니') 혹은 귀신은 "아무리 은미한 것이라도" 성실히[誠] 작용을 하는 것이고 이 은미한 음 기운에 작용하는 귀신의 덕을 세심히 살피는 것이 더 중요한 것이라 할 수 있다. 음기의 은미하고 은폐된 존재성으로 보아, 오히려 은미함이나 침묵 또는 고요[靜]에서 귀신의 활동이 더 활발하다는 역설이 성립되기도 한다. 이처럼 음이 양을 움직임 즉 고요함 속의 움직임, 정중동靜中動, 보이지 않는 것에 의한 보이는 것의 움직임이 새로운 문예학적 사유의 대상이라고 보는 것이다. 이러한 문예학을 통해 문예활동은 이성의 자기 한계를 넘어선 인간의 영성적 활동이라는 사실을 새로이 이해하게 되는 것이다.

귀신론의 관점에서 詩란, 시에서 시적 진실을 구하는 방법이란 그와 마찬가지이다. 의미를 강조하는 시, 이성이 지배하는 시는 숨은 의미의 연원淵源인 고요와 은미隱微를 억압한다. 이성이 보이는 의미만 볼 뿐 의미를 숨긴 그늘[陰]을 보려 하지 않는 것이다. 시에서 음기가 억압받는 것은 시의 생명력이 억압받는다는 뜻이다. 거시적 관점에서 우주 만물이 음양의 조화라고 한다면, 미시적인 관점에서 개별적 시 작품도 음양의 조화이다. 하이데거는 '존재의 언어'를 "언어를 언어로서 언어로 데려온다"는 명제로 설명했는데, 이를 빗대어 시어를 음양의 귀신론으로서 설명하면, 시어는 '언어를 강화降話로서 언어로 데려온다', 또는 '언어를 영기靈氣로서 언어로 데려온다'가 될 수 있다. 따라서 시 비평에서 중요한 것은 음양의 균형과 조화이므로 보이지 않는 음 기운이 드러난 양 기운에 작용하는 숨은 영성靈性과 역동성을 읽어내는 비평 의식이 필요하다. 이런 의미에서 비평가는 영성의 관찰자라고 할 수 있다.

문학 창작에 있어서 특히 시 창작을 궁리窮理한다는 것은 자신의 체험을 자기 고유의 감성과 지성의 언어를 통해 표현할 길을 찾는 것일 텐데, 그것만으로는 과연 '詩'가 태어날 수 있을까 하는 의문을 가져야 한다. 우선 시가 그냥 쓰고 버리는 사물인가, 시라는 이름의 생명인가 하는 문제가 제기될 수 있다. '시'는 '시적 존재'라고 고쳐 부를 수 있다. 시다운 시를 만날 때, '시'라고 이름 붙일 수 있는 것이다. 그러므로 하나의 유기체로서의 시, 언어 생명체를 시라고 부를 수 있는 것이다. '시'도 창조적 유기체로 봐야 한다는 말이다. 여기서 귀신론이 제기된다.

공자가 귀신에 대해 이야기한 이래, 동방의 장대하고 웅혼한 음양론 역사 속에서 수많은 대사상가들이 귀신에 대해 논했다. 소강절은 '선천 역학'(先天 易學, 복희역)을 완성하고 "子會에 하늘이 열리고(天開於子) 丑會에 땅이 열리고(地闢於丑) 寅會에 사람이 생긴다(人生於寅)"(『皇極經世』) 하여 '개벽開闢'이란 말을 처음 쓴 큰 사상가이기도 한데, 공자가 '귀신은 사물의 본체(體物)'라는 것, "미세한 것일수록(혹은 '은미한 것에서') 더욱 드러난다"는 것, '귀신은 성실함(誠)과 같다'라는 것 등 귀신의 공덕을 높이 찬양한 이래, 송대의 신유학新儒學에 와서 소옹이 '귀신'을 만물이 "생겨나고 생겨나는 이치(生生之理)"라고 정의한 귀신 개념을 다시 돌아볼 필요가 있다.

소강절의 생각에 따르면, 사람의 형체와 초목의 형체가 모두 귀신이 만들어낸 것이라고 했다. 즉, 소강절은 초목을 말하면서, "나무가 열매를 맺어서 그 열매를 심으면, 또 나무가 되고 그 열매를 맺는다. 나무는 예전의 나무가 아니지만, 이 나무의 신은 둘이 아니다. 이것이 진실로 낳고 생겨나고 생겨나는 이치(生生之理)"라고 말한다. "이것은 초목뿐 아니라 사람에게도 해당된다. '귀신이 만들어낸 것'이란 이것을 의미한다. 사람이 사람이 되고 나무가 나무가 되는 곧 '생겨나고 생겨나는 이치'가 바로 귀신이다."라는 것이다. "형체가 생겨난 것은 신령한 생명의 기운이 없을 수 없다. 오히려 신령한 생명의 기운이 형체를 만들어낸다. 형체와 신령한 생명의 기운은 하나로 존재하지만, 형체가 다하는 것은 생명의 기운이 떠나가는 것을 말한다. 그런데 여기서 신령한 생명의 기운은 형체에 의존적이다. 나무라는 형체는 옛과 지금의 차이가 있지만, 그 생명은 열매 속에 담겨져 연속적이다. 이렇게 열매를 만들어 새로운 형체를 이어주는 것이 귀신이며, 이로부터 生生의 이치를 볼 수 있다. 여기서 말하는 이치는 거의 음양의 이치에 가깝다. 이것이 朱子로 하여금 '陰陽의 靈明'이라고 하게 만든 이유이다. 이렇게 형체를 만들어 이어주고 생명을 유지시켜 주는 '귀신의 덕이란 성대'하다. (……) 모든 사물이 있다는 것은 더불어 귀신이 그곳에 있다는 것이다. 그러므로 귀신은 모든 '사물에 구현되어 있어서 없는 곳이 없다.' 또한 귀신은 보이지 않는다. 그러나 보이지 않은 것만큼 더 현저한 것은 없다. 귀신은 생명을 유지하고 생명을 이어주는 저러한 功用은 참으로 성실하다고 하지 않을 수 없다"(이창일, 『소강절의 철학』, 심산, 2007, 439~440쪽).

귀신은 만물의 생성에 관계하는 신령한 존재인데, 형체는 없지만 쓰임('功用')이 있고, 그 쓰임은 음양의 이치('理致')라는 것이다. 인용한 소옹의 귀신론에서 보면, 귀신은 음양의 생성이치('生生之理') 자체이다. 우주만물의 본체本體이자 활용活用으로서 귀신은, 즉 자연철학적 귀신은 즉 무궁무진한 생생('生生')의 이치('理致')이듯이, 인간에게 귀신 들림 혹은 내림이라는 접신接神 체험도 생생의 이치이고 생성론적 과정 그 자체인 것이다.

즉, 귀신은 창조적 유기체의 과정이요 실재實在 그 자체이다. 수운 선생의 설대로, 인간 존재는 만물의 존재 가운데 '가장 신령한 존재'이니, 귀신의 존재를 그 어떤 존재보다 살아 있는 실체요 공용이며, 민감한 실재로서 감응할 수 있다. 여기서 유역문학론에서 귀신론적 시론詩論이 지닌 사유 논리의 바탕이 형성된다.

귀신이라는 존재의 음양론적 해석에는 공자孔子의 아래 인용문 이래 한자 문화권에서는 유서 깊은 인문학적 맥락이 있다.

> 귀신의 덕은 성대하고나. 보려고 해도 보이지 않고 들으려 해도 들을 수 없고, 구체적 사물이 되어 남김이 없다. 천하 사람들로 하여금 재계하고 깨끗이 하며 의복을 잘 차려입고 제사를 지내게 하니, 넓고도 넓어서 그 위에 있는 듯하고 그 옆에 있는 듯하다. 시詩에도, '神의 이르름은 헤아릴 수가 없다. 하물며 신을 싫어할 수 있겠는가'라고 했다. 무릇 미세한 것일수록 더욱 드러나니(또는 '아무리 은미한 것이라도 드러나니'), 그 성실함을 가릴 수 없음이 이와 같다(공자의 손자인 자사子思가 기록했다는 『중용』 제16장).

공자는 귀신이란 인간 활동에 있어 평소에 의식하지 못할 뿐 늘 현세적 삶과 함께하는 존재라는 점을 분명히 하고 있다. 공자는 귀신의 덕행을 찬양한다. '귀신은 사물의 본체(體物)'라는 것, "미세한 것일수록(혹은 '은미한 것에서') 더욱 드러난다"는 것, '귀신은 성실함(誠)과 같다'라는 것이다. 송대 신유학에 와서도, 소강절은 귀신을 만물이 "생겨나고 생겨나는 이치(生生之理)", 정이천은 "천지의 功用이고 조화의 자취", 주자는 "귀鬼를 음陰의 영靈 신을 양陽의 영靈"으로, 장횡거는 귀신은 "음양이라는 두 기氣의 양능良能"이라는 것이다. 그러니까 신유학의 귀신론을 종합하면, 귀신은 만물의 생성에 관계하는 신령한 존재인데, 형체는 없지만 쓰임(功用)이 있고, 그 쓰임은 음양의 이치理致라는 것이다. 한마디로, 귀신은 음양의 생성론(이치)인 것이다.

귀신을 측정 측량하기란 매우 어려운 것이다. 동양철학에서 찾아볼 수 있는 귀신에 대한 언급에 대해서,『주역』에서는 "변화하여 측량할 수 없는 것을 일러 神이라 한다(變化不測之謂神)"라 하여 신은 측정 불가능한 것으로 규정한다.

'神(귀신)이란 변화하여 측량할 수 없다'는 말은 귀신은 천지간에 어디든 편재하고 통한다는 뜻으로 해석될 수 있다. 이는, 유역문예론의 관점에서 보면, 감독(시인·작가)-예술 작품-생활세계가 귀신의 작용 여하에 따라 서로 능히 통할 수 있다는 것으로 해석될 수 있다. 귀신론적 관점에서 보면 홍상수 감독의 〈북촌방향〉에서 나오는 '창조'와 '신통' 개념은 이와 연관된다.

또한 이창동 감독의 영화에서의 '無爲而化(造化)' 개념에는 무위자연의 저 스스로 생성원리로서 음양의 조화 곧 귀신의 작용(…而化)이 내포되어 있다.

은폐된 내레이터 · 은미한 형식 · 일별—瞥 · 기미幾微
— 이창동 · 홍상수 영화의 경우

　'은폐된 내레이터'는 영화 극본이나 플롯 구성에 잘 보이지 않고 '은폐된 상태로' 드러난다. 다시 말해, 카메라워크와 음향 등 시청각적 연출을 포함한 감독의 스토리텔링 속에서 '은미한 형식'으로 드러난다. 이창동의 영화 〈버닝〉을 통해 '은폐된 내레이터'의 움직임을 살펴볼 수 있다. 내러티브 차원에서 보면, 이는 은폐된 '누군가'는 이야기의 표면에 드러난 중심적 내레이터인 주인공 종수와는 별개의 '은폐된 내레이터'이다. 이 초월적인 성격을 띤 '은폐된 내레이터'의 정체를 밝히는 것은 〈버닝〉의 영화 미학을 밝히는 데 선결적이다. 특히, '창조적 유기체론'의 관점에서 볼 때, 스토리텔링의 '은폐된 내레이터'로서 '누군가'의 존재를 이해하는 것은 이창동 감독의 최근작 〈버닝〉을 비롯하여 〈시〉, 〈밀양〉 등 후기작의 필름 미학을 파악하는 데에 기본적이다. 대표적인 예를 들면, 주인공 종수가 해미의 방에서 자위행위를 하는 신을 꼽을 수 있다. 끊이지 않는 북한의 대남 방송과 폭력적인 부성父性이 상존하는 종수의 시골집과는 대조적으로 서울 남산타워 아래에 위치한 해미의 단칸방은 누추하지만, 종수를 억압된 심리에서 벗어나게 하는 '해방적인' 공간이다.

해미의 방 안에서 종수가 의식적으로 욕망을 해소하는 수단으로 자위행위에 몰입하는 동안, 해미의 방 창문에 비친 남산타워가 자위행위 중인 종수의 모습과 오버랩되는 신은 의미심장하다. 우선, 도식적으로 분석해 종수의 자위행위가 무의식의 이드에서 들끓는 성욕을 보여준다면, 해미 집 창문 유리에 오버랩된 남산타워는 자본주의적 무한 욕망으로서 남근중심주의의 비유이면서 슈퍼에고의 도시 문명의 도덕률을 보여주며, 이 '자위행위 신'의 이면에서 간간이 들려오는, 대도시 서울이라는 공간에서의 '개가 왈왈 짖는 소리'는 '자본주의 문명 속에 들어온 자연'으로 풀이될 수 있다.

하지만, 〈버닝〉의 스토리텔링 안에 '은폐된 내레이터'의 존재를 밝히기 위해서는 이 '자위행위 신'이 지닌 심리학적 의미 해석을 넘어서 '시청각적 연출'에 의해 드러난 감각적 내용물들이 구체적으로 분석되어야 한다. 이를 위해선 '자위행위 신'에서 연출된 시청각적 요소들을 주목해야 하는데, 그중 하나는, 창문 밖을 내다보면서 자위행위에 몰입하는 주인공 종수 등 뒤의 어둑한 방 안에서의 카메라의 눈, 즉 그늘진 해미 방 안 내부에서의 '누군가'의 시선과 또 하나는, 남산타워 쪽에서 해미의 방 창문을 통해 수음 행위에 몰입하는 종수를 바라보는 외부의 시선, 청각적 음향으로서 종수가 자위행위에 몰입하는 중, 바깥 멀리서 들리는 '개 짖는 소리' 등이다. 이때 캐릭터의 뒤에서, 인물의 등쪽을 길게 롱테이크로 보여준다는 것은 그 인물의 보이지 않는 존재됨을 촬영한다는 감독의 의도가 숨어 있다. 인간 존재에는 알 수 없는 비밀스러운 존재성이 있다는 것, 캐릭터의 삶에 '은폐된 존재'를 얼굴(정면)이 아니라, '등'(뒷면)의 메타포로 보여주는 것, 캐릭터의 등을 카메라가 응시하는 것은 그 은폐된 존재를 암시하는 것이다. 가령, 영화 〈밀양〉 앞부분에서, 손에 쥐어진 카메라가 어린 아들 준을 데리고 '피아노 교습 전단지'를 동네 곳곳에 붙이러 다니는 신애의 등과 어깨를 오래 따라가는 것은, 그 흔들리는 카메라 앵글 자체가 〈밀양〉의 스토리텔링에 참여하는 한 '은폐된 시선'이라는 것을 의미한다. 이 오프닝 신은 주인공 신애가 신산스러운 삶에 처해 '흔들리는 존재'의 불안을 보여주는데, '밀양密陽'의 뜻이 암시하듯, '삶의 본질로서 비의秘意'를 드러내는 이미지로 해석될 수 있다.

종수의 의식은 창밖의 남산타워를 바라보며 의식적인 자위행위에 열중하지만, 종수의 무의식은 해미 방 안의 '그늘진 빛'과 함께 바깥에서 개 짖는 소리를 통해 비유적으로 드러난다. 이때 '은폐된 내레이터'는 종수의 개인적 무의식을 반영하면서도 개인적 욕망의 해소 차원을 넘어 초월적인 '무의식적 자연'의 존재감을 은밀히 드러내는 것이다. 종수의 자위행위 중에 들리는 '개 짖는 소리'는 종수의 억압된 이드로서 생명의 욕구와 더불어 '자연'의 움직임을 반영하면서, 그늘진 빛이 감도는 방 안의 카메라 워크는 종수의 현실적 내면을 관찰하는 '은폐된 내레이터'의 존재를 드러낸다. 표면적 내레이터인 종수가 자위행위를 통해 '의식적으로' 성적 욕망을 해소하고 있음을 보여주는 것과는 달리, '자위행위 신'에 감추어진 스토리텔링의 시청각적 요소들은 그 자체로 종수의 '무의식적인' 욕망을 표현하는 것이다. 이 '자위행위 신'이 중요한 것은 〈버닝〉의 스토리텔링에서 '은폐된 내레이터'가 종수의 무의식적 욕망만을 보여주는 게 아니라 종수의 자위행위를 지켜보는 자연적 존재 곧 초월적 존재로서 '보이지 않는 자연'을 '은미하게' 보여주기 때문이다. 다시 말해, '자위행위 신'에서 '은폐된 내레이터'가 바로 카메라워크와 음향 연출에 의해 비로소 자기 모습을 드러내는 것이다.

〈버닝〉에서, 시골집에 전화를 걸어온 정체불명의 '누군가'의 존재, 즉 '은폐된 내레이터'를 밝히기 위해 얼룩송아지 울음소리와 '자위행위 신'에서 들리는 멀리 개 짖는 소리가 지닌 '청각적 자연의 존재'가 이해되어야 한다. 우리가 평소에 듣는 음악이나 자동차 소음 등 문명적 소리들은 '인위적인 소리'들인 반면, 바람 소리, 물 소리 등 온갖 생명체들이 내는 자연의 소리는 '근원적 자연'인 침묵에서 울려 나오는 '무위적인 소리'이다. 〈버닝〉의 스토리텔링은 '두드러진' '인위적 문명의 소리' 속에 은폐된 '은미한 무위자연의 소리'를 놓치지 않는다. 오히려 주인공 종수의 시골집에 남은 한 마리 얼룩송아지의 '음매 하는 울음소리', 서울의 해미의 집 바깥에서 들리는 '개가 왈왈 짖는 소리'는 감독이 무위자연의 은미한 소리를 더 중시한다는 것을 반영한다. 즉 해미의 방 안이 자연광의 어두운 '그늘'로서 연출된 데서 보았듯이, 은폐된 청각적 자연의 소리들은 이창동 감독의 자연철학과 스토리텔링의 원리에 있어서 매우 중요한 의미를 지닌다. 억압적인 공간인 '아버지의 시골집'에서 들리는 얼룩송아지의 울음소리와 해방적인 공간인 해미의 집에서 들리는 '멀리서' 개 짖는 소리는 은미한 형식으로 은폐되어 있음에도, 아니 오히려, 침묵과 무위에서 비롯된 은미한 형식이기 때문에, '근원적 자연'의 본성을 함축하고 있는 것이다.

그렇다면, '개 짖는 소리'를 '근원적 자연의 은미한 형식으로서 듣는다'는 것은 무슨 의미인가. 개 짖는 소리를 '자연의 은미한 소리'로 듣는다는 것은 삶의 근원으로서 '무위자연'을 청각을 통해 지각한다는 것이다. 중요한 것은 '개 짖는 소리'는 스토리텔링의 전개를 위해 일정한 의미의 전달을 위한 이성적인 또는 의식적인 분별지의 언어이거나 개가 짖는 사실주의적 상황을 알리는 물리적인 소리 언어가 아니라, '근원적 자연의 소리'라는 점이다. 이 근원적 자연의 소리는 '근원적 청각적 지각'을 통해서 비로소 드러나는 '심리적-초월적 소리'이다. 비유적으로 말해, '심리적 소리'이므로 '침묵에서 겨우 들려오는 은미한 소리'이다. 이창동 감독은 바로 이 심리적-초월적 소리가 새로운 '창조적 스토리텔링'의 근원이라는 사실을 자각하고 있는 것이다. 주인공의 '의식적인' 수음 행위를 통한 억압된 무의식의 해방 욕구와 '개 짖는 소리'가 표상하는 무의식 속의 '근원적 자연'의 활동을 이해할 때, '개 짖는 소리'는 '동물의 소리' 차원을 넘어 '근원적 자연의 소리' 차원으로 변화한다. 따라서 영화 〈버닝〉에서 많은 자연의 소리는 배경에 삽입한 단순한 음향이 아니라, 무위자연과 자연스럽게 교감하는 소리이다. 자연의 소리는 인간들이 의식하지 못하는 '은미한 형식'으로 전해지기 일쑤다. 하지만 바로 은미한 형식으로 존재하기 때문에 역설적으로 '근원적 자연의 소리'는 '두드러진 형식'의 인위적인 소리들 속에서 더 깊은 의미를 가진 '내면적(심리적) 울림'으로 감지될 수 있다. 종수의 파주 시골집에 늘 들려오는 북한의 시끄러운 대남 방송, 서울의 온갖 소음들, 나이트클럽의 사이키한 음악, 때론 멋진 음악 소리들이 '두드러지지만', 이러한 인위적인 음향들에 대응이라도 하려는 듯, 바람 소리와 기러기·참새·송아지·개 같은 동물들이 내는 온갖 무위자연의 소리들은 '은미한 형식'으로 '감추어져 있다.'

이러한 청각적인 연출은 의도적이라는 것이 자명한데, 그것은 오히려 스토리텔링에 '감추어진 은미한 구성 요소'라는 점에서 감독이 가진 세계관의 심층의식을 표현한 것일 가능성이 크다. 무위자연의 다양한 소리들은 인간이 항상 접해온 일상적인 소리들이기 때문에 간과하기 쉽다. 스토리텔링의 인과적 구성과 전개로부터 이탈된 채 감독 특유의 자연철학을 반영하고 있는 이러한 '은미한 소리의 형식'은 '일별—瞥의 형식'들로서 이창동 영화 곳곳에서 산견되는 중요한 형식적 특성이다. 따라서 〈버닝〉의 스토리텔링 전개에서, '청각적 자연의 존재들', 가령, 닭이 꼬끼오 우는 소리, 소가 음매 하고 우는 소리, 새가 쩍쩍거리는 소리, 까치가 깍깍 우는 소리, 기러기가 끼룩끼룩 우는 소리, 파리가 윙윙대는 소리, 개가 컹컹 짖는 소리, 산새 울음소리, 풀벌레 소리, 그리고 바람 소리 등이 스토리텔링 속에서, '일별' 하듯이 스쳐 지나가는 '무위자연의 소리'에 주목해야 한다. 가령, 종수가 한밤중에 정체불명의 '누군가'로부터 걸려온 전화를 받는 신에서, 켜놓은 티브이의 방송 소리와 함께 북한의 대남 방송이 연신 들려오는 중에 '풀벌레 우는 소리'와 '멀리서 개가 왈왈 짖어대는 소리'가 삽입되는 것도, 단순한 배경 음향이 아니라 인위적인 소리 안에 내재하는 근원적 자연의 소리인 것이다.

'해미의 어두침침한 방 안', '개 짖는 소리', '얼룩송아지의 울음소리' 등등에서 보았듯이, 무위자연의 활동은 수많은 '보이지 않는 은미한 형식'들로 은폐된 채로 연출된다. 근원적 자연은 의식이나 지식을 통해서는 알 수 없고 오로지 체험적 직관 또는 직관적 체험을 통해서만이 '보이고', '들리고', '촉각'할 수 있다. 노자老子에 따르면, 자연의 본질은 보아도 시각으로는 보이지 않는 것[夷], 들어도 청각으로는 들리지 않는 것[希], 잡아도 촉각으로는 그 모양이 잡히지 않는 것[微]이라 하였다. 자연의 근본적 존재 형식은 이희미夷希微에 있듯이, 〈버닝〉의 은폐된 주제인 무위자연이 '은미한 형식'으로 다시 은폐되어 있는 것이다.

한편 홍상수 감독의 영화에서, 우연은 천지자연의 '창조적 신통력'이 작용한 결과이다. 천지자연의 시간이 인위적 시간에 선행하듯이, 우연한 시간은 인과적 시간에 선행하고 우연한 사건은 인과적 사건에 선행한다. '우연'은 "내가 이유가 되겠지만 사실은 내가 이유가 아닌 것"이고, "현실 속에서는 대강 접고 반응하고 갈 수밖에 없지만 실체에서는 우리가 포착할 수 없이 그 수많은 것들이 막 상호작용을 하고 있는 것"이다. 이러한 우연의 시간관은 〈생활의 발견〉에서 실제로 연출된다. 위에서 예시한 바처럼, 주인공 경수가 경주의 재래시장 선술집에서 선영과 대화를 나누다 화장실에 가려던 참에 출입구 선반 위에 있던 물컵이 '우연히' 바닥에 떨어져 깨지는 장면이 그것이다.

보이지 않는 세속적 일상성에서 생명의 섭리를 직관하고 생명에너지를 '발견'하는 것이 제목 〈생활의 발견〉의 메타포이며 영화의 주제의식이라 할 수 있는데, 홍상수 감독의 스토리텔링에서 늘 우연한 사건이 인과적 사건에 선행하는 것은 그 때문이다. 인물의 관계와 사건의 상황과 사물의 존재에는 음양의 '조화造化(至氣)', 즉 '신통함'이 은밀하게 작용하고 있는 것이다. 이 은밀한 천지자연의 '신통'과 '조화'는 사람의 심안心眼에 의해 자연의 힘이 작용한 '기미幾微'로서 파악되고, 이 '기미'는 영화의 스토리텔링에서 '일별一瞥' 같은 은미한 형식으로서 '발견'된다. 앞서 예시한 〈돼지가 우물에 빠진 날〉, 〈강원도의 힘〉의 '창문을 열어 놓는' 라스트신에서 보았듯이, '은미'의 형식을 통해 홍상수 영화는 자연의 신통과 조화의 '기미'를 연출한다. 간단히 말해, 자연의 힘과 조화는 '은미하게' 드러난다는 것이다.

유역문예론의 기본 인식

2021. 2. 21

반자본(주의)적 공동체 의식은 지속적으로 구체화해야 할, '유역문예론'의 기본 인식에 속한다. 자본이 만들어내는 수많은 모순 내용들을 정치경제학의 도식으로 환원하는 내용의 오류, 기존 사회주의 체제 찬양이나 추종에 몰두하는 주체의 오류를 조심한다. '유역의 작가'는 반자본적 인식론이 주요 조건이다. 굳이 정치경제학적으로 구구한 설명이 필요 없다. 백석 시에서 반제국주의를, 이창동·봉준호 영화에서, 또는 김애란의 소설에서 반자본(주의)을 읽어내는 것은 두말할 필요 없는 기본 인식이다. 봉준호 영화를 예로 든다면, 〈마더〉에서 악마적 자본주의가 삶의 근원으로서 모성조차 변질시키고, 〈기생충〉에서 자본이 가령 부자의 착함(위선)과 빈자의 악함(위악)을 만들어내며, 〈옥자〉에서 자본주의가 동물의 생명권을 빼앗는다. 그렇지만 영화 속 삶은 반자본의 논리로 환원되지 않는 심오한 깊이를 지닌다. 자본이 만악의 뿌리라고 해도, 모든 삶의 행태를 자본으로 환원하는 것은 문예 창작을 비슷비슷한 내용의, 기성화되고 기득권화된 이데올로기에 가두기 쉽다. 봉준호 영화의 탁월함은 자본의 악폐, 적폐를 기본 인식으로 하면서도, 공식화·도식화·이데올로기화된 인식의 허구성을 여지없이 깨는, 삶의 심연에 대한 성찰이 낳는 숱한 아이러니와 역설에 있다고 말할 수 있다. 반자본적 삶을 찾는 데에 있어서 진부한 도식이나 이념적 환원이 봉준호·이창동 같은 명장들에겐 없다. 그들 영화에서 '내용'은 스스로 순수한 자기 운동을 멈추지 않는다.

내용의 순수한 자기 운동, 곧 내용이 온몸으로 끝까지 나아간 '한계'가 형식이다. 그래서 창작에서 형식은 내용이 온 힘을 다한 끝에 생성된 '운동하는 에너지'이다.

인간의 삶뿐 아니라 동식물, 나아가 기후·생태 등 천지간 온 사물들이 처한 비극적 모순 상황을 철저히 인식하면 할수록 내용의 순수한 자기 운동으로서 형식, 내용이 온몸으로 다다른 '어떤 생생한 한계'로서의 형식의 필요성은 더 커진다. 그렇다고 고도의 지적인 능력이 꼭 필요하거나 우선하는 것도 아니다. 작품이 잘나고 못나고 (작가가) 배우고 못 배우고는 자의적인 판단 혹은 편견에 불과할 뿐이다.

생생한 기운(至氣)이 조화造化를 부리는 형식은 수없이 다양하다. 저마다 고유한 형식의 탄생은 각자의 삶과 기질과 창조적 노력 여하에 달렸다.

'정신'과 시간의 근원적 연관성

2021. 3. 24

역사 속에서 자기를 실현하는 '정신Geist'의 "진보"는 "배제의 원리"를 자체 안에 지니고 있다. 그렇지만 이러한 '배제'는 배제된 것을 분리시켜 버리지 않고 그것을 극복하게 한다. 극복하며 동시에 견뎌내는 자신을 자유롭게 함이 '정신의 자유'를 성격 짓는다. 그러므로 "진보"는 절대로 양적인 증대만을 의미하지 않으며, 오히려 본질적으로 질적이고 그것도 '정신의 질'에 의한 것이다. (……) 정신은 그의 "진보"의 매 발걸음에서 "자기 자신을, 그의 목적을 진실로 막는 적대적인 장애로서 극복해야 한다." 정신의 전개 목표는 "자신의 고유한 개념에 도달하는 것"이다. (정신의) 전개 자체는 "자기 자신과의 끝이 없는 고달픈 투쟁"이다. (……) 이렇듯 정신은 필연적으로 그 본질상 시간 안에 나타난다. "따라서 세계사는 도대체 시간 안에서의 정신의 해석이다. 마치 이념이 공간 속에서 자연으로서 해석되는 것과 같다." (정신의) 전개의 운동에 속하는 "배제"는 그 자체 안에 비존재와의 연관을 간직하고 있다. 그것이 곧 자기를 뻗치는 '지금'으로서 이해된 시간이다(마르틴 하이데거Martin Heidegger, 「현존재의 시간성」, 『존재와 시간Sein und Zeit』, 이기상 옮김, 까치, 1998).

이 인용문에서 '정신'은 헤겔적 의미의 '정신' 개념을 가리킨다. 큰따옴표 안의 문장-개념은 헤겔이 쓴 문장-개념이다. '정신'은 동서양의 사유 전통을 두루 포괄적으로 해석하는 가운데 이해되어야 한다. 서양 근대철학에서 헤겔G. W. F. Hegel의 '정신(개념이 정신이다)'과 하이데거의 헤겔의 '정신' 개념에 대한 시간-존재론적 비판이 전제된 위 인용문은 '정신'을 이해하는 데에 '근원적 사유'로서 유효하다.

'시간은 정신의 외적인 것'(헤겔)이고 더 나아가 정신은 자기 안에 시간이 근원적인 형식이 될 때 비로소 실존한다. 가령 영화 예술에서의 정신과 시간의 연관성을 높은 예술 정신으로 표현한 작품들은, 내가 아는 범위에서 보면, 홍상수 감독의 거의 모든 영화, 이창동 감독의 후기작, 봉준호 감독의 주요작들이다. 특히 홍상수 감독의 영화에서 세속적이고 평준화된 시간과 자연적이고 초월적인 시간은 서로 마주하며 도무지 어떤 '정신의 현상'이

이 장면은 이창동 감독의 〈버닝〉에서 정신의 외화外化로서의 자연의 시간과 인간 존재 안에 은폐된 자연의 시간을 드러내는 직관적이고 초월적 감성으로서의 '예술 정신'을 보여주는 의미심장한 신이다.

라 부르지 않을 수 없는, 독창적인(실존적인!) '시간성의 형식'을 빚어낸다. '예술 정신'은 시간을 자기 근원성으로서 내면화하고, 시간을 고유한 자기 형식성으로 빚고 드러내면서 비로소 실존한다.

노마디즘, 공간의 이동은 시간의 이동이다
— 영화 〈노매드랜드〉를 보고

2021. 4. 21

오늘 점심 무렵, 페벗 부희령님의 친절한 포스팅에 따라 〈노매드랜드〉를 관람했다. 나같이 평생 영화관을 찾지 않는 문학평론가도 거의 없을 듯한데, 명색만이나마 평론가인지라, 짧은 관람글을 남기기로 하고 극장 앞 의자에 앉아 떠오르는 상념들을 두서없이 메모해둔다.

억압적 자본의 구속에서 자발적으로 유랑을 택하는 주인공 펀Fern은, 자본주의 체제에 저항하는 삶의 방식으로 낡은 밴에서 숙식하며 유랑하는 노마드nomad를 택한다. 그녀는 미국 광산 회사의 가난한 노동자 출신인데다 신자유주의 체제의 상징적인 초거대 기업 아마존의 노동자로 일하다 그마저 그만두고 자발적 노마드가 되었으니, 아마도 이 대목에서 노동운동가, 소위 진보주의자들은 거센 반론과 드센 비판을 퍼부을 듯하다. 그러나 이런 비판은 지나온 노동운동의 숱한 이념의 변화, 그 역사와 실제

성패 문제를 논해야 할 간단치 않은 문제이므로 여기선 논외로 한다.

1.

우선 영화 엔딩 신을 보자. 곧바로 뇌리에 스친 생각은 '노마디즘nomadism, 공간의 이동은 시간의 이동이다'라는 명제였다. 이는 예술사적으로 '동시대적인 명제'라는 생각조차 들었다. 존재는 시간이다. 공간도 시간이다. 노마드적 존재는 정착인들보다 그 선행하는 시간이 비교조차 할 수 없이 훨씬 길다.

인간에게 자연의 시간은 선결적이고 선험적이다. 시간이 공간에 선행한다는 말은, 공간의 존재를 결정하는 것은 시간적 존재이며 특히 자연의 시간은 삶의 모든 존재됨에 선험적이고 선결적이라는 것이다. 그러므로, 예술 창작에서 노마디즘은 과거-미래-현재의 선적線的 진행이 아니라, 시간의 중중무진重重無盡한 그물망 같은 무수한 연결이 전제되어 조건화된다. 간단히 말하면, 현실이 미래이고 과거이며, 과거가 현재이고 미래, 미래가 현재이고 과거이다.

〈노매드랜드〉에서 거대 공룡 모형을 보고 만지는 시퀀스, 떠돌이 청년이 펀에게 공룡 뼈로 장식된 라이터를 주는 신, 그리고 노마드들이 밤하늘 별자리를 함께 보며 인간 존재가 아득한 과거이자 먼 미래에 결정되었다는 사실을 해설자로부터 듣는 신

등은 이 영화가 자연 시간으로서 인간 존재를 드러내려는 연출 의도와 함께 연출자의 '은밀한' 감수성을 보여준다. 이 공룡과 별자리 신들은 이 영화의 연출 철학-시간관을 함축하는 것이다!

위의 장면들은 롱테이크로 표현되고 있는데, 거대한 공룡 모형이나 돌의 구멍으로 대자연을 바라보는 신, 밤하늘 별자리를 유랑민들이 보고 별자리 해설을 듣는 신 등은, 롱테이크 연출을 통해 자연의 시간성을 상징하고 있다. 특히, 펀이 돌멩이에 뚫린 구멍을 통해서 자연을 바라보는 장면은, 영원한 원시적 시간성을 담고 있는 돌(에 난 구멍)을 통해서 지금-현실의 대자연을 보는 것으로, 이러한 원시적 시간의 지속과 동시성을 나타내는 것이다.

우리의 사고방식으로 바꿔 말하면, 〈노매드랜드〉의 노마디즘은 근대문명적 시간이 아니라 지구의 원시(始原)적 시간 속에 들어온 인간의 현세적 삶의 시간을 보여주려 한다. 이 시간관을 새로운 관점에서 깊이 해석하면, 이는 지배계급 중심의 역사를 해체하고 장구한 자연사적 인간 역사를 열어놓는 의미심장한 기획이기도 하다. 수십만 년은 족히 지나며 만들어졌을 오묘히 구멍난 돌, 거대한 괴목이 드러누운 대자연을 담은 신들은 이러한 원시적 시간을 영화의 시간 속에 내면화하려는 감독의 숨은 철학의 산물로 보아도 좋다. 〈노매드랜드〉의 노마드는 단순한 이동이 아니라, 자연 속에서의 공간 이동을 통해서 직선적인 시간이 중층적인 시간으로 이동한다.

시간론적으로 이 영화를 종합하면, 미국의 타락한 자본주의의 절망적 역사, 계급 착취/피착취로 얼룩진 문명의 역사에 대한 역사의 원시반본原始返本을 시도한 셈인데, 이 점은 서양의 '의식 있는' 영화감독이 일종의 새로운 대안적 영화관觀을 보여준 점에서 높이 칭송할 만하다. 이 지점에서 나는 우리의 거장 이창동 감독과 홍상수 감독 영화의 자연관과 시간관을 서로 비교하는 행복감을 느낀다.

끔찍한 미국 자본주의 현실 체제를 오히려 우회적으로 연출함으로써 더 크고 긴 감동의 여운을 남기는지도 모른다. 영화에는 사건 전개를 위해 흔히 써먹는 캐릭터들 간의 증오와 갈등, 폭력이 없이, 궁핍한 일상의 극심한 고통과 고독을 '자연의 시간을 각성해가는 가운데' 치유하는, 낮고 잔잔하기에 오히려 감동적인 대사들이 적지 않다. 가령, "집은 허상인가, 마음의 안식처인가.", "집이 없는 거랑 거주할 곳이 없는 건 다르잖아."와 같은 대사이다.

2008년 금융위기 때 자살을 결심하고 겨우 살다가, 쥐꼬리만한 사회보장연금조차 받지 못하게 된 노동자들보다 못한 유랑자들, 그들은 이제 자본주의에서 탈락한 인생이지만, 피동적 노마드가 아니라 자발적 노마디즘을 살아가는 '고무바퀴유랑자 클럽'을 꾸려, 고단하지만 능동적이고 주체적인 삶을 산다.

전 재산이 낡은 밴 하나인, 캠핑장에 주로 머물던 주인공 펀은 거대 자본을 상징하는 기업 아마존이 집 없는 노동자에게 지원하던 캠핑장의 주차(거주) 비용조차 끊자 자립적이고 자발적인 노마드로 살기를 결심한다.

위에서 언급한 영화 앞부분의 감동적인 대사를 다시 한 번 곱씹는다.

"집은 허상인가, 마음의 안식처인가."
"집이 없는 거랑 거주할 곳이 없는 건 다르잖아."

그렇다면 주인공 펀이 찾아 떠나는 집은 안온히 정착하는 물질적 '집'이 아니라 자연에 둥지를 튼 '영혼의 집'일 것이다.

2.

영화의 스토리텔링은 감독이 의도한 여러 암시들로 구성되어 있다. 펀의 죽은 남편은 광부였는데, 광산은 자연을 직접적으로 파괴하고 착취하는 곳이라는 것. 따라서 펀의 기존 삶도 자연을 착취하는 데 가담한 채 반성 없이 살아온 셈이다. 그러나 그녀는 과거의 물질주의적 삶을 거두고 자연 속으로 방랑하는 노마드의 삶을 살기로 한다. 이런 플롯 구성은 전혀 새로울 게 없음은 물론이다.

그러나 아이로니컬한 반전이 있다. 그것은 자본이 조장하는 흥미 위주 또는 갈등을 극적으로 조장하는 플롯 구성을 거부한다는 것! 그래서 내가 보기에 〈노매드랜드〉의 플롯, 곧 이야기 서사로서의 스토리텔링은 무미건조한 편이다. 자본주의 문명을 살아가는 인간들의 보편 정서인 외로움과 쓸쓸함이 두서없는 일상성으로 연출되고 영화 속 대자연은 가까운 듯이 또는 멀리서 인간 모습들을 바라본다. 미국 경제 위기로 더욱 가혹해진 돈과 시장의 횡포 앞에 벌판으로 쫓겨난 인간 군상들의 모습이 정교하게 짜이지 않은 채 날것에 가깝도록 자연스럽게 카메라에 담긴다. 이 궁핍스러운 노마드들이 그래도 '풍경'이 될 수 있는 것은 아이러니하게도 주인공이 다녔던 거대 광산 곧 직업적으로 파괴와 착취의 대상이었던 자연이 노마드의 일상적 삶 속에 '특별하지 않은 일상성으로' 들어왔기 때문이다. 이것이야말로 감독의 특별한 연출 철학(연출 의도)이고, 뜻깊은 카메라워크의 요체라 할 수 있다.

   3.
   '자연과의 교감'은 영화의 주제 중 하나이기도 하다. 자본주의에 고통받는 관객들은 자연과 교감하는 삶을 화두로 삼지 않을 수 없다. 더욱이 문화예술인들에게 '자연과의 교감'을 어떻게 수용할 것인가는 동시대의 미학적 화두로서 논의될 것이다. 특히, 주인공 펀은 자기(ego, Ich) 심연에 숨은 '문명화된 자연'을 찾아 해후함으로써 탈문명화한 자연을 자기화Selbstwerdung하는 과정을 여실히 보여준다. 여기서 에코페미니즘의 진면목을 만날 수 있다.

특별히 주목할 것은, 감독이 바라는 '일상화된 자연으로서의 배우 연기'를 타이틀롤, 편을 맡은 배우 프랜시스 맥도먼드Frances Louise McDormand가 매우 빼어나게 진솔한 연기로 해낸다는 점. 극적 갈등 연기를 개성 있게 표현하기보다 내면에 잠재된 익숙한 자연을 만나는 연기를, 다시 말해 '두드러지게 보여주는, 개성적인 연기'를 극복하는 연기, 곧 생활에 진실하며 삶에 핍진한 '자연의 연기'를 펼치게 된다. 이 말은 결국 감독이 서사적 클라이맥스 또는 극적 요소를 가급적 배제함으로써 스토리텔링의 일상성 속에 '자연성이 들어오도록 연출'하였다는 뜻이다. 특히 연기는 스토리 전개와 불가분하므로 담담하고 극적이지 않은 떠돌이 이야기—서사 구성에서 특별한 감정이나 액션은 불필요하겠지만, 자본에 지극히 타락한 할리우드식 명연기에 대응하는 대안적 연기란 무엇인가, 하는 문예학적으로 반성적인 질문을 낳게 된다! 이 대목에서도, 홍상수 감독의 영화 연출관, 홍상수 감독 영화 속의 연기자들이 저마다의 일상생활에 잘 적응하는 '비연기적 연기'의 철학(미학)을 떠올리게 된다.

4.

한 가정집 실내에 드는 빛과 자연의 빛은 결국 인위적 시간과 자연의 무위적 시간의 대비와 혼성混成의 카메라워크를 보여준다. 이 미세한 카메라워크가 중요하다. 일상성과 자연성의 예술작품은 거대한 이론에서가 아니라 보이지 않는 은미함에서 그 진실과 진가가 나오게 마련이다.

| 출처 |

1. 無爲而化 또는 창조적 유기체로서의 영화

임우기, 「창조적 유기체로서의 영화 ─ 이창동의 영화 〈버닝〉, 〈밀양〉, 〈시〉에 대하여」, 『영화가 있는 문학의오늘』, 35호(2020, 여름호).

2. 홍상수 영화의 '창조적 신통'

임우기, 「홍상수 영화의 '창조적 신통' ─ 창조적 유기체로서의 영화·3」, 『영화가 있는 문학의오늘』, 36호(2020, 가을호).

3. 영화 〈기생충〉이 지닌 창조성의 원천

임우기, 「영화 〈기생충〉을 보는 또 하나의 눈 ─ '유역문화론'으로 본 봉준호 감독의 영화」, 『영화가 있는 문학의오늘』, 34호(2020, 봄호).

**한국영화 세 감독,
이창동 · 홍상수 · 봉준호**

**한국영화 세 감독,
이창동 · 홍상수 · 봉준호**

1판 1쇄 발행　　2021년 5월 14일
1판 2쇄 발행　　2022년 9월 15일

지은이　　임우기
펴낸이　　임양묵
펴낸곳　　솔출판사

편집장　　윤진희
편집　　최찬미 김현지
디자인　　이지수
경영관리　　이슬비

주소　　서울시 마포구 와우산로29가길 80(서교동)
전화　　02-332-1526
팩스　　02-332-1529
블로그　　blog.naver.com/sol_book
이메일　　solbook@solbook.co.kr
출판등록　　1990년 9월 15일 제10-420호

ISBN　　979-11-6020-155-0 (03680)

· 잘못된 책은 구입한 곳에서 바꿔드립니다.
· 책값은 뒤표지에 표시되어 있습니다.